署长笔记

新闻原理的思考

AN ADMINISTRATOR'S NOTES

MY THINKING ON JOURNALISM

新闻四部曲之三

梁衡 著

中国人民大学出版社
·北京·

总　序

从大学毕业到退休，我这一生的公务年龄都是在新闻这个平台上度过的。全部时间中正好有一半是做新闻业务，一半是做新闻管理。而且是干几年业务，又做几年管理，再回归业务，两面体验，交错而行。县委宣传部干事、省报驻县记者、省委宣传部干事、中央报纸驻省记者、国家新闻出版署官员、《人民日报》副总编。管过人，也被人管。新闻人如我这样的夹馅面包，并不多见。其中甘苦只有自知。就是退休之后，也还在大学带博士生，在为报纸写文章，总之是没有离开新闻业务。此生难脱新闻的干系了。

我大学学的专业并不是新闻。一个外行，一步步走入新闻殿堂。我总觉得自己是个外来户，一方面心存怯懦，如履薄冰，小心观察，谨慎体悟，孜孜以求。另一方面，没有旧框子、旧规矩，常有奇想，时有新论。我有一个顽固的习惯，不论是从事管理工作、新闻写作还是文学创作，都不盲目跟行前车之辙，总想在实践的同时弄清它的理论根据，走自己的路。我把这比作“打着灯笼走路”。

中国古代的学术研究有一个好的传统，就是联系实际探求理论。但这个理论绝不枯燥，探求的过程也不艰涩，是寓研究于体味、把玩、欣赏之中。这就是诗话、词话、笔记这一支。这有点类似现代西方的案例教学，但现在的教学有事，有理，却少有其美。中国画的教学作品叫“课徒稿”(比现在电脑课件要早好多年)，是教师边画边讲演示技法的手稿，有其法，有其理，却又一样地美。有的简直成了传世名作，如著名的《芥子园画谱》。鲁迅小时候，在私塾里除学正课外还偷偷地临它，可见其吸引力，至少说明它不枯涩。这大概就是列宁说的笑谈真理。我从小就喜欢诗话、笔记体的学术书，后来做了新闻，便以这种方式边实践边探寻新闻写作和管理的原理。积以时日，当我告别新闻平台时便有了现在这个“新闻四部曲”。它不是作品集，是作品加剖析；也不是回忆录，是回忆加反思。它是我自己几十年在新闻之路上使用过来的一盏照路的灯笼，或一根跋涉用的拐杖。

“四部曲”其实是我一生所亲历的四种新闻业务人身份的忠实记录。

第一部《记者札记：没有新闻的角落》，是我 1978 年到 1987 年在《光明日报》驻基层记者站期间新闻作品的自我剖析。本来记者你我，大同小异，并无可记之处。但这里有两点特殊。一是，这九年正是中国经“文革”大乱之后的一个复兴转折期。这些文字中所记的人物、事件、思想都已超出新闻而有了时代印痕，对研究那一时期社会可资参考。二是，以个人而言，可以看出一个小记者的成长过程。九年来我以大报记者身份沉在最基层，初出茅庐，含辛茹苦，格外小心，因之也有一些特殊的收获。这期间曾获得“全国好新闻奖”“青年文学奖”“全国优秀科普作品奖”，还有四篇作品入选中小学语文教材，有作品入选大学新闻教材。这本书原名《没有新闻的角落》，本意是一个记者在不大出新闻的地方，如何抓到新闻，有所作为。该书 1990 年 7 月由山西书海出版社初版，后又经新华出版社、人民出版社先后再版、重印 14 次，影响过一代新闻人。书中归纳出的一些新闻法则、警句也广为流传，如“记者出门跌一跤，也抓一把土”“三点一线采访法”等。

第二部《评委笔记：新闻绿叶的脉络》，是我在新闻出版署工作期间担任各种新闻奖项评委时的随笔。时间约是 1987 年到 2000 年。当时的管理工作分两条线，一是报纸的行政管理，二是报纸内容的质量管理。为配合行政管理，我每年都要主持和组织各种新闻作品评奖。没有哪一个新闻人不梦想得奖、一稿成名的。评奖过程，最能看出作者的拳路和作品的写作脉络。但过去人们较多地关注得奖名次，而忽略了作品上榜或落榜的理由。这是新闻研究中的一大空白，也是纯新闻院校或一个新闻单位自身难以做到的。必须有一个机构能统筹全国和各方之力。我有幸参与其中。评奖过程，其实就是对作品的解剖，是案例教学，是大赛后的复盘，是“顺瓜摸藤”逆求新闻原理和新闻写作方法。工作之便，我保存了大量送评原稿，这本研究笔记就是一一辨析作品的得失，它们上榜、落榜的原因，并尽量上探其源，分别归纳为采访、写作、原理等八个方面。该书原名《新闻绿叶的脉络》，1995 年 5 月由新华出版社出版，先后五次再版、重印。这次略有补充修订。

第三部《署长笔记：新闻原理的思考》，是我在新闻出版署期间的工作记录和全局性的理论、政策思考笔记，包括一些重要的职务性讲话、调研报告、案例资料。当年机构初立，百废待兴，这是一份摸索求真的探路实录。1987 年国家组建新闻出版署，我从基层记者站直接调到国家机关。时间跨度是 1987 年到 2000 年，曾先后任研究室主任、司长、副署长，从事新闻出版的行政管理。在这之前，国家没有专门的新闻出版研究机构。理论思维的习惯使我在管理之余读书、调研，探求一些新闻出版的原理，所以当初这本书 1996 年 8 月由人民出版社首次出版时就定名为《新闻原理的思考》。该书先后四次再版、重印，书中提出了一些重要原理，如新闻的新定义、报纸的四个属性等。

第四部《总编手记：版面背后的故事》，是 2000 年到 2006 年底我在《人民日报》任副总编期间的策划和改稿记录，及退休后为报纸写的少量时评。说是记录，但不是流水账，重在展示思考和操作过程。同是研究怎样写稿，但该书与《记者札记》《评委笔记》的角度完全不同。首先，它强调站在全局看一点，一稿牵全局，特别是头条稿的编排使用。实际上是讲怎样当总编。虽然是一个具体改稿过程，但心里总是想着整张报纸，想着新闻与社会。其次，由于负有领导之责，所以由稿及人，也总是着眼于队伍素质的提高，间或还有一些尖锐批评。让部下难堪、哭鼻子的事也曾有过。另外，书中文章不只是改稿，更多的时候是选题、策划、版面、新闻思想等宏观层面的运筹。书中内容大都是在夜班审稿、编前会定稿、出报后评稿时的批语、发言，间有一些编报背后的故事。这些文章大都在业务研究刊物上发表过。这本书 2008 年由中国人民大学出版社初版，先后四次再版、重印。这次出版时为体例统一加了一个副题《版面背后的故事》。

本来在2008年时中国人民大学出版社曾将《记者札记》《评委笔记》《总编手记》作为"跟梁衡学新闻书系"出版，现都已售罄。当时主要考虑《署长笔记》偏重宏观理论和管理，未收入丛书。随着时间推移，《署长笔记》的史料和理论价值愈加显现，所以这次便合收为一套完整的"新闻四部曲"，以备学者和一般读者查用。

这套丛书，时间跨度从1978年到2018年，客观上记录了我国改革开放后新闻业发展过程中的一个侧面，也记录了一个新闻人的成长。这是一件没有刻意包装，甚至没有特别打磨的产品。四本书严格保持原来的时空背景，只是修订时为论证方便，使用了后来见报的个别例子，这是需要提醒读者的。之所以这样，是想保持一点原生态，为新闻史和研究工作者留一点资料，同时也是敞开心扉与同行切磋交流。

感谢我的母校中国人民大学的出版社能出版这套体例特别的书，愿读者能够喜欢。

梁衡

2018年5月10日

努力寻找那个点（自序）

新闻这个行当恐怕是最易被人误解的行业。它和政治、文学、社会、经济等学科都关系密切，交叉甚多，和哲学、科学、艺术也有渊源。人常说一棵树，地上有多大的树冠，地下就有多少树根。新闻就是由许多不同的学科和行业所供养的大树。

我自己长期从事新闻工作和新闻管理，深感新闻在社会各界和各门学科中的植根之深，但同时也感到社会上对新闻的误解之深，常常认为新闻可以是这样，也可以是那样。比如，说新闻是政治，是文学，甚至是领导讲话，是行政公文，或者是故事，是奇闻趣事。于是进而又带来了另一种误会，以为新闻无学，什么人都可以从事新闻。再加上这几年新闻界人员骤增，素质下降，这种误解似乎更得到了印证。我们承认新闻与各界、各行是有很深的关系，是一个十字路口的行业，但正因处在这种各方会聚、四通八达的路口，才形成了新闻自己的个性。它什么都是，又什么都不是。它是各种学科和行业的综合体，是这种综合融汇到一定程度，一定火候，定位到一个最佳点的表现。只有在这个点上才产生出了只属于新闻自己的新定义、新规律。新闻的联系面是广，与其他学科的相似点多，但是它们既有联系又有区别。比如，新闻当然不能脱离政治，政治借助新闻传媒推动社会改革、管理，风助火势，火借风威，其力无穷。比如，新闻离不开市场规律，只说广告一项，借助传媒之便，经济效益就扶摇直上。再比如，新闻离不开文学，无论消息还是通讯，借鉴文学这块他山之石才能流光溢彩，激动人心。但是，如果我们真的以为新闻就是政治，它立即就变得枯燥、蛮横；如果认为新闻就是商品，它立即就会变味，发出铜臭；如果认为新闻就是文学，虚假报道立即就会连篇累牍充斥版面。所以最难的还是寻找和把握那个适当的火候、那个准确的度、那个杂交后产生的新的生长点。新闻就是在这个生长点上冒出的一个新芽。

怎么寻找那个点？一是要参与大量的新闻实践，包括写作实践和管理实践。在实践中体验新闻与其他相关学科的同与不同，从而找到新闻自身的个性。我们从事新闻工作好像是在海里借风行船，不同方向的风都要借，关键是你怎么掌握舵和帆的度。掌握不好，你会被顺风吹跑，被逆风掀翻；掌握好了，就会为我所用，顺利到达彼岸。二是要延伸出去，主动研究相关学科的理论，研究它们不同的个性，从本质上找出它们与新闻的区别和联系。许多问题只有到根子上，到原理上去找答案，才会高屋建瓴，豁然开朗。比如新闻的本质是信息，文学的本质是艺术。从原理上这么一辨，你就立即清楚，虚构、渲染的手法并不适用于以真实为第一性的新闻。这个度就只能掌握到以语言为主的适当借鉴为止。

现在这个集子收录了我在新闻管理实践和理论研究中的一些材料以及由此引发的思考。可以看出我常常在左顾右盼，分析掂量，想努力逼近原理，所以就取名为《新闻原理的思考》，思考的目的还是想找见那个最佳点。书中各篇的风格可能不尽统一，有的理论色彩浓一点，辨析味道重一点，有的则可能粗糙一点，想有意保留一点实践探索的痕迹，或者存一份原始的管理资料。我把它看作是一个研究的过程，捧献出来企盼各位同行指正。

1996 年 4 月 25 日

引言：这本书有哪些新观点

自1987年新闻出版署成立，我即由新闻采访工作转调新闻出版管理工作，先在研究室、政策法规司、报纸司，后又调任副署长。所接触的工作有书、报、刊的管理，而以新闻管理的时间最长。新中国成立之初曾有新闻署，但不到两年随即撤销。所以新闻的行政管理基本是从头做起。而新闻出版署成立以来的这几年正是国家发生深刻变化的时期，改革开放，社会主义市场经济都给新闻出版业提出许多新问题。十年来我力图把实践中遇到的问题上升到理论的高度来解答，先后围绕新闻出版的管理这个专题发表了一批论文，基本都收在了这本书里。其主要观点如下：

（1）书籍的本质是知识，主要功能是积累。中外历史上曾有四次大的知识积累，同时都伴随着四次大出版。因此出版业一定要出精品，要对读者负责，对历史负责。

（2）报纸的本质是信息，主要功能是传播。它有四个基本属性：信息属性、政治属性、文化属性和商品属性。其中信息属性是最基本的。报纸的出版和管理就是对这四个方面有机的把握，既要防左也要防右。

（3）期刊的本质是文化，它也有四个基本属性：政治属性、文化属性、信息属性和商品属性。期刊是报纸和图书间的过渡，既有传播功能又有积累功能，期刊的质量决定于它的文化含量。

（4）要特别警惕市场给精神产品生产带来的负效应，经营方式的转变不等于内容的转向。要警惕社外资本介入办报，用金钱收买和左右舆论。

(5) 市场经济给精神产品生产带来了正效应，会促进形成质量反馈调节机制、市场竞争机制和经营管理机制。我们要学会市场运作，学会利用市场经济规律来办报办刊，管报管刊。

(6) 关于报纸市场的两个市场和三个阶段。两个市场即公费市场和自费市场；三个阶段即狭隘的市场、无序的市场和有序的市场。我们要积极完善社会主义报纸市场。

(7) 在市场经济条件下必须强调精神产品的质量。报刊的质量管理要有可操作性，要制定出量化标准。

(8) 新闻有学，它融进了政治、经济、科学、文学艺术，是一门包容量很大的学问。新闻有很强的实践性，但不能因此忽略了它的理论建设。

(9) 新闻的本质是信息，文学的本质是艺术。两者不能混淆，这一点不从理论上辨清就不能杜绝假新闻。

(10) 精神产品的管理包括对人的管理和培训。记者需要有特殊的锻炼和特殊的修养，一个合格的记者一定是一个在业务和品德、意志、思维等方面都已经成熟了的人。

1996 年 4 月 25 日

目　录

第一章

传媒的基本属性

关于新闻的定义

关于新闻的定义历来有多种说法，现在也还不断有新说。据说在新闻系的课堂上教师能一口气举出十几种定义。在这些说法中流传最广且又浅显易懂的还是陆定一的那句话：新闻是新近发生的事实的报道。我觉得这到现在为止仍是到最为简洁明了的一个定义。只是结合个人的新闻实践和新闻管理实践想作一点补充，可否这样表达：新闻是广大受众所关心的新近发生的事实的信息传递。

这里有两点小的变动。

一是增加了受众的态度。新闻报道是新近发生的事实，但并不是每一件新发生的事实都应该报道，都可以报道。实际情况是现实生活中绝大多数新发生的事实，记者都不去管，而只选择那些为大多数人，或者绝大多数人所关心的、爱看爱听的事实去报道。事件的大小、性质不同，它所波及的范围也就不同。比如一场世界大战的爆发，是全世界人都关心的事；一场足球赛的胜负，可能只是与两个队有关的球迷们的事。新闻是通过大众传媒向全社会发布的信息，因此它首先要考虑有无发布的社会价值，即这条消息会有多少人看、多少人听。有时还要估量一下这条消息的社会效果，即它的正作用或者负作用。一些记者因自身阅历和知识所限，常误以为自己看到、听到后惊喜、得意的信息也是受众所喜欢的新闻。所以记者采访时先得有个受众观念，也即我们过去常说的群众观点。美学上讲“接受美学”，美不美最终要看接受者的接受程度。是不是新闻，也要看受众承认不承认。比如，一家报纸派记者在年三十晚上到妇产医院去等，零点一过看谁家生下新年的第一个孩子，就拿到报上发消息，还当作好新闻。其实这不是新闻。因为除了孩子的亲属，社会上的广大受众并不关心这件事。如果这家人实在想将此事登报，倒是可以让他们花钱来做一条广告。

关于这一点我国新闻学的创始人徐宝璜先生在他的《新闻学》一

书（也是我国的第一部新闻学专著）中曾有切实、生动的指评：

> 更进一步言之，新闻虽必为最近事实，然最近事实不必一一皆为可登于报之新闻也。例如车夫张三今早忽得重病，是最近之事实也。然除非张三之病，为一种极可怕之传染病，如霍乱，即本埠之新闻纸也不能视为新闻而登之。因注意张三之病者，充其量不过张三本人及其家族、亲戚、朋友、其包车之主人，及其做对头之仇人而已。若阅者则鲜有愿闻其事者，报纸登之，殊无味也。使张三之病果为霍乱，则又不同，本埠报纸定可视为新闻而登之，因阅者虽不注意张三，然霍乱之发生，则于己有甚重之关系，未有不注意者也。又如美国芝加哥城中有一著名富翁，今年病故，是亦最近事实也。芝加哥之新闻纸均登载其事于新闻栏中，中国新闻纸亦可视为新闻乎？曰：否。因阅者既多素未闻其名，断不至注意其生死之事，报纸登之殊无味也。但此富翁于其临终之时，立一遗嘱，将其所有之财产，全行捐赠，以为在中国设一大博物馆之经费，彼时中国新闻纸又可视为新闻而登载之。因阅者原不注意此富翁之死，但一外人捐巨资在中国设博物馆之事，则未有不注意者也。且必因此而注意其死时情状，并其生时致富之历史。

二是增加了信息传递这个概念。新闻的本质是信息。事实上记者在报道时并不可能把整个事件端到读者面前，他的报道是通过选择传递这个事件的主要信息来实现的，这样新闻就自然引入了许多信息固有的属性：（1）信息要真实；（2）信息要快速；（3）信息要新鲜。这些自然也就成了新闻的特点。

另外这个变动也提醒我们注意两点。第一，我们既然是通过采集、传播信息来再现事件，新闻信息就有别于自然信息。于是又派生出了不同记者会有不同的立场、观点、分析能力、表达技巧等问题。也正因此就区分出了稿件的好坏、对错、水平高低。这里有无尽的学问，常常是一个记者毕生追求都无法穷尽的。这一点也可体现出新闻的选择性和表达的艺术性，虽然信息是一个客观存在，但一旦变成“新闻信息”，也就暗含了记者的主观能动性。第二，信息不完全等于事物本身，它是关于事物的“毛知识”，还不一定就达到知识层，而只是这个事物的信号、特征。

客观事物是在逐渐释放它的信息的，这些信息可能第一次释放就反映了事物的本质，也可能这一次并没有反映本质，而是要多次释放后才能反映出来。既然信息是个过程，这又决定了新闻报道也是一个连续叠加的过程，即它的连续性。由于信息的主要特点是快、是新，我们既不能等到这件事全部结束、本质充分显露再去报道，也不能要求在一篇稿件中把事件交代得天衣无缝。因为受到快的制约，新闻稿常常是抓住一点信息就抢发出来，紧接着再抓住一点就再抢发。比如一个突发事件，先说有多少人死亡，后又说是多少人死亡（可能比第一次报的多或者少），这都是允许的。所以从某一个角度说新闻是速记，是潦草的记录。记者只能就当时的所知，尽量求实，有错即纠，有新即补。

我觉得对于新闻的定义有了这两点小小的补充，就比较全面地照顾到了受众性、真实性、快速性、新鲜性、选择性、表达艺术性和报道连续性。同时，也提醒我们不能不承认新闻与文学、科学相比有天生的粗糙性与易碎性。它好比人物性格中的那一类急性子、粗犷型、豪爽型。这也提醒记者万不可去追求三寸金莲和奶油小生式的精巧，也不必刻意追求每一篇报道的永恒。而将自己的新闻作品编成一个集子欲求得如《三国演义》《红楼梦》那样的畅销和传世，那更是几乎不可能的事。

论报纸的四个属性

我们从事某一件具体工作，首先要搞清楚它的性质、规律，我们当记者、办报纸或者管理报纸，首先要把报纸的性质搞清楚：报纸到底是什么？它有哪些基本属性？新中国成立已经有 46 年了，但为什么现在才提出这一问题呢？这与客观形势有关，是历史发展的必然。任何事物都有个自然发展的过程。只有在关于社会主义市场经济理论提出之后，我们对报纸的性质才可能有相应的思考。过去几十年，至少在十一届三中全会以前是不会思考这一问题的。

一、问题的提出

（一）我国市场经济体制的形成

十一届三中全会以来，我国人民的政治生活和经济生活经历了两次大的转折。这就是全党工作中心的转变和经济工作体制的转变。十一届三中全会以前，党的中心工作是政治斗争，是以阶级斗争为纲，报纸相应地也主要是一个政治斗争的工具。十一届三中全会之后，党和国家的中心工作转到了经济建设上。接着便提出一个问题，用什么方法来搞经济，用什么体制来管经济。经过几年的摸索，到 1992 年十四大，全党确立了建立社会主义市场经济的指导思想，这是又一次转折。十四大报告中关于市场经济有两段著名的论述，一段是讲市场经济的作用："我们要建立的社会主义市场经济体制，就是要使市场在社会主义国家宏观调控下对资源配置起基础性作用，使经济活动遵循价值规律的要求，适应供求关系的变化；通过价格杠杆和竞争机制的功能，把资源配置到效益较好的环节中去，并给企业以压力和动力，实现优胜劣汰；运用市场对各种经济信号反应比较灵敏的优点，促进生产和需求的及时协调。"另一段是讲我们推进市场经济体制的决心和方法："建立和完善社会主义市场经济体制，是一个长期发展的过程，是一项艰巨复杂的社会主义系统工程。既要做持久的努力，又要有紧迫感；既要坚定方向，又要从实际出发，区别不同情况，积极推进。在建立社会主义市场经济体制的过程中，计划与市场两种手段相结合的范围、程度和形式，在不同时期、不同领域、不同地区可以有所不同。要大胆探索，敢于实验，及时总结经验，促进体制转换的健康进行。"

市场经济理论的提出确实给我们报纸行业带来很大影响。确立社会主义市场经济体制的理论是十四大，但早在十一届三中全会之后，国家经济生活中就逐步有了市场经济的因素。到十四大之前，国家有90%以上的工业消费品价格和70%的生产资料价格已经放开，虽然还没有宣布体制转换，事实上已经在实行以市场调节为主了。市场经济体制和理论的确立既是一个渐进的过程又是一个必然的过程，直到最后在全国宣布实行这一体制。报纸行业在这个过程中和最后确立的新体制中必然要受到影响。

（二）新条件下报纸四个属性的显现

为什么说市场经济体制理论确立后，报纸的四个属性才逐渐显现出来呢？

第一，在政治上，由于市场效应带来人们利益的多元化，政治思想工作的任务不是轻了，而是更重了。社会更需要报纸的宣传作用和导向作用，同时也要求报纸改变面孔，改变方法，让读者觉得更可亲、可信。第二，在信息服务上，这更是一个全新的话题。甚至到80年代我们才开始用"信息"这个词，才承认报纸是"传媒"。党的中心工作转到经济上来后，各行各业都需要信息，特别是实行市场经济之后更为迫切。报纸立即担负起这个重任。现在报纸如果只登政论文章，不登经济、文化信息，几乎是不可想象的。第三，随着经济生活的好转、群众文化生活的丰富，提供文化服务的任务也就落在了报纸的肩上。一大批以文化生活为主要内容的报纸，如体育、服饰、电视、绘画、花鸟、棋牌报涌现出来。同时读者对报纸本身文化品位的要求也在提高。第四，报纸进入市场自然要求能适应市场经济的规律，要能立身、能竞争、能发展，其商品属性的一面也就自然地表现出来。

这样在邓小平建设有中国特色社会主义理论和党的基本路线的指导下，在市场经济体制这个大系统工程中，报纸也就有了中国的特色，有了时代的特色，报纸的功能得到了扩张，报业注入了新的活力。报纸的数量猛增，1978 年全国只有 186 种，到 1996 年已达 2 202 种。内容也大大丰富，可读性大大提高。报业进入了新中国成立以来最好的时期。

二、报纸的四个属性在办报与管理中的体现

（一）关于政治属性

政治是什么？过去的解释，政治就是阶级斗争，是不同利益集团之间的斗争，最高斗争形式就是政权之争。但是我们又不能简单地把政治定义为人与人之间的斗争，也不能一说政治就上纲到政权。社会在前进，这前进过程中会遇到各种各样的事，不同的人会有不同的看法，这些看法会汇聚到大是大非上来，形成一定的观点和势力，最终关系到社会的进步、民族的存亡、国家的兴衰等等，这就是政治问题了。政治是一种趋势，是社会进步的大趋势过程中各种力量的斗争和表现。政治讲的是大问题，不是小问题。所以政治常会涉及立场、观点、思想、方向、大局等等。报纸作为敏感的新闻传媒，在这些方面常要有所表现，要有自己的态度，要对社会、对人民、对历史负责，这就是它的政治属性。

政治属性在报纸上的体现主要是三个方面。

1. 分清是非，旗帜鲜明

不论是哪一个阶级、哪一个党派的报纸，总要有自己所持的观点。摇摆、含混、模棱两可不能搞政治。毛泽东说，我们绝不隐瞒自己的观点。党在各个不同的时期都有不同的中心任务。1994 年 1 月全国宣传工作会议规定的任务是“一个指针四项任务”：“以小平同志建设有

中国特色社会主义理论和党的基本路线为指针，以科学的理论武装人，以正确的舆论引导人，以高尚的精神塑造人，以优秀的作品鼓舞人。”这就是我们现阶段宣传工作的政治任务。政治是大事，不是小事。报纸固有的政治属性，首先是在大是大非问题上要旗帜鲜明，要立场坚定。办报不能犯政治错误，就是说在大事上不能说错话，不能误导。

报纸要做到是非清楚、旗帜鲜明，第一，不能犯大的政策错误。从这几年报纸管理的实践上看，我国绝大多数报纸在政治上都是非分明、立场坚定，但也有极个别报纸出过政治问题，而这种问题一出就不是小事，就影响很坏，比如有的报纸在印中国地图时把台湾丢掉，把港台称为“国家”，这就是大错，涉及国家主权。1995 年是农历猪年，这年全国有 9 份报纸登了一篇《猪年话猪》的文章，里面有伤害民族感情的话，严重影响了社会安定。这几家报纸的总编和负责人都受到了严肃处理，这涉及民族政策。第二，虽没有具体的政策规定，但在一些大事上要分清好坏对错。有些是老问题，但出现了新的混乱，是非界线模糊了，这时报纸要大胆站出来说话，表明立场，这样才能引导舆论。社会舆论接受你的引导，你就有读者，就有威信，就起到了政治指导、宣传、教育的作用。比如前几年社会上出现了选美风，像北京大学这样著名的大学，学生会想组织选美。这件事到底对不对？这时《北京青年报》大胆发了一条消息《北大学生拒绝选美》，很有说服力地回答了这个问题，最后引发全国妇联及社会有关部门出来表态。报纸发这条消息是政治上是非清楚、立场坚定的表现。这样的事情，报纸会经常碰到。第三，旗帜鲜明还表现在敢于批评错误，揭露罪恶，充分发挥舆论监督的作用。

2. 解放思想，多说新话

报纸最大的特点是新鲜，它每天要有新鲜的信息，同样也要有新鲜的思想，这样读者才爱读。所以报纸在政治上的表现，有一条是要解放思想，多说新话。

抓新鲜的信息，一般报人都能注意到；说新话却注意不够，或者感到为难。报纸不能犯错误，总编们记得很牢；要有新思想、新观点，却经常被忽略，每年新闻评奖都感叹评论作品弱。评论工作是比较难，但是，正因为难，你只要稍有突破，就会有很大影响。回顾三中全会以来，在中国报界，读者印象最深的就是《光明日报》1978 年 5 月开始的真理标准讨论。当时全国思想界处于一种“凡是”思想与现实相矛盾的两难之中。《实践是检验真理的唯一标准》这篇文章一发表，引起极大震动，有一种拨云见日的感觉。当时我正在《光明日报》当记者，报纸的发行量达到 150 万份。走到哪儿，人家都想方设法要求订一份《光明日报》。这样的大评论当然不可能天天有，但报纸每天仍要能体现新思想新观点。

报纸就是不断叠加新信息，包括新的思想信息。山西《吕梁报》是一张地级小报，有一年在全国新闻评奖中获评论奖。山西干旱，人人都知道。《吕梁报》发了一篇评论《是天旱还是地旱》，算了几笔账，第一笔账是说吕梁地区每年降水量 400 毫米到 600 毫米，基本能满足农作物的需要。而且历史上有 5 个高产年，这 5 年并没有增加降水量，其中 4 年降水量还在 450 毫米以下。所以干旱的原因不是降水量小，而是降水的时间和空间分布不均。第二笔账是水土流失面积占 47.9%。第三笔账是土地贫瘠，土壤自我调节能力差，天上下的雨不是随即流走，就是被蒸发掉了，所以得出结论：不是天旱是地旱。这篇评论观点新颖，读者就爱看，农民读了也有用。

报纸提出新观点是报纸政治上成熟的表现，是在履行舆论导向的职责。一张报纸如果今天与昨天相比没有什么新信息，读者会立即扔到一边；如果一个月、一年还没有什么新思想、新观点，读者就要抛弃它了。

3. 重责守纪，讲究方法

报纸的政治属性要求于编辑、记者，特别是总编辑重责守纪，讲究方法。就是说要明确社会责任，要顾大局，要遵守宣传纪律，还要讲究报道的方法，要掌握一个度，也就是我们常说的登什么、何时登、怎么登。这是从政治上谈办报艺术。

先说重责守纪。记者的第一素质是要有社会责任感，要对社会负责，不能轻率，不能只图一时痛快。报纸不能只求一时轰动，不能哗众取宠。因此这责任常常要有纪律做保证，要由纪律把它固定下来。新闻工作还有一个特点是抢先、抢新，这时就可能与纪律冲突，就像百米短跑运动员抢口令犯规。这就要靠我们以高度的责任感去自觉遵守。有人以为遵守纪律这一套是强加给新闻工作者的条条框框，其实新闻既然是大众传媒，政府就要顾及社会效果，一般新闻可以不管，涉及大事、涉及政治、涉及全局，任何国家都有纪律。如非常时期，管得就更严，一条消息不妥可以使战场失利、国家受损。

不遵守纪律的报道，常见的有泄密。比如有的报刊，擅自刊登关于我国未公开的军事装备、武器性能等信息。有的随意刊登高层领导人的工作和生活动态，这比那些追逐明星隐私的报道问题还严重。后者顶多是文化品位不高，而前者却涉及国家机密、国家形象，会造成不良的政治影响。有的将国家未出台的政策抢先报道。如一家报纸，国家公务员工资制度还未出台，它就抢报，"九五"规划还未公布，它又抢报，都造成很坏的影响。还有一些敏感的社会问题、有争论的问题、涉及社会稳定的问题、宗教民族问题等等，都关系大局，都有纪律，有的不能报，有的要报批，有的要按规定的时间报，有的则由新华社统一发稿。表面上看来纪律和抢新闻有点矛盾，但这是保证全局，对人民负责、对社会负责的需要。

再说讲究方法。方法和大事联在一起就不只是技术问题，而与政治效果有关了。一件事的报道时机、角度不同，效果就不同，特别是批评报道，更要讲究。浙江《湖州日报》一篇稿子叫《为了太湖不再倾斜》，是一篇批评报道，很成功，获 1995 年中国新闻奖。太湖横跨两个省，北边是苏南，南边是浙北，记者算了一笔账，发现苏南发展越来越快，浙北则越来越慢，两边差距越来越大，有一个形象比喻，叫"湖面倾斜了"。这是一篇批评稿，它掌握了新领导刚到任，正调查研究，想有所作为这样一个时机，马上得到了市委、市政府的支持。稿子发出后，引起很大反响，《文汇报》、《解放日报》、中央电视台都转发了。这样一来，市里更重视，市委、市政府分别开会讨论，人大也开会讨论，最后是重新修订市里的发展规划，解决了一个很大的问题。这属于批评报道注意时机，又注意方法的典范。

我过去当记者有一个体会，要上头条，就要“三点成一线”，名“三点一线法”。第一点是上边想什么，这是政策的大局；第二点是老百姓在想什么，这是形势的大局；第三点就是要有符合政策、符合形势的事实，即你手中的典型。有了这“三点一线”，稿子才容易上。总编们常感叹让两头满意不易：光考虑上面想什么，下头不满意；只说老百姓关心的问题，上头不满意。其实是你没有抓住本质的东西，没有抓住符合大局的主要矛盾，没有抓到有说服力的事实。比如，你发的稿子光是空喊“我们要调查研究”“我们要廉政”，而下边照样官僚主义，照样大吃大喝，你没有抓到如焦裕禄、孔繁森那样的典型，老百姓当然不会满意的。再比如物价问题，你总喊物价在涨，这是在替老百姓叫苦，但国家一时还没有解决问题的办法，或者正在解决的过程中，你这种报道就起不到实际作用，相反还会搅动民心，不利于社会安定。这样的报道会造成群众期望值太高，一时又达不到，上面当然不满意。这就是“度”的问题。《为了太湖不再倾斜》这篇稿子既符合上边考虑的要改革开放的大局，也有群众落后思变的人心大势，又有很具体的事例对此进行剖析。上边也信服，下边也信服，通过讨论，重新修订了规划，找到了解决问题的办法。这样，报纸的威信就提高了。

在版面上最能直接体现报纸政治属性的是言论，是各种社论、评论。评论是报纸的宝塔尖，是报纸的旗帜、报纸的精彩之处，但是读者最不爱看的常常是报纸的言论。原因除了新思想少外，就是写法呆板。因此，要研究怎么改进言论写作，这里也体现着方法的成熟。有一次评奖，一篇评论的题目是《揉屁股现象及其他》。文章打比喻说，小时候在外面打碎了人家的玻璃，打了架，回家以后当爹的拉住就打一顿屁股，过一会儿当妈的拉过去，揉揉屁股，哄一哄。现在报纸一发批评稿，人家就找上门来，还通过关系说情，于是报纸又得给人家揉揉屁股，赶紧再发一篇讲它如何改进等等。真改得那么快？读者就不信。评论说，小时候打屁股，是一个人打，一个人揉；现在打也是报纸，揉也是报纸，而且是挨打的人自己找上门来要求揉。它用一种轻松、幽默的方式批评了一种现象，也达到了言论的效果。后来我为此写了一篇随笔《笑谈真理又何妨》，有些东西为什么非得板着脸说，而不是笑谈呢？报纸应该多一点鲜明的东西，多一点坚定的东西，多一点生动的东西，我们的主张就更容易为读者接受，舆论引导的效果就更好。

搞政治，一要坚定，要能守得住自己的立场；二要尖锐，要能破旧，能创新；三要能忍，能容，能掌握一个“度”，也就是掌握工作和斗争的艺术。报纸在体现政治属性时也是这样，一要坚定，二要尖锐，三要有度。这样才有个性，才有竞争力。

（二）关于信息属性

在报纸的四个属性中，信息属性是最基本的、本质的。近代报纸的发展史说明，报纸的产生就是为着传播信息这样一个简单朴素的目的。资本主义发生之初，商品交换开始发达，威尼斯港口每天有大批货船到达，货主就贴个告示说明有什么货，后来发现这个告示有很多人看，就印成一张张有商船到货信息的纸，这就是西方最早的报纸。中国和西方不同。中国近代商品经济不发达，政治上却受着封建的桎梏，所以中国人自己办的报纸，一产生就是为了引进西方文明、传播政治观点，就是各派间政治斗争的工具，而不是主要传播经济信息。直到 1978 年十一届三中全会之后，我们才意识到，社会制度可以超越，但商品经济不可超越，才开始补商品经济这一课，同时也才开始补信息这一课。到 1992 年 10 月党的十四大才正式确立社会主义市场经济，这时才知道信息的重要和报纸的信息传播功能的重要。现在，报纸主要是为传播信息的，这一点已广为人们接受，新闻出版署在 1995 年公布的《报纸质量管理标准》中已明确将报纸的信息量定为一条，并规定了每版必须达到的消息条目。

从新中国成立后的报业发展和管理实践来看，掌握报纸的信息属性应注意以下三点。

1. 信息要真实

经常可以听到读者对报纸的批评：假。46 年来我们的新闻在假字上确实吃了不少苦头。这“假”大致分成两个阶段。在十一届三中全会以前，主要是由于政治的原因，到“文化大革命”期间发展到极端，为了政治需要说空话，说假话（见下图）。随着政治民主化进程，这种假话、空话已经得到很大程度的克服。但是从十一届三中全会之后到现在，随着市场经济的发展，我们的报纸上又出现了为追求金钱而说假话的现象。

人民日報

RENMIN RIBAO

麻城建国一社出現天下第一田

早稻亩产三万六千九百多斤

福建海星社創花生亩产一万零五百多斤紀录

现在报上的假新闻大都与金钱、牟利有关。这些假新闻按题材又可分为两类，一类是政治性的假新闻，一类是文学性的假新闻。通讯员要想上稿子，也知道“三点一线”，国家大的形势是什么，政策是什么，老百姓想什么，爱看什么，再编一件事配上去，这就是政治性的假新闻。其主要目的是为名为利，是借政治题材来发财（当然也不排斥借此而入仕途）。作者造假的着眼点是一个“大”字，在带政治性、政策性的大问题、热点问题上做文章，以题材取胜。

典型的就是 1990 年 9 月 22 日《四川法制报》的一篇假报道，作者是县广播站的编辑，利用计划生育这个国策做文章，完全靠想象编了一篇报道。说某某乡搞计划生育，超生要堕胎。十几个超计划怀孕的妇女被叫到乡里谈话，同意堕胎的走人，不同意的按怀孕天数打板子。还编出一个细节，说多数孕妇由丈夫陪同，丈夫可以代替挨板子。有一名妇女丈夫外出打工，几名乡干部商量，要不要照顾，结论是法律面前人人平等，照样打。作者造了假后还对这件事装模作样地进行了批评，说计划生育不能这么搞。登出后，各种报刊纷纷转载。这个事情越炒越热，一直闹到联合国，引起了人权纠纷，联合国人口基金会正式要求中国政府作出解释，并要来调查此事。中央要各级政府一级一级查下去，作者只好承认是编造的，稿件上“情况属实”四个字是自己写的，公章也是自己偷盖的。

还有一种假新闻，是文学性的，这种新闻，作者造假的着眼点是一个“巧”字。他是用文学笔法，在编故事上做文章，以巧取胜。我在《扬子晚报》考察时，一位副总编给我讲了一件事。1990 年 2 月 17 日，他值夜班，看到一篇稿子，讲泰州有位老人叫陆阿根，去钓鱼，钓了一天没钓着。正准备回家时，竿拉不动，以为钓了大鱼，慢慢拉上来，是一个夜壶，壶里有一条鱼。作者还说，可能是鱼小时候钻了进去，长大了就再出不来。老人砸开夜壶取出鱼带回家，老伴剖开鱼腹，又发现一枚金戒指。这位副总编一看太离奇，就把稿件扣下不发。虽《扬子晚报》堵住了，但几天后全国好多报纸都登了出来。他想，难道是我漏掉了一篇好稿？派记者三下泰州，终于查清了事实，作者开始说是在澡堂里听人说的，后来承认是自己编的。为什么要编呢？他说，因为我老是上不了稿子，就编了这个故事，果然一投就中。

2. 信息要新鲜

新闻全在一个“新”字。旧信息没有一点价值，一个故事可以讲两遍、三遍，一本书可以再版数遍、数十遍，一条消息绝不可能登第二遍，人们看一张报也很少看第二遍，更不用说几十遍。这是由信息的本质所决定的，信息就是稍纵即逝，就是不断变换求新。

报纸就是新信息的连续叠加，其本质是信息，功能是传播，是散

页的连续出版物；书籍的本质是知识，主要功能是积累，是成册的不连续出版物；期刊介乎书和报之间，是成册的连续出版物，兼有积累知识、传播信息的功能。因此，期刊虽也积累知识，却会选择最新知识，绝不像教科书那样存陈年老账；它也传播信息，但会选择相对固定、作用时间稍长的信息，绝不肯选用以小时、以日计的短命信息。这正说明了期刊作为书报的过渡，兼有知识性和信息属性，兼有积累和传播的功能。从报到刊到书，信息渐弱，知识渐强；反之从书到刊到报，知识渐弱，信息渐强。从这个分析，我们可知报纸的定位，要定在一个“新”字上。

新闻的“新”包括两方面的意思，或者说可以由两个途径获得：一是快，二是深。从快获得的主要是最新的事实，从深获得的主要是新的思想。而不少报纸常犯的毛病是一慢二平，昨日和当日新闻不多，新思想也不多。

采访是一种速度竞赛。谁最先抢到新闻，谁就能争取到读者，正如体育比赛只能有一个第一，后到的信息几乎没有意义。通讯社报纸常常用这个以快获得的第一压倒对手，这不但有政治上和业务竞争上的意义，经济上也很重要。因为你是“第一”，读者就争着买你的报，甚至其他新闻单位也要买你的稿，转载你的消息。比如海湾战争打响第一枪的消息，就是新华社第一个抢发出去的，世界上许多通讯社转用这条消息。但这种“快”的便宜常常只能被少数靠近消息源的记者专有，比如中央国家机关的活动、最高层的决策、重大事件，大都由新华社专发，在最基层的记者无论如何也得不到这种新闻。这时就要向深处挖掘，因为一件事的影响会有多方面、多层次。正如一次爆炸“轰”的一声，这是最初的效果，但是我们还可以慢慢地了解爆炸后造成的人员、财产损失，波及的范围，社会各方面的反映等。一件事，除了事件本身直观的形象，还可以折射成许多方面，其影响可以波及、穿透、飘落在各个角落，就看我们的记者会不会挖掘、收集。

1945 年 7 月 16 日，美国试验爆炸了第一颗原子弹。趴在试验现场的物理学家费米，等爆炸声一响，突然跃起，向空中撒出一把碎纸片，然后紧追出去，他根据气浪将纸片吹出的距离，当即宣布：其威力相当于两万吨普通炸药。事后证明正是这样。这是一种折射印证法，殊途同归。新闻报道也像这样，常常要换一个路子。何况作为社会新闻，一个事件、一项政策、一个人物等等，它的深远影响有时候比一颗炸弹要复杂深刻得多。其作用的时间之久、震撼之广、穿透之深，就像原子辐射一样，其力量会传得很远，留得很久。（顺便说一下，放射性研究的先驱者居里夫人，直到她死后 40 年，她用过的实验笔记还在放射着镭射线。）我们总会从不同的角度、深度挖到新东西。比如，三峡工程是一项有历史意义的决策。这个被称为“设想了 70 年，调查了 50 年，勘测了 40 年，争论了 30 年”的工程到 1992 年 4 月 3 日下午全国七届人大五次会议正式通过。这条消息当然是在场的新华社记者首先抢发了出去。而作为基层的《武汉晚报》的记者，并不是靠快去抢这个决议通过的消息，而是着眼于写长江水利委员会的这些“老三峡”们听到这个决议后的激动，挖得更深。读者读到这条消息，加深了对这个工程的理解，感受到更深的震撼。还有 1991 年全国大水灾中，新华社记者在抗洪指挥部里不断发出一些决策性的消息，全国人民当然很关注。而《人民前线》报却别出心裁地发了一条小通讯《夫妻对话 100 秒》，写抗洪前线，一位连长路过家门，只匆匆与妻子相会了 100 秒，同样深刻地反映了全国军民的抗洪斗争，人们读来一样新鲜。

当然，报纸上不能总是发快的消息，这样会失之于浅；也不能总是发深的消息，这样会失之于慢。应该快慢结合，深浅搭配，构成一个信息的立体交叉火力，这样才能发挥报纸的各种功能。

3. 信息要有用

报纸上常有一些读者不爱看的新闻，有的空洞无物，有的似是而非。有一年新闻评奖，送来一篇新闻稿，叫《羊年第一羔》，记者在羊年来临的除夕夜跑到妇产医院等着，看谁家在羊年生第一个孩子。这不是新闻。谁家生孩子，除了家人关心以外，对别人没有新闻价值。我们一些记者常从“小我”出发写消息。**记者姓公，要以公立论，为**

公益传讯。不能因个人的好恶而失之于偏，也不能因个人眼力所限而失之于窄。新闻信息和自然信息不同，它有社会性，是通过大众传媒，传给社会上绝大多数人看的。报纸、广播、电视都希望有最多的读者，所以新闻要对多数人有用。记者每写一稿时都要用这个标准测一测，量一量。如果我们总是捡一点浅东西登在报上，就像小孩子总是津津乐道地向大人讲述一些小朋友间的故事。

（三）关于文化属性

报纸的文化属性主要包括提供知识、陶冶审美能力和提供娱乐。

1. 提供知识

虽然报纸最主要的功能是传播信息，但它还有其他功能，如宣传教育、批评监督，还有一条就是传播知识。信息不是知识，是“毛知识”，我们不能要求每一条信息都成熟到已经是能够最终保留的知识。为了快，报纸只能做着割韭菜式的见叶不见根的传递。一个问题只有在信息的多次递进重复后才可能积累提炼为知识。而这种连续递进重复正是新闻媒体的特点和优势，这一点，就是以积累知识为己任的书籍也无法与之相比。所以报纸有责任为读者传播知识。传播的知识又可以分成两大块，一块是百科知识，一块是语言知识。

第一点，关于百科知识。新闻媒体在传播知识时，一种方式是直接传播，特别是一些新知识，它本身就是信息。另外，有一些旧的知识读者仍然不知道，还要不断地重复普及，如科学常识、历史知识、生活常识等等。所以报上总辟有不少知识专栏。还有一种方式是间接传播，因为在传播事件信息的过程中，必然要伴随着知识的传递，要运用知识背景。就像拍电影，只有演员还不行，还得有道具和场景。报纸上在知识方面常犯的错误是背景知识的错误，反映了作者、编者百科知识修养的不足。有一篇报道讲“文化大革命”中，寒冬腊月，北风呼啸，一位果树专家受过批斗后，不顾满脸血痕，操起工具就到果园里去埋果苗，果树是他的第一生命。见报后行家说，如果真是寒冬腊月就没有必要埋，因为果苗早已冻死了。这就是常识错误。有一张国家部委级的报纸，在副刊上刊出一幅国画，题为《李白春夜宴桃》，李白曾有一篇著名的文章叫《春夜宴诸从弟桃李园序》，记述与诸兄弟在桃李盛开的园中欢宴之事，怎么成了李白请桃子吃饭呢？这就闹了笑话。

第二点，关于语言知识。不管是传播知识还是传播信息都离不开最基本的工具——语言。虽然我们的栏目并不是“语法知识”“修辞讲座”，但你运用的语言必须正确，而且还要尽量美一些。就像我们会见一个重要的客人，参加一个盛大的宴会，会客是目的，同时你的衣服必须整洁，而且还要高档，要合一定的规范。报上经常发现用词造句不准，甚至错误都跑到了标题上。有一年冬天北京大学生义务劳动，清理颐和园昆明湖，一家报纸发表通讯，标题是《数千学子竞抖擞，昆明破冰迎风走》。抖擞总与精神连用，精神抖擞或抖擞精神，而标题这种用法让人觉得是数千个大学生在比赛打哆嗦。昆明这个词极易产生歧义，让人误以为是云南省的昆明市。有一篇稿写的是在离异家庭里孩子得到很好的成长，标题是《幸福的孩子是相似的，不幸的孩子有爱能成才》，显然是套用托尔斯泰那句著名的话：幸福的家庭总是相似的，不幸的家庭各有各的不幸。但托尔斯泰这两句话是偏正关系，前一句是为了衬托后一句，而这个标题前后两句没有任何关系。还有一个标题《百闻不如一见，一见方能如故》，也是这样逻辑混乱。标题是文章的眼睛，但这种标题就好像人的两只眼一眼望东，一眼看西，让别人觉得很难受。每年全国新闻评奖，到最后一关了，都还会发现一些文字错误。前面提到的《为了太湖不再倾斜》，初评评为一等奖，地市报的稿子得中国新闻奖一等奖不容易。最后定评时却挑出毛病了，文章中说“有一家大中型企业”，既然是“一家”，要么是大型，要么是中型，不能是大中型，还有一句“深化……战略”，搭配不当，结果被降为二等奖。消息传到报社，开始大家高兴得不得了，没想到能得二等奖，后来又懊悔不已，早知如此，何不在文字上细细琢磨一下呢。

2. 陶冶审美能力

报纸在传播知识时要对，不能错；而在满足人们的审美时则是要美，不能丑。我们有些编辑或者分不清美丑，或者为利所惑，有意编发一些丑的、擦边的东西去迎合读者，这当然是要坚决反对的。我们还常常看到一些报纸的文章、版面并没有错，但看起来就是不舒服。原因是它总有点假，不自然。这种假，不是信息的失实，而是艺术上的假。读者不舒服，不是因为没有满足他们的信息需求，而是因为没有满足他们的审美需求。**新闻的本质是信息，但它又是文化，因此也要从艺术方法上借鉴，也要遵从美的规律。在行文和版式的每一处，都体现着编采人员的美学修养。**

1994 年中国新闻奖评奖，《广州日报》有一篇稿获一等奖。虽得了一等奖，但评委们还是提出了批评，就是文中用了“镜头之一”“镜头之二”……大家觉得多余，不干净。这就像一个人本来在很伤心地哭，但是突然停下说：“请注意，下面我再哭五分钟。”过一会儿，又说一遍。这就假了。还有的报上常出现一些中英文夹杂的字句。有一篇稿件，称中国民航时故意不用中文，非得写成 CAAC 不可，全文共三十多处，读起来很别扭。外来语不是不能用，但必须是大家已接受了的，如拖拉机、摩托。因外来语有一个熟化的过程。新借来的也可以，但要有一定的背景，要起一定的特殊作用。陈望道先生写过一本《修辞学发凡》，里边谈到积极修辞的作用，在每一个词的背后都有一定的“包晕”，就像起风前，月亮外边有一个晕圈。用外来语就要考虑到它的“包晕”作用。比如，徐志摩的诗《沙扬娜拉》，是写与一个日本女子在海边再见，最后一句就是日本话“沙扬娜拉”，如果改成汉语的“再见”，味道就要差很多。再比如，“报社”和“报馆”，同样的内涵，但是外延不同，也就是说那个“晕圈”不同。一个会让我们想到新中国成立后的报纸机构，一个会让我们想到新中国成立前的报纸机构，它们各有自己的时代背景。“文化大革命”中红卫兵“破四旧”，砸掉“照相馆”的牌子，一定要把它改成“照相社”才舒服。喜欢中西文夹杂已经不只是个审美问题，还是思想修养上浮浅的表现。我曾碰到过两个人处理外来语的使用，给我印象很深。一次是我曾陪苏联一位官员去中国大百科全书出版社，与梅益同志见面，梅益同志曾十次去苏联，是《钢铁是怎样炼成的》一书的翻译者，但在与这位官员见面的全过程中，没有说一个俄语单词。另一次是我去朝鲜，金日成会见了我们代表团，两小时的会见过程中，精通汉语的金日成也没有说一句中国话。

报纸是要办得美一点。但怎么美，有人曾提“消息散文化”，用散文笔法写新闻，以为这就是美。这是错误的。新闻和散文各有各的审美价值。新闻的审美就是要干净，信息的属性要求它朴实，就是要剪裁得干净。二战结束后一位摄影师给丘吉尔照相，丘吉尔刚从屋里走出来，嘴上照例叼着雪茄。摄影师上去，二话不说，一把揪下雪茄。丘吉尔一下恼怒了，还没明白是怎么回事，摄影师已将他这一瞬间的表情拍了下来。这张照片就成了最能反映丘吉尔坚强不屈个性的名作。新闻的手段也就只能到这一步了，就是把没用的东西全部舍弃、淡化掉，把有用的东西集中表现出来，干净，不啰唆（见下图）。

还有一个误区就是把新闻的美与文学的美混淆。有一种新闻，事实是真的，表现手法却让人感到假。为什么呢？作者总想尽量完美，

而生活中的美常常是残缺不全的，不可能像文学作品那样完美。武汉有一篇得奖的稿件《鲜花应该献给谁》，讲一个孩子得奖归来，人们去欢迎他，送他一束花。他送给校长，校长说该给老师，因为老师如何辛苦云云，老师又说该给母亲，母亲付出了多少辛苦云云，转了一圈，花谁也没给，放在桌上。这让人感到假，一是提着孩子的耳朵说教，二是事件太完美。尽管这件事是真的，但作者的视点定在了文学的审美上而不是新闻的审美上。因为你太完美，读者就觉得是理想美，不是生活中的美；是文学典型的美，不是新闻真实的美。**打个比喻，新闻的美是健美，靠肌肉，衣服穿得越少越好；文学的美像舞蹈，不是靠肌肉，而是靠身段，为了表现身段的美，就要化妆，穿长袖衣服，所谓长袖善舞。所以新闻不能散文化，在借用文学手法时要十分慎重。**

3. 提供娱乐

随着人民生活水平的提高，文化生活也日趋活跃。报纸以其快速、方便的优势，在提供娱乐方面也是义不容辞。报纸中已经专有一类以提供娱乐为主要功能的，如花鸟、棋牌、球类、服装、电视等报纸。就是一般的报纸也都有一些娱乐性副刊。

总之报纸的文化属性包括了传播知识、文化教育、学习语言、提高审美等方面的功能。

政治的、信息的、文化的属性各有什么所长呢？政治是用观点来直接引导，强调旗帜鲜明；信息是通过事实来间接引导，强调真实朴素；文化则通过知识和审美来提高人们的修养，强调含蓄认真、日积月累、潜移默化。这三者怎么结合是一门学问，报纸办得好不好很大程度上是看这三者结合得怎么样。

（四）关于商品属性

报纸的第四个属性是商品属性。这里我们遇到了几个新概念和新问题。

第一个问题是确立报社是市场主体的观念。

长期以来，我们的报纸讳言商品，报纸只是阶级斗争的工具，是机关的附属物。现在搞市场经济，就要确定谁是市场经济的主体。企业是物质产品市场的主体，报社是精神产品市场的主体。作为主体，它就要与所属的机关有所区别。第一个区别是工作方法上的区别。比如市委和它的机关报有一个共同的目的，就是都指导本地区的工作，但工作方法不一样，市委的方法是政治的方法、行政的方法，报纸则是信息传播的方法、舆论导向的方法。第二个区别就是经济上的区别，既然是主体，经济上就应该独立。现在遇到的问题是两个区别都没做到。一是报上登的常常就是机关的文件和领导的讲话，不合新闻规律，读者不爱看。二是经济上不独立，报社发展受影响。这几年给报社也放了不少权，起码是报纸的定价权放开了，广告版面也放开了。1995年全国报纸广告经营额是57亿，如果不搞市场经济，不放权，这57亿全靠国家拨款，该是多么大的负担。

第二个问题是市场定位，即报纸的分工问题。

这一问题就与前边谈到的三个属性有关系，比如机关报，政治属性就多一些，而像服装报、花卉报，文化属性就浓一些。属性不同读者对象也就不同。每份报纸都有自己的市场范围，这是它立足和发展的基地。今年年初全国有21种期刊发行量过百万份，都是很健康的。细细研究它们的分工问题，很有意思，它们都各有自己的读者群。吉林有一本杂志叫《演讲与口才》，发行90多万，像机关干部是很少去看的，但它的主编说，连队指导员做工作、商人谈判、学生辩论比赛，都要用到我的刊物，这么一定位就是90万。

第三个问题是市场的负效应。

市场经济为报业的发展注入了活力，但市场规律就是追求利润，有时会排斥政治，干扰导向。这就出现了社会效益和经济效益的矛盾。1995年查处了两本杂志，其中一本是青海的《社科新苑》，卖刊号出了几本，封面上“社科新苑”刊名几个字小小的，而“中国十大强暴案”“中国十大诈骗案”“中国十大凶杀案”的字样十分刺眼。这些东西就反映了市场的负效应。它以迎合部分读者的不健康心理来达到发财的目的。政治上的导向有正确与错误之分，审美上的导向有美与丑之分，报刊在负效应的作用下常常追求丑的东西。同样是一个裸体模特儿，在徐悲鸿手下画出来，怎么看怎么美，三流的画家画来就有淫邪气。对于市场负效应，我们要靠政治导向、靠教育、靠法制、靠管理来解决。

第四个问题是关于报纸的两个市场。

过去的报纸只有一个市场，就是公费市场，现在有了两个市场，一个公费市场，一个自费市场。一张报纸要搞上去，最终必须解决自费市场问题。《广州日报》自费订阅已占75%，《海南日报》占50%，《温州日报》占33%。《广州日报》4年不用市委发红头文件，发行量上升了50%，靠的就是下功夫研究市场。依赖公款办报、公款订报是计划经济的路子，真本事是通过市场经济规律把报纸搞上去。精神产品生产如逆水行船，很难，要学会借风行船，借市场经济的风来行船。

第五个问题是市场发展的三个阶段。

第一个阶段是十一届三中全会以前，狭隘的市场。严格讲，还没有市场，只是派购。第二个阶段是十一届三中全会以后到1994年年初全国宣传工作会议召开。这一阶段我们国家经历了从十一届三中全会以后解放思想，酝酿市场经济，到十四大确立要建立社会主义市场经济体制的过程。报纸也经历了初步发展市场的过程，有很多野蛮经营的问题，如欺骗读者、登假新闻、买卖刊号等非法活动。这是一个无序经营的阶段，管理部门则针对各种问题抓紧制定法规。现在正在进入第三阶段，即有序的阶段，正处于一个从无序到有序的过渡时期。

第六个问题是市场运作。

过去办报纸只强调单向灌输，登什么，你就看什么。现在从市场角度看问题就要讲双向交流，不研究读者想什么，就会失去市场。这样的现代办报方式中就有了许多市场运作的手段。许多报纸不但在内容上注意研究对象、研究市场，在发行、经营、策划等方面也都从市场出发，出现了许多全新的竞争、促销手段。

社会主义市场经济理论的提出和这一体制的建立，给我们办报的人提出了一个大问题，要求我们转换思维，重新审视报纸的性质，要

求我们考虑在社会主义市场经济体制这个系统工程中如何运作，这是报人当前和今后若干年里要研究的重要课题。报纸作为精神产品，又作为一种信息产业，它既有政治属性又有信息、文化和商品属性。我们不能孤立、简单地只举其一，说它就是什么。它是一种复杂的综合体，有自身特殊的规律。四个属性之间是互为补充、互相制约的。它们之间的关系是，政治是领导一切的，是四个属性中最重要的，它代表社会的最高利益，强调导向。信息的、文化的、商品的内容都得服从政治方向。信息是包容一切的，是这四个属性中最基本的，政治的、文化的、商品的（如广告）内容都要通过信息形式来传递。文化是渗透一切的，政治的、信息的、商品的内容都要由文化形式来表现，都要达到一定的文化标准，否则就只是政治说教，是纯自然信息，是赤裸裸的商品味推销。商品属性是排斥一切的，就其本质来说，这个属性要求的只是经济利益，必然伴随着市场负效应，必须由其他三个属性特别是政治属性来制约它，将它这种求利的欲望、动力制约引导到事业发展上去。历史的经验教训证明，当我们不适当地突出其中一个属性而抑制其他属性时，就会犯或左或右的错误，就会妨碍报业功能的发挥，影响报业繁荣；当我们综合把握这四个属性，使其各得其所，互补短长，按规律办事时，报业就繁荣，就发展。

（1995 年）

论期刊的本质属性

一、期刊是报纸和图书之间的过渡

报纸、期刊、图书都是文化的载体，它们有相通之处，但又有各自的个性。

自有人类以来，人与人之间就要交流思想，传播信息，而交流、传播的最有效的方式就是语言文字。语言可以实现面对面的交流，但是要想把信息、知识、思想暂时或者永久地储存起来，以便与更大范围的人特别是下一代人进行交流，这就主要靠文字了。到人类发明了纸张、印刷术后，就形成了文字形式的三种载体：报纸、期刊和书。图书产生的历史早一点，然后有报纸，有期刊，并且逐步形成了各自的个性。

报纸的本质是信息，其主要功能是传播。报纸的新闻信息是新近发生的与受众有关的事情。报纸还有政治的、文化的和商品的属性，但是信息属性是它最本质的属性。信息要求真实、客观，所以新闻信息是一件客观的事情，不是一个主观的观点、看法。信息要求快和新，所以报纸大多着眼于记者目所能及的现象，随有随报，求快求新。这样，另一个特点也是不足之点又随之伴生，这就是“浅”。信息不是知识，是“毛知识”，因为这些信息还没有来得及沉淀和熟化为知识或思想。新闻还有一个特点，就是受众面广。它要照顾到最大多数人的注意，所以尽量选择大多数人关心的消息，是一种广种薄收的经营。

简单地归纳一下就是：报纸的本质是信息，其主要功能是传播。新闻信息的特点一是只传播事实；二是求新求快；三是受众面广；四是难免粗一些和浅一些。

图书的本质是知识，其主要功能是积累。虽然我们现在发明了以磁、光、电等多种介质为载体的读物，但是以文字为载体的图书仍然是人类有史以来积累知识的主要手段。知识是什么？是人类在实践中所获得的经验和认识的总和。它也是一种信息，但已经大大有别于新闻信息。它不是刚发生的、具体的一件事实，如果是事实（如历史事件、法律上的判例、科学上的实验，它已经具备了经验代表性，可以被新的实践用来借鉴），它已经超出事实而具有规律性，可以指导实践（如物理、化学知识）。所以知识信息的特点是：第一，反映了事物的本质，是深层次的东西，必须准确。第二，可以指导实践，因此可以反复使用，必须保存下去。只要还正确，知识不怕旧。第三，它可以是全面的知识（如百科知识、常识），也可以是面很窄的专业知识。

人类对待自己的知识信息就像一个皮货商对待自己的藏货一样，要不时地翻检一下，剔除一些旧货，增加一些新货，对那些最有价值的加以积累珍藏。**人类对知识的积累有两种。一种是文物积累，这是历史脚步的实物留存，是无意识的自然积累，如长城、故宫、金字塔和大量散见的文物。另一种是文字积累，这是一种有意识的人为积累，是人类对自己所掌握的知识的大筛选。有史以来，这种大积累都是通过大编写、大出版来完成的。**

“从世界史的角度来说，曾有过四次大的文化积累，对世界进程发生过大的影响。这就是古希腊、罗马时期的文化积累，文艺复兴时期的文化积累，18 世纪中叶欧洲资产阶级启蒙运动中以百科全书派为代表的文化积累，19 世纪中叶在总结了英国古典经济学、德国古典哲学和法国空想社会主义之后而产生的马克思主义的文化积累。古希腊、罗马的文化光照两千年，我们现在还可以从毕达哥拉斯定理、阿基米德原理中感觉到它的力量。文艺复兴，呼唤出一个资产阶级，产生了一大批科学文化巨人，现在我们还在哥白尼、布鲁诺的天体和伽利略、牛顿的定律中生活。启蒙运动则把资产阶级推上了政治舞台，导致了 1789 年的法国大革命。而马克思主义的诞生开创了无产阶级革命时代的新纪元。中国历史上也有过几次大的文化积累。第一次是汉初对先秦文化的整理。它一收商周遗典和春秋战国诸子百家而独尊儒术。这次积累，确定了中国封建社会的基础，基本上确定了中国历史的走向，产生了以《史记》《汉书》为代表的积累型巨著。尤其是《史记》，它的思想、它褒贬的人物以及它的文风到今天还影响着中华民族。第二次是隋唐对散佚书籍的搜集和新书的编纂。它使儒家思想更趋成熟，封建制度进一步确立。第三次是宋代的积累，儒家发展到理学新高度，产生了程朱这样的儒学理论大师和《资治通鉴》这样总结治国实践的巨著，儒家思想的完善保证了以后 700 年封建制度的延续。第四次是明清修书，以《永乐大典》《四库全书》的成就为代表。但其意义只是一个封建文化的总结与保存了。即使这样，这笔文化遗产为我们民族以后的发展，直到今天的社会主义革命与建设，还是发挥了积极作用。以后还有康梁等对西方文化的引进积累，中国共产党人对马克思主义的引进积累，这些在反帝制和民主革命中曾发挥了巨大的作用。”（引自拙著《消费与积累》）由此可见，图书在积累知识方面发挥着多么巨大的、特殊的作用。因此对图书出版的要求是一定要保证质量，所积累出版的必须是精品，要对历史负责、对后代负责。

期刊的本质是文化，其功能既有传播又有积累。在日常生活中，知识的形成是一个渐进的过程，础润而雨，月晕而风，知识在形成以前总有一些信息逐渐地吐露出来。于是，人们就密切注视并抓住这些信息进行研究，及时将它上升为知识。这个过程中需要一种载体以较快的速度、较轻便的方式进行即时收集、初步积累，于是人们就找到了期刊这种形式。期刊是报纸和图书间的一种过渡。它们的定义是这样的：**报纸是散页的连续出版物，期刊是成册的连续出版物，图书是成册的不连续出版物。报纸主要是传播信息，图书主要是积累知识，期刊则介乎两者之间，有传播有积累。期刊传播周期可以比报纸更从容一些，比图书更迅捷一些，内容可以比报纸更深一些，比图书又浅一些。就积累知识而言，如果把图书比作储水的桶，期刊就是舀水的瓢，报纸就是一阵带着雨丝的风。如果我们画一个横坐标轴，从左到右，报纸、期刊、图书，信息渐弱，知识渐强；反过来从右到左，知识渐弱，信息渐强。无论是从性质还是从功能上看，期刊都这样处于报纸和图书之间，是两者的一个过渡。**

二、期刊的文化属性和传播积累功能

文化，按照辞典上的解释是人类在历史发展过程中所创造的物质财富和精神财富的总和，又常特指精神财富，如文学、艺术、教育、科学等。期刊就是这些财富的载体。期刊的本质是文化，期刊的质量取决于它的文化含量。据统计，新闻出版署1989—1996年上半年共处罚违规期刊80种，其中62种都属文化品位太低、格调不高、违反宗旨。这正说明，衡量期刊的质量，文化是一把主要的尺子。所以我们研究怎么办期刊、怎么办好期刊、怎么适应期刊间的质量竞争，还得从期刊的文化属性入手。

期刊的文化属性大致包括三个部分。

（一）知识性

期刊中除一部分新闻期刊、理论期刊外，大部分都是以传播某一方面的知识为宗旨的。知识性在期刊中占有重要的地位。期刊普及知识时，是无声的课堂、无形的老师，在潜移默化、润物无声中，使最新知识慢慢地渗进读者的脑子里。事实上社会上的期刊已经长期形成了一个向读者灌输知识的网络，演化成一个有机的结构组合，比如：时事知识方面的《半月谈》《瞭望》，科普知识方面的《知识就是力量》，还有《文史知识》《百科知识》及许多的生活知识类刊物，和分工较细的专业知识类刊物。每一个有文化修养的人，都能回忆起自己所喜欢的一两种刊物，都能感觉到这一两种刊物在自己成长的道路上所起的引领作用，都能回想起自己身上的哪一份知识是得自于对哪些刊物的长期阅读。

刊物传播知识有两个最起码的要求。

一是要正确，不能传播谬误。就是要对，不能错。这是刊物威信的基本构成要素。读者对刊物的兴趣构成，或者读者的阅读动力有多种，比如为了消遣、为了好奇、为了欣赏、为了捕捉信息，还有最重要的一条就是为了求知。读者的求知欲是刊物扩大发行的基础，就像市场需求是商品交换的基础一样。编者要尊重和满足读者的这种欲望，不能轻视它，捉弄它。一个刊物传播错误知识，就像一个人说了假话，一个医生开错了药方，读者很快就会抛弃它。国内一些知名刊物，像《知识就是力量》，就是几十年如一日，始终坚持将正确的知识送到读者手中，这样才确立了自己的地位。现在有的刊物就像一个不法商人用假货来骗人来牟利一样，利用读者的这种求知欲，在知识上添枝加叶，甚至造假。比如，有的刊登外星来客，甚至还与地球人结婚云云；有的宣传封建迷信，说人可转世；有的借介绍气功宣传伪科学，什么呼风唤雨，什么定身术、点穴法，甚至使人变美法、变丑法；有的卫生刊物介绍错误的保健知识，甚至推销假药。高尔基说，书籍是人类进步的阶梯。刊物也是人类进步的阶梯，或者是人类文明跋涉途中的拐杖。经常有这种情况：读者读了某一种刊物中的某一篇文章，汲取了一滴知识，解决了一个具体难题，如治好了一种病，修正了一种行为，完成了一件发明，或启发了一个思路，甚至从此改变了他的一生。当然，也有错误知识的宣传给读者带来了相反的严重后果。

二是要努力传播最新的知识，就是要新不要旧。这是刊物赢得读者、独领风骚、竞争获胜的主要因素。刊物对知识的积累和书籍还有不同，它有即时性的，是用瓢舀水，有一点就及时舀一点，不像书，非得等到装满一桶才行。所以同是积累传播知识，刊物比书籍更注重新知识，假如是旧知识，读者宁愿去买一本书来读。这也再次说明期刊是报纸和图书的过渡，所以办刊人总是追踪最新的知识。就像靠正确的知识树立威信一样，期刊要靠最新的知识来标新立异。刊物在传播新知识这一点上实际上是借助了新闻的手法。在新闻传播中，谁抢到第一，谁就站住了脚，其他人就都被甩到了后面。新闻只认最新消息，刊物也是只认最新知识，谁抢到新东西，谁就永远地占领这块阵地。当年，爱因斯坦关于相对论的研究成果最早发表在 1905 年第 17 卷欧洲《物理学纪事》杂志上，所以 1905 年就成了现代物理学开端的标志，而《物理学纪事》杂志也就因为它曾发表过这篇伟大的文献而永远地确立了在期刊发展史上的地位。就像 1543 年出版了哥白尼的

《天体运行》、维萨留斯的《人体解剖》，因而这一年被认为是文艺复兴的开始。从这些史实中可见出版事业的重要，它甚至可以推动一个时代。对一份具体的刊物来说，你刊登一篇新知识，就是引读者上到了一个新台阶。你总是炒旧知识，就是拉着读者的手在原地踏步，就像总是给成年人唱儿歌，这样的刊物怎么能存在下去？我们经常看到一些生活类刊物上总是登生活小常识，穿衣怎样配颜色，煮菜怎样加调料，今天一个偏方，明天一个窍门，煮骨头放点醋容易烂，煮鸡蛋放点盐不破，这些话也不知说了多少年。就算这些知识没有错，一份刊物总停留在常识水平，读者也会对它心生厌倦的。

（二）思想性

期刊在思想性上的要求是求深刻深沉而戒肤浅浮躁，求新鲜向上而戒陈旧腐朽。

信息—知识—思想，是三个逐次递进的层面。新闻信息是原始的事实、现象；知识是经过提炼后的经验、认识，它已经摆脱事实有了理性的成分；思想已是纯理性的东西，是溢于事实和知识之外，统于信息、知识之上的东西。从扩及面来讲，信息最广；从统领的高度来讲，思想最高。信息反映知识和思想，思想和知识又统领信息。就是说信息的真假对错要借助知识和思想来判断，新的知识、思想却要借助信息来传播。刊物在传播信息、知识，但最终的作用是灌输一种思想。刊物的思想作用于读者，已不是简单地让读者知道什么，而是要指导什么；不是简单地告诉读者什么对、什么错，而是告诉读者怎样去追求正确避免谬误，一句话，是要教读者立场和方法。“绣出鸳鸯凭君看，又将金针度与人”，思想已不是具体的鸳鸯，而是一根除鸳鸯外还可绣龙、绣凤的金针。刊物办到有思想性，比单纯传播知识又高了一个层次。刊物的思想就像一个人的气质、风度、音容、笑貌，是内在精神的洋溢。

刊物体现出的思想要深刻。我们常常有一种感觉，一本刊物挑不出什么错，但就是让人觉得浅，或者说觉得没有思想。比如一提爱情这个古老的话题，我们就会想到《简爱》《罗密欧与朱丽叶》《梁山伯与祝英台》《西厢记》，因为这些作品有深刻的思想性，揭示出了两性间深刻的生死之恋和反封建、反保守的进步意义。而我们有一份刊物在回答爱情问题的信箱栏目中有这样一段问答，读者问：“我是一个很白净的女子，却爱上一个肤色很黑的小伙，别人在议论我，我痛苦，该怎么办?”编辑答：“黑白相间是当今的流行色。”这是对严肃问题的一种轻佻的调侃，浅浅地抹过一笔，读者从中得不到什么思想。有一份新闻业务刊物，却非得用一群穿着戏装的歌星、明星来做封面，有什么错吗？没有，但只能给人一种闹剧的感觉，并不能加重刊物的新闻性，没有传达出什么新思想。母爱是一个古老的话题，《时代姐妹》杂志发了一篇文章，写一个山村母亲靠自己喂猪、种烟叶，硬是供养5个儿女上了大学，考上了研究生，到外国留学，读博士、博士后。这超出了一般的母亲关心儿女的吃穿、成家，而是上升到了以自我牺牲换取子女成才。这样意义就深刻了很多。这篇文章，无论什么时候读来都让人落泪。

刊物体现出的思想要新鲜。由于知识的更新，必然带来思想的更新。比如经济学方面，市场经济思想已取代了计划经济思想；新闻学中已引进了信息理论；出版方面，引进了多媒体概念；生活中引进了旅游、健身等新观点，这在前十年都是没有的。刊物要及时传播新思想，包括新的政治思想、学术思想和人生观、价值观。和知识陈旧一样，思想陈旧同样会使刊物呈现出一副苍老枯瘪的面孔，为读者所不喜欢。现在的问题是有一些刊物不但没有新鲜的思想，甚至还在贩卖腐朽、落后的思想，或者把沉渣搅动起来当作新东西来宣传。有一份刊物宣传夫妻双方默认对方公开带情人回家；有一份妇女刊物，向国内介绍外国小姐下班后怎样到男脱衣舞俱乐部去玩男人，有一家刊物宣传一夫多妻制，还举出五条好处。这都是把落后、腐朽拿来当香瓜卖。这样办刊，刊物的文化素质已经被降到了零点，又怎能谈到什么威信、竞争和发展呢?

（三）艺术性

刊物除了有知识、有思想，还要有美感，就是说要讲究艺术性。知识性主要是分清对和错，思想性主要是分清新和旧，艺术性就是分清美和丑。美和丑好像容易区分，但在实际操作中，美的问题比前两个问题还深奥和复杂。整整一部美学史，都是在探讨和研究这个问题。它难就难在每个人的学识水平不同，特别是编者的水平不同，对美的标准的认识也就不一样。一些编辑、主编常常找不到美的标准、美的目标，甚至以丑为美，这几乎是我们目前办刊中最感棘手的问题。

刊物对艺术性的要求，首先是要分清美丑，然后再说怎样更美一些。前面提到，1989 年以来受到行政处罚的 80 种刊物中，有 62 种都是格调不高，违反宗旨。“格调不高”就是以丑为美，把丑恶的东西拿来宣扬，还不以为丑，不以为耻。这几年一些公安法制类刊物、生活保健类刊物，还有一些文学刊物，大写凶杀、色情、打擦边球的文章。比如公开期刊中竟有这样的标题：《荡妇的呼喊》《偷情的少妇》《情夫情妇现象大透视》《夜幕下的寡妇城》等，在不时地污染人们的视觉。有一份省社科院主办的学术刊物《社科新苑》，却擅自出了三期增刊：《中国十大杀人案》《中国十大强暴案》《中国十大诈骗案》。这些东西都是散见于报刊上的案例，经它这样一收集，便成了罪恶的汇集、聚焦与放大。借打击罪犯之名展览罪恶，几乎成为办刊中的一股逆流。这不只是指内容，在图片选用、封面设计上也有这个问题。其实关于美丑的问题，美学老祖宗黑格尔就早已说清。**黑格尔把人与外部世界的关系分为两种，一种是较低级的欲望关系，想占有对象；另一种是高级的审美关系，只欣赏而不占有对象。**“人对艺术品的关系却不是这种欲望关系。他让艺术品作为对象而自由独立存在，对它不起欲望，把它只作为心灵的认识方面的对象。因此，艺术品尽管有感性的存在，却没有感性的具体的存在，没有自然的生命；它也不应该停留在这种水平上，因为它只应满足心灵的旨趣，必然要排除一切欲望。”（《美学》第一卷 46 页，商务印书馆 1979 年版）**我们现在的一些编辑还没**

有这个基本常识，总是把刺激当美感。着眼点不在满足读者的审美，而在刺激读者的欲望。这就是为什么同样是面对一个裸体模特，徐悲鸿手下的作品是优美的线条和高洁的神韵，而在一些三流画家的笔下却会透出淫邪气。同样是一个爱情题材或者是卫生科普作品，总会让一些三流作者或者编者编写成性题材。这些作者、编者还有一种“审丑”的理论，所谓写自然、写人的本性。这一点黑格尔也早有准备，他说：“当然，人们常爱说、人应与自然契合为一体。但是就它的抽象意义来说，这种契合一体只是粗野性和野蛮性，而艺术替人把这契合一体拆开，这样，他就用慈祥的手替人解去自然的束缚。”（《美学》第一卷 61 页，商务印书馆 1979 年版）就读者来说当然层次不同，总会有一些低层次的、以丑为美的读者，就像总有人要吸毒一样。对编者来说，却应该把刊物的艺术性、刊物的审美价值定位在最高层次上。当然，这首先要求他把自己的美学修养提高到最高层次上。

我们的刊物为什么让人觉得浅，读后就想扔掉，就是因为它没有进到文化层，没有进到知识层、思想层和艺术层。它或者停在感观刺激层，刺激读者的低级欲望；或者停在娱乐消遣层，在做游戏；或者停在说教层，在摆教条；或者停在信息层，在传递一些现象和“毛知识”；或者停在商业层，在做广告推销图赚钱。一份好的刊物要能超越感官刺激层、消遣娱乐层、枯燥说教层、信息现象层、商业广告层，层层深入，直进到知识层、思想层、艺术审美层，这个刊物就真正有深度了。

三、期刊的政治属性、信息属性和商品属性

（一）政治属性

期刊的政治属性相对于报纸来说不那么强烈和敏感。这与期刊周期较长、分工业务较专有关，但是期刊一样要讲政治。政治就是历史前进的方向，是大多数人的利益，是一个国家、一个民族社会生活中的大事，是全社会都要共同服从的。所以政治涉及立场、观点、方法、

方向、大局。期刊的主编不是专职的政治家，不可能要求期刊去完成每一个具体的政治任务，但是至少要做到以下这三个方面。

1. 分清是非，服务大局

期刊内容在大是大非上不能出错，1989—1996 年经新闻出版署行政处理的 80 种期刊中，犯政治错误的共 14 种，都是涉及国家主权、民族政策、外交政策、政治事件等等的大事。比如，有的期刊登中国地图漏了台湾，有的文章歪曲党和国家领导人的形象，有的不恰当地议论党和政府的重大政策等。

2. 思想引导，旗帜鲜明

一份期刊在某一个读者群中就是一盏政治、思想上的指路灯。它要时时关注读者的思想问题，以正确观点及时引导，这样才能体现出它的价值，体现出它的生命力。期刊的平庸，常常表现为没有自己的思想，旗帜不鲜明，对读者指导不力。而好期刊总是能及时抓住与时代合拍的问题，这些问题倒不一定是多么大的事，但代表一种趋向、一种人生观。这种引导，可以直接用评论的方式，也可以融于报道和文章之中。比如这几年有一种风气，叫“吃青春饭”，就是女孩子借年轻漂亮从事公关等行业，而不知趁年轻赶快在学业上打基础，社会上一些人也不负责地捧她们。1993 年第 2 期的《妇女之友》有一篇文章大喝一声《青春不可靠》，作者说“绚丽夺目的有时主要是青春本身，才智和理想多半是为它所照亮、渲染和放大”，文章论述青年人，特别是女青年，要靠真才实学自强自尊，很有说服力。

3. 遵守纪律，按章办刊

为了保证期刊的社会效果和出版秩序，我们常用纪律法规的形式把什么该登、什么不该登、怎样登等固定下来。纪律、法规是宣传出版规律的总结，不管理解不理解都要执行。1989—1996 年受行政管理部门处罚的 80 种期刊中，就有 3 种是违犯国家的保密纪律，登了不该登的军事机密。

一份期刊，必须清楚大是大非，正确引导思想，遵守宣传纪律，这是期刊的政治属性所规定的起码要求。

（二）信息属性

期刊是传媒工具，必须传递信息，但是它传递信息又与报纸传递信息有别。一是信息的内容和侧重面不同。报纸以传递新闻信息为主，传播的是新的事实。除新闻性、纪实性期刊以传递新闻信息为主外，期刊传播的主要是文化信息，它也强调一个新，但主要是新知识、新思想、最近的学术动态等。二是传递周期不同，期刊比报纸要慢一些，长一些。三是深度不同，期刊注重信息的深层内涵，所以这些信息的存留时间也就久远一些。

明白了这一点，在发挥期刊的信息特点时就要注意两条。一是信息要真实。这是信息本身所决定的，不管你是传达事件信息，还是知识的、思想的、学术的信息，都要真实、客观。你可以有观点，可以发评论，也可以有选择性，要传递这一条还是那一条，但在传递信息时不能造假，不能歪曲、涂抹。例如现在人们对社会公德水平的下降很不满，有一份刊物就刊登了一篇《第一个犯有“见死不救罪”者被判刑》。说某人路见伤员不救，被深圳法院以“见死不救罪”判刑两年。由于用的是真实存在的地点、单位，全国有 12 家报纸转载，与法律开了一个大玩笑，影响很坏。有一家国内很有影响的刊物编了一个从未有过的 500 名女兵进西藏的所谓纪实报告，对历史事实和西藏的情况大肆歪曲。还有刊物说在某海域发现一个水下制黄工厂等。假新闻有两类，一类是投当前形势的机，上面重点抓什么，我就编一个什么方面的假新闻，极易轰动，可称之为政治性假新闻；一类是把故事编得很巧，有可读性，可称之为文学性假新闻。它们的目的都是为了能上稿。知道了写假稿的规律，就要注意打假、防假。

二是要注意信息的文化含量。期刊信息比之于报纸信息，要尽量甩脱那些表象的东西。报纸的新闻信息常强调现场感，注意人物、地点和形象的写景、状物、传声。期刊信息则要求尽量揭示出事件的内涵、本质和意义，或者直接传达一种观点和思想。期刊从周期到篇幅都比报纸从容一些，自当力戒表象的、浮躁的东西。我们许多生活类期刊总是停在做游戏的水平，打打闹闹；经济类期刊总停在做广告的水平；有些学术刊物也新话不多，让人读后头脑里留不下东西。报纸的信息是稍纵即逝，看后就可以扔的，期刊的信息已渗进了资料价值，已有一定的驻存时间，应该让人读后舍不得扔，有的甚至愿意永久保存。

（三）商品属性

期刊作为一种文化载体，一是有物质构成，有成本；二是要出售，要通过交换实现自己的价值（精神的、物质的），而且还要扩大再生产。所以期刊有商品属性。

商品属性给期刊带来了消极的一面，即它的负效应。既然是商品，就想换取更多的货币。想获得更多利润，就会迎合读者，有时就会造成刊物格调下降，低层次重复。这种负效应，一是造就了一批低层次的读者，刺激低级期刊的生产形成恶性循环，造成精神污染，甚至教唆和滋长犯罪。二是促进了消费性期刊的生产，一大批生活类、消遣类期刊应运而生，占领了市场。这些刊物大多没有留存价值，看了就可以扔。低层次精神消费品的比例太大就会影响整个期刊业的合理布局，挤压政治类、文化类和学术类期刊的市场，也不利于高层次读者的培养和造就。

商品属性也给期刊带来积极的一面，这就是它可以运用价值规律、市场规律来进行市场运作。它给我们提出了一套全新的概念和全新的运作方法。这主要有三点：一是内容编排上，变过去单向的灌输为双向的交流，注重读者的反馈，依据市场调节及时改进刊物的内容和形式，形成了一种质量反馈调节机制。二是在期刊布局结构上，主动依据市场需求寻找自己的市场定位，形成了一种市场竞争和筛选机制。1995、1996 连续两年，国内共有 21 家期刊发行量超百万。这些大型期刊都是严把自己的办刊宗旨，突出个性，抓住某一特定的读者层，从而在市场竞争中站稳了脚跟。**三是经营管理上，运用市场规律，注意成本核算，加速流通，创造利润，形成了一个合理的经营管理机制。**

许多刊物在发挥商品属性、运用市场经济规律方面创造出了一些独特有效的市场运作方法，这说明我国期刊界驾驭市场的能力在逐渐成熟。市场经济的积极一面，有力地促进了期刊的繁荣。

四、结　论

期刊作为一种媒体有四个基本属性：政治属性、文化属性、信息属性和商品属性，其中文化属性是它最本质的属性。这四种属性间的关系是，政治是第一位的，是领导一切的，它决定着期刊的立场、观点和导向，其他三个属性都必须服从政治属性。文化属性是本质，是主体，决定着期刊的层次和个性，它是贯穿始终包容一切的，政治的、信息的、商品的（如广告）目的，在期刊中都要合乎文化的标准。信息属性是文化属性的补充，是期刊从报纸脱胎出来时信息功能的残留，并且其内涵已从事件信息逐渐转向知识、思想信息。商品属性是排斥一切的，其本质就是获取高额利润、追求经济效益。商品属性与其他三个属性有对立的一面，它所决定的期刊负效应会影响期刊的质量；但它也有积极的一面，能改善期刊的经营和运作，促进期刊的繁荣。对商品属性的消极面要靠其他三个属性，特别是政治属性来制约。对它的积极一面要大胆利用。这四个属性构成期刊这个有机的综合体，我们片面夸大哪一个都不行。夸大政治属性，期刊就成了政治教条；夸大文化属性，期刊就会书本化；夸大信息属性，期刊会报纸化；夸大商品属性，期刊就有铜臭味。期刊只有恰如其分地表现这四个属性，并突出文化属性，才能更好地实现它既区别于报纸又区别于图书的定位，完成其传播积累文化的功能。

（1996 年）

论书籍的积累与消费功能

——关于出版业的理论与政策

在新中国成立40年之后，全国又掀起一场“扫黄”运动，传播制造淫秽出版物和卖淫嫖娼等同被列为“六害”，公安部门严加打击。这实在是我们不愿看到，但又不以人们的意志为转移的现实。它说明精神文明的建设如逆水行舟，须臾不可松劲。在这“六害”之中，只有黄色出版物一害是涉及精神产品的。它从反面提醒我们出版物是怎样在悄悄地影响社会风气，干预生活。“黄潮”泛滥的同时，却是学术书、严肃书的出版难、发行难。这更促使我们从理论和政策上思考一个问题：出版物（主要是书籍）的功能与作用，以及我们对它的利用与控制。

一、书籍的两类功能

书籍的功能很多，如教育、宣传、娱乐、信息等，但是我们从另一个角度可以把它简单地概括为两类：消费与积累。

有一部分读物是为了满足当时的、短期的需要，服务于某一暂时的目的。比如许多娱乐、消遣的书刊，生活用书，一般工具书等。这些书刊大都是重复、传播现有的知识和信息，人们对它的使用表现为一种具体的消费，目的达到，它就再没有存在的价值。

有另一类读物，它的主要功能并不是为了目前的现实需要，而是着眼于对过去知识、思想的总结，或对新的思想、理论的开拓。这些知识可能不是直接服务于生活消费或精神消费的，也不能一次性或较少次使用，而是需要永久保存的。如许多自然科学、社会科学经典著作。这类读物的主要功能是积累。积累知识，积累思想，积累文化。

所以，我们也可以把出版业的任务看成横向和纵向两类。横向的，就是为当代人服务，是一种现实的消费，是有形的投入产出。纵向的，就是为后人服务，对历史负责，整理总结过去，启迪未来，是一种无形的投入产出。我们在探讨出版业的方针政策时，不妨从这个角度入手，分析一下出版业的内外矛盾关系及其转化机制。用这个新角度来探讨问题，便于从宏观上俯视出版业在整个社会生活中的位置、它内部的交替变幻、它对社会的作用及社会对它的影响，以便于我们在做宏观决策前能摸清客观规律，得出相应的政策和方法。

二、历史就是文化的积累

为了探讨出版业内部消费与积累的关系，首先要明了积累的社会意义，而这一点必须将其置于社会、历史、文化的大背景下才能说清楚。

（一）没有积累就没有历史

社会的发展，是一边实践，一边将这些实践的成果总结积累，筑成新的台阶，然后再从这新台阶上起步，迈向新的高度。一个社会要是没有这种积累，便只能原地踏步。整个社会是这样，具体到某地区的发展、某个学科的发展，也是这样。人类社会活动包括生产斗争、阶级斗争、科学活动、思想文化活动。正是对这些活动的记录、积累才成为历史。其实在“史前”期，人类就已开始有自己的活动，只是因为没有文字记载，我们无法确知那时的情况，只好把它排除在史外，而称“史前”。最新的考古研究表明中国猿人距今已经 57.8 万年（《光明日报》1989 年 10 月 21 日），但是中国历史直到公元前 841 年才有确切的纪年。这以前中国这块土地上发生过什么，我们知之甚少，知之不详，就是因为没有积累。（当然，我们这里所说的积累主要指文字积累，古化石、古迹也是一种积累，但毕竟信息有限。）而社会发展的过程中常常因为战争、天灾及其他人为原因（如焚书），造成某一段社会活动文字记录的中断，无论是史前的空白还是史中的空白，都是缺少积累所致。可以说没有积累便没有历史，缺少了某一部分的积累，某一段历史就出现空白。而历史的空白对以后社会（或某领域）的发展，犹如登高时梯上突然残损一级，至少我们少了一块登攀立足的基石，或少了一面“以史为镜”的参照镜，这是无法弥补的损失。所以高尔基说：“书籍是人类进步的阶梯。”

（二）文化积累对历史发展的积极作用

推动历史前进的是一种综合的力。循着奔腾的历史长河，我们可以理出一条生产力发展的脉络，看看生产力的发展怎样推动历史；可以理出一条阶级斗争的脉络，看看阶级斗争怎样推动历史；也可以理出一条科学技术的脉络，看看科技进步怎样推动历史。我们也不妨理出一条文化积累的脉络，看看这些文学、艺术、科学、哲学、思想方面的大小著作是怎样转化为物质力量推动历史的。

从世界史的角度来说，曾有过四次大的文化积累，对世界进程发生过大的影响。这就是古希腊、罗马时期的文化积累，文艺复兴时期的文化积累，18 世纪中叶欧洲资产阶级启蒙运动中以百科全书派为代表的文化积累，19 世纪中叶在总结了英国古典经济学、德国古典哲学和法国空想社会主义之后而产生的马克思主义的文化积累。古希腊、罗马的文化光照两千年，我们现在还可以从毕达哥拉斯定理、阿基米德原理中感受到它的力量。文艺复兴呼唤出一个资产阶级，产生了一大批科学文化巨人，现在我们还在哥白尼、布鲁诺的天体和伽利略、牛顿的定律中生活。启蒙运动则把资产阶级推上了政治舞台，导致了 1789 年的法国大革命。而马克思主义的诞生开创了无产阶级革命时代的新纪元。

中国历史上也有过几次大的文化积累。第一次是汉初对先秦文化的整理。它一收商周遗典和春秋战国诸子百家而独尊儒术。这次积累，确定了中国封建社会的基础，基本上确定了中国历史的走向，产生了以《史记》《汉书》为代表的积累型巨著，尤其是《史记》，它的思想、它褒贬的人物及它的文风到今天还影响着中华民族。第二次是隋唐对散佚书籍的搜集和新书的编纂。它使儒家思想更趋成熟，封建制度进一步确立。第三次是宋代的积累，儒家发展到理学新高度，产生了程朱这样的儒学理论大师和《资治通鉴》这样总结治国实践的巨著，儒家思想的完善保证了以后 700 年封建制度的延续。第四次是明清修书，以《永乐大典》《四库全书》的成就为代表。但其意义只是一个封建文化的总结与保存了。即使这样，这笔文化遗产为我们民族以后的发展，直到今天的社会主义革命与建设，还是发挥了积极作用。以后还有康梁等对西方文化的引进积累，中国共产党人对马克思主义的引进积累，这些在反帝制和民主革命中都曾发挥了巨大的作用。

积累的多寡常常决定着一个民族文化发达的程度，决定着这个民族的文化形态和它在世界民族之林的地位。我们常以自己是世界上最古老的文明古国之一而骄傲，这实在多亏了从《春秋》到《四库全书》的丰富积累。据统计，自西汉至辛亥革命共出版图书 8 万种。从公元前 206 年算起，到 1988 年年底，我国两千二百年间共出版图书 90 余万种。这种悠久的历史积累，决定了我们是一个文明发达的民族。但是立国仅 200 余年的美国，其文化积累的速度却快得惊人，据报载，美国国会图书馆藏文献 8 830 多万种，书架长达 877 公里。自然，这一点也已构成美国文明发达的一部分。

环视全球，我们会发现一些国家的强盛与衰落、发达与落后固然与它所拥有的经济实力、军事实力、政治策略有关，但是也不可不注意到与它所拥有的典籍、文献，它掌握的资料、信息，它积累的精神财富，以及对这些典籍的态度、策略，还有它的积累方式、速度与取向有关。这同样会影响到一个国家的国力、国运。西方注重科学技术典籍的积累，中国注重文史典籍的积累。阿基米德在羊皮上写下了他的《浮体论》，两千年后在耶路撒冷图书馆被重新发现；杜勒在 1772 年发现“火焰空气”，留下记录，1887 年拉瓦锡经实验证实这一点，从而发现了氧气；1865 年孟德尔发现了遗传规律，无人理解，为不使成果湮没，他就写成论文分送到欧洲 120 个图书馆去，终于在 1900 年他的学说被新实验证实。这种注重科学成果积累的事例在西方屡见不鲜。而中国古代注书、补书、续书和蕉叶题诗、月下推敲，以及王羲之墨池练字等这类故事却一直传为佳话。这种侧重面不同的积累终于形成东西方的不同文化。

回首以往，探讨文化积累对历史发展的影响，正是为了正确对待现在的积累，努力发挥出版在文化积累方面的职能。

（三）文化积累的几种不同方式

1. 文物积累和文字积累

历史在其发展过程中给人们留下痕迹，大致可以分成两大类，一是实物，二是文字。也可以说这是我们评判历史的物证和言证。所以，文化积累的方式可以分成文物与文字两种。

文物的范围很广，从周口店的中国猿人头骨到故宫大殿，从古罗马斗兽场遗址到开元通宝铜币，乃至一座旧民宅、一幅古字画，总之一切可以证实过去人们文化的东西，留下来便都成了一种文物积累。在地球上千万年来人们的劳作、战争、建筑、丧葬，自然会留下不少遗物，它较集中地分布在地面 1～2 米深处，考古学上称之为文化层，这是一种无意识的自然的文化积累。而对地表上的许多古迹，我们建博物馆、民俗馆、遗址馆加以搜集保护，这是一种有意识的文化积累。这两种积累都是通过文物来实现的。

但是文物毕竟是无言之物，它所给我们标示的文化内容，只能通过考证去体会。真正大量而有效的积累要靠文字。而在文字积累中，最主要的方式是书籍。没有书籍出版之前，文化成果不能有效地保存和留传，历史总是狗熊掰棒子式地重复；自有了书籍之后，人们的思想、知识、技艺便可接力棒式地传递下去。书籍成了运载文化的列车，成了接引上下代的桥梁。文化聚积的广度深度与传播辐射面一下子加大。赫尔岑有一段关于书的名言，形象地说明了书籍在文化积累中的作用。他说："书，这是一代对另一代的精神上的遗训，这是行将就木的老人对刚刚开始生活的年轻人的忠告，这是行将去休息的站岗人对走来接替他的岗位的站岗人的命令。人类的全部生活，会在书本上有条不紊地留下印记：种族、人群、国家消失了，但书却留存下去。"我国古代几乎从有文字始，宫廷就设有专门的史官记事，历代王朝不管怎么兴衰动乱，修史编书却从未间断。几乎天下稍稍安定，政府就组织力量征书编书。隋炀帝是有名的暴君，他在即位后也加强征书、藏书工作，秘阁藏书写五十副本，京都藏书达空前规模。宋代开国不久，即大兴修书，雕版数从四千片一跃而为十余万片。宋代还编修著名的“四大书”，即《太平御览》《太平广记》《文苑英华》《册府元龟》。这种通过文字记录积累的社会科学知识和自然科学知识，为当代和下一代人的工作和生活提供了极大的方便。司马光的巨著干脆取名《资治通鉴》，就是声明要将这些文化积累作为一面镜子，供后人参照。美国人罗伯特·唐斯写了一本小册子，叫《影响世界历史的 16 本书》，举出了 10 本社会科学、6 本自然科学方面的书，阐述它们怎样以其思想和理论影响了世界的变化。到近现代，随着文明的发展，人们更知道书籍在文化积累中的特殊作用，许多国家把出版发行好书看成是一种强国之道。与雄厚的国力相匹配的美国国会图书馆、大英博物馆成了这些发达国家的骄傲，而一些发展中国家也在这方面急起直追。1982 年德拉马德里就任墨西哥总统，他认为提高教育质量和民族文化水平关乎国家主权的巩固和民族精神的增强，于是在全国推行“图书馆计划”，规定三万人以上的城市都要建图书馆，三万人以下的城市要设流动图书车。为保证这一计划的贯彻，又特别发布了总统法令，将图书馆计划在法律上固定下来，不受政府更迭、人员变动的影响。应该说这位总统确实高明，他是把图书建设看作增强国力的手段，为人民留下有用的图书，如同留下了一条卫国的长城，留下了一座创造财富的工厂。美国在二战期间向前线战士配发了 1.2 亿册图书以鼓舞士气。图书如同武器，为战争胜利作出了贡献。

2. 单项积累和综合积累

书籍的文化积累作用是将最新的思想、科学、知识成果记载出版，公诸社会，传之后世。可以搜集在某一方面有新突破、新开拓的文化成果，作为这一领域的代表性成果加以保留；也可以从社会的横断面出发，搜集整理各方面已有的典籍作为历史性的综合成果加以保留。

文化史上的单项积累包括那些划时代的学术著作，及时将这些成果推出不使其湮灭，则可以给社会带来巨大的推动力。比如哥白尼的《天体运行》、牛顿的《自然哲学的数学原理》、爱因斯坦的相对论等都将自然科学的研究推上一个新台阶，而且这些成果像灯塔一样，在相当长一段历史时期内指导着研究方向。

综合积累包括那些百科全书、类书、丛书、套书和大型史书。这些书都力求总结前代和包括当代的学问知识，一方面使这些知识汇铸一体而不至于散失，另一方面又便于读者使用。中国古代这类综合性积累多重文史典籍和治国之策，并常借国家力量进行。从魏文帝曹丕（公元 187—266 年）主持编纂我国第一部类书《皇览》开始，到清康熙主持编《古今图书集成》，其间大小百科类书不下 400 余种。西方则重视自然科学的综合积累。古罗马的学问家大普林尼（公元 23—79 年）所著《自然史》就是根据前代和同代的 473 位学者的著作编撰的，全书分 37 卷，涉及天文、地理、医学、矿物等。（其实屈原在公元前 3 世纪就一口气向天问过 172 个问题，可惜未能成书。）

3. 事后积累和超前积累

理论是由实践而生的，反过来又可以指导实践，所以一种理论、一种思想的产生不可能与实践完全同步，加之世界之大，这种差距甚至可以有几十年、几百年。当我们办成一件事时，常会惊喜地发现前人的预言多么正确，办错一件事时，也常会痛感前人于此早有告诫。所以作为学术成果，可能是事后实践的总结，也可能是一种超于事前的理论（当然这两者常常可能是你中有我，我中有你）。而作为出版物来积累文化成果时便有事后积累与超前积累之分了。确立这个命题，对出版工作者，特别是决策者很重要，可以增强积累意识，提高在积累文化成果方面的警惕性。

事后积累好理解，比如李时珍的《本草纲目》，是在总结前人和他自己一生在草药方面的实践后积累成书的。司马光的《资治通鉴》是在总结了前朝兴替之后成书的。这方面的积累多见于知识性、经验性的历史学。它的意义主要在于将散漫的事实和知识加以系统化完善。当然系统化背后也就孕育着理论，因此对后人也有了指导、参考作用。

这类东西因为是摸得着、看得见的，所以一般还能被出版者所注意。但正因为司空见惯，又带来另一面——掉以轻心。历史上许多知识失传就是这样造成的。

超前积累这一方式较事后积累更易被人忽略。常有一些先知，他们写出书后知道当代人不能理解，就先放起来以待来人。明代李贽的书就名之曰《藏书》，要藏之名山，不准备当代消费。因为“超前性”是所有伟大理论的共同特点。我们以科学史为例，麦克斯韦 1864 年发表电磁理论，1888 年赫兹才证实电磁波的存在，麦氏超前了 24 年；门捷列夫 1869 年发表元素周期律，1875 年布瓦博朗德发现镓，才证实了周期律，门氏超前了 6 年；爱因斯坦 1905 年提出质能互变公式 $E=mc^2$，1945 年第一颗原子弹爆炸，才证实爱氏超前了 40 年；孟德尔 1866 年发表遗传定律，34 年后的 1900 年才被人证实。

科学史是科学发现的历史，出版史是文化积累的历史。我们可以看到这种及时的超前积累对科学事业是多么重要，它可以为人们在征服自然的大道上竖起一座高高的灯塔，可以在茫茫矿层里先开出一条掘进通道。现代物理学开端被史家定为 1905 年，就是因为这年《物理学纪事》发表了爱因斯坦的几篇重要论文。物理学家玻尔很看重这种超前文化积累的盛事，1949 年他说：“依我看，在全部科学文献当中最卓越的卷册之一，要数 1905 年第 17 卷《物理学纪事》了。在这一卷里有三篇爱因斯坦的论文，其中每一篇现在都被公认是杰作，是物理学一个新的分支的起源。”我们设想如果以上这些成果没有得以出版积累，科学又不知要推迟多少年。我国这方面的典型例子是 1952 年李四光完成了《中国地质学》一书，论证了地壳运动与矿产分布的规律，提出“构造体系”这一地质力学新概念。但当时读者寥寥，这本书华东新华书店只发行了两千册，中共中央东北局就毅然买下这两千册，发给在东北勘探石油的地质队员。在这本书的理论指导下，终于在十多年后相继发现了大庆、胜利、大港等大油田。这里我们欣喜地发现了不仅是出版者还有领导者的超前积累意识。

我们这里讨论积累的几种不同方式，提出文物积累和文字积累、单项积累和综合积累、事后积累和超前积累，是为了阐明书籍在文化积累中的特殊作用，为了引导读者透过书籍市场上消费的喧闹，看到各种重要的但又并不急功近利的积累——单项的、综合的、事后的和超前的等，这才是出版业对历史的责任，才是它主体的职能。特别是领导者和决策者，只有认识到这一点，才能深谋远虑，舍标治本。

三、出版物的消费与积累

让我们从出版业内部看看消费与积累双方怎样共生共存、相反相成，怎样决定了与之相关的现象和规律。

（一）消费与积累的对立统一

出版物作为一种消费品时，它有四个特点：当前性、商业性、短期性和刺激性。和以上四个特点相反，出版物作为文化积累的成果也有四个特点，这就是超前或滞后性、文化性、长远性和严肃性。

同是出版业，同为出版物，如果偏重消费就侧重当前性、商业性、短期性和刺激性，如果偏重积累就注意超前或滞后性、文化性、长远性和严肃性，两者是有许多对立之处的。

消费与积累之间这许多的对立应当统一于一个出版方针，即为人民服务，为社会主义服务。它既为物质文明建设服务，又为精神文明建设服务，既为眼前工作和群众需要服务，又为长远工作和后代人的需要服务。两者的对立又统一于图书市场，即：既要社会效果，又要经济效果，而以社会效果为前提；既要消费又要积累，而以积累为主导。出版消费与积累的对立统一类似于经济建设中轻工业与重工业的对立统一。轻工业不发展，社会市场萧条，人民生活不便，国家积累资金困难；重工业不发展，则国家会失去经济支柱，没有后劲。消费性出版关系到丰富群众的文化生活和一些眼前具体的工作，积累性出版则关系到民族素质和国家文明。因此，从一定角度说，出版消费与积累的统一，也就是读者、社会的当前利益和根本利益的统一，精神文明建设的当前任务和长远目标的统一。

（二）消费与积累的双循环机制

出版的消费与积累既对立又统一，那么它就必须保持一定的比例才能实现和谐稳定。比例与和谐之需要至少有两个目的，一是为了维持出版业内部的经济运转，二是为了满足社会的合理需求。这样又决定了出版业的双循环平衡机制。

第一种是经济方面的循环。出版业为了满足简单的扩大再生产，它自身必须不断积累资金，不断实行新的投入产出。资金的来源就是消费者对书籍的购买。作为消费者个体，谁也不可能独立拿出一笔能支撑书籍再生产的资金，也没有必要购买大批的同一种书。因此，这种积累是广种薄收，集腋为裘。它决定了换取货币的出版物必须具有成本低、印量大、读者多、对市场适应性强、流通周期短等特点。而这只能是消费型的图书。

消费型书，无论国内国外，在数量上都远远大于积累型书。在国外如米老鼠、变形金刚一类的读物，形成一个又一个畅销热，还有许多消遣性的画报、故事书。甚至有一个名词称这类读物为"方便面读物"，说明它的一次性特点。为了刺激消费，还出现了看完就能吃的报纸、打开有香味的书。在我国，一般综合性出版社，从种数上说，积累型书居多，从印数上看，则消费型书占绝对优势。正是这一部分消费型书积累了资金，出版社才有可能去印成本高、印量少、读者面窄、不追求市场效果、流通周期长的学术书，才能去发工资、发奖金、购设备等。这种循环机制的建立保证了出版社在经济方面的发展，是出版业赖以生存的最基本的规律。

第二种是内容方面的循环。我们稍微留心一下出版史，就可发现消费与积累在内容上也是互为因果间替出现的。以文学创作为例，为了满足人们娱乐、消遣的需要，就会出现平话、传奇故事等读物，诸如唐人的《柳毅传书》、宋人的《快嘴李翠莲》等话本。这种读物在读者中的反复流传、大量消费，必然积累自身的文学、美学价值，为满足更高层读者的需求而出现如《水浒传》《三国演义》那样的巨型文学艺术积累型作品。而这种作品的出现又会将消费推到一个新的层次，人们以消费的形式对经典作品不断地进行改编、仿效、再传播。我们的出版业是在积累—消费—积累中前进的，满足着人们精神生活的需要，同时也实现了自己的发展与繁荣。

如果没有大面积的消费，非但支持积累的经济来源会枯竭，支持它的思想内容也会枯竭，纵然坝高千尺也是一座无水之库；如果没有高水平的积累，便成了没有引导的盲目消费，到一定时候消费也会萎缩，不但消费性读物本身因质量低劣而被读者唾弃，其经济积累也会跟着断线，这时图书市场就如沃野千里，却没有一滴水源，最终也要干枯龟裂。

（三）影响消费与积累的三个相关因素

出版业作为社会活动的一部分，它的存在与发展有深刻的社会原因。消费与积累的消长必然要受到社会背景的影响。因此，从出版外部或出版的背后来找，大致又有三个相关因素。

一是政治方面的。积累型学术书的出版无大利可图，因此必须依赖于政府的力量。执政者可以用政权的力量出版和推行某种书，可以动用国家财力直接投资，而不需要出版业本身去惨淡积累。汉统一天下而独尊儒术，宋统一天下而大修史书、类书，以后又将儒学发展到理学阶段。我们在新中国成立后立即抓紧马列、毛泽东著作的编辑出版，抓紧一切有利于社会主义文化建设的积累型书的出版（包括许多优秀的传统典籍）。这都说明，政治这块砝码在消费与积累的天平上是举足轻重的，只要决定投向一头，那一头便会立即出现倾斜。

二是经济方面的。消费与积累的消长强弱与经济体制、经济政策关系极大。当我们采取全民所有制和计划经济时，图书市场完全控制在国营书店手里，消费与积累的比例可以通过计划来严格地调节控制。出版业即使有一些亏损，也可以通过国家大计划来调节补充。这样，积累部分就可以得到保证。当我们采取全民、集体、个体所有制并举和市场经济时，图书市场就部分地控制在集体和私人手里，消费与积累的比例就要受到价值规律的影响，被市场牵引。这时消费型书会猛增而积累型书就会被冷落，如无特殊补救措施，图书市场就会倾斜，消费与积累就将比例失调。

三是读者方面的。消费者的好恶常常决定了一种货的走俏与滞销。从读物与读者这对矛盾来说，一定的读物造就一定的读者层，而一定的读者层又在呼唤一定的读物。两者之间相互影响，引导得好是良性循环，引导得不好是恶性循环。中国的市场从 80 年代中期就开始了消费热。几十年来，根本不敢想象的高档电器、家具、钢琴一下成了寻常百姓家的必争必备之物。这种气氛影响到人们的精神生活，人们在读书方面也趋向消费型。五六十年代时，人们读书是为求学，为求知；80 年代时读书是为消遣，为刺激。也许识字的人数相对多了，但做学问，特别是做专门学问的人数倒相对少了。这种读者读书观的转变、读书热点的转移，也会影响消费与积累的平衡。

这三个相关因素告诉我们，怎样随着政治、经济体制的变化来确立相适应的出版体制，怎样在行政手段之外，使用舆论手段来引导读者，这是处理消费积累矛盾关系的重要方针。

四、对出版物消费与积累的宏观控制

（一）确立一个总方针：强化积累，引导消费

在消费与积累的对立中，积累一方天然地处于弱势。因为它一般不能收眼前之利又只为少数人直接服务，总是容易被忽略。而消费一方时时会自我膨胀。因此我们对出版市场的方针应是强化积累，引导消费。

一个国家和民族的文化积累如一个人积学求知，逆水行舟，不进则退。如无特殊的强化措施，首先是领导人强烈的积累意识，则许多宝贵的文化精粹都会弃之市井，付之东流。这里决策者要具备两种素质。一是对文化遗产要有宽阔的胸怀，要能兼容并蓄，既保护利用以往的遗产，又要对历史负责，为后人着想。二是要懂得利用积累手段

去筛选文化成果，服务于政权和国家建设。积累就是筛选，留下有用的思想知识为政治、经济、科学、文化服务。积累是有倾向性的，必然体现当政者的意志。一个国家、民族是靠文化积累立身、进步的，文化积累就是为我们的事业积累一块奠基之石，为国人积累一块立足的土壤，这基石的稳固、土壤的好坏直接关系国运民情。文化积累是思想的统一、意志的统一，是民族知识水准的提高，这种精神力量必然变为物质力量。

对消费，则要如大禹治水，疏之导之。消费背后是市场自发的魔力。引导得好可为出版业敛财聚力，可为社会倡导好的风气；引导不好则祸水横溢。我们从 50 年代起进行了多少政治的、思想的和传统方面的教育，但是 80 年代中期开始的言情、武打、色情、迷信甚至淫秽方面的出版物消费热，一下就将过去的工作一风吹掉，许多传统的政治、文学名著无人问津，青年中学风大减，商风盛行，以至于后来不得不以行政力量发起第一次全国性的“扫黄”运动。因此对积累的大坝要时时加固，以防坍塌；对消费的洪水则要时时疏导，勿使泛滥。

（二）要确立一个新观念：文化成果的二次转化

人类进行的社会活动有两大类：一是与大自然打交道，研究自然科学的规律；二是与人打交道，研究社会科学的规律。这些活动中都有一个理论—实践—理论的转化，我们可以称之为一次转化。

第一类活动表现为从科学到技术又到科学。如真空原理的发现导致蒸汽机技术的出现，蒸汽机技术的发展又导致热力学原理的产生；哈维的血液循环理论指导人体解剖研究，而先进的解剖技术又进一步发现了微循环系统，更证实和发展了这一理论。正是这种循环推动着科学技术发展，推动着自然科学的研究。

第二类活动表现为科学理论指导下的革命实践，和这实践到新理论的循环。十月革命的炮声给中国送来马克思主义，指导了中国革命的胜利，中国人民又总结了自己的实践，产生了毛泽东思想。1978 年十一届三中全会后，中国共产党总结了新中国成立以来的实践，又放弃了阶级斗争中心论，而确立了以经济建设为中心的理论。这种理论—实践—理论的循环推动着革命和建设，促进了社会的发展。这种转化，在时间上我们可以视为现实的、当代意义上的转化。

还有一种转化，就是把现实的、当代的这一切，无论是理论的还是实践的、科学的或技术的成果都转化为文化积累的成果，变成出版物留给后代。这可以称之为二次转化。现在的问题是我们的一次转化意识本就很薄弱，二次转化的概念在许多人的头脑里就更杳无踪影。但对二次转化的认识比一次转化要难，其失误的报复往往要在百年、几百年后才能显现出来。中国的科学技术比西方落后，这与忽视科学方面的出版积累，忽视二次转化，不无关系。所以，从政府到民间，全社会都要关心出版积累，就像对计划生育、保护环境等近几年来才逐渐强化的新意识一样，全社会都要强化积累意识。出版积累不只是出版界的事，是出版界要为社会服务，是出版挺身而出为历史接上链条的一环，全社会都有责任保护和加强这一环节。科研单位预算时应有出版经费，以保证科研成果向文化积累成果的二次转化，政府部门要有明确的方针和具体的规划，以保证社会实践的结晶向文化积累成果的二次转化。社会要有一个支持出版积累的舆论气氛。

（三）经济政策：要求合理的倾斜

一个国家在组织物质生产活动的过程中总是随时调整人力、物力的投向，利用政策的倾斜，救偏扶正，以保持经济活动在相对平衡中良性循环。同理，在精神产品的生产中也应这样。

积累对消费来讲，在经济效益方面是天生的弱者，应时时保护、处处关照，才不至于为消费所挤。积累型出版物是社会、民族的无形财富，是保证社会释放精神光热的持久性的能源。因此，对积累型出版的投资也是无形的、预支性的，我们不能企望它如消费型出版一样立见有形的效果。对于教育，国家在经济政策上实行大倾斜，绝不指望向学校要税要利，而只指望 10 年、20 年后收获人才。对育人来讲，这个道理好像很明白，对出书来讲，好像就犹豫了。当然出版和教育不同，它有消费部分可以回收资金，不是纯投入无产出。但正是这一点掩盖了积累部分纯投入无产出的本质，造成我们在经济政策上的忽略，常常忘了对出版的倾斜，特别是对积累部分的倾斜，在财力吃紧时更容易这样。经济政策的倾斜，是出版文化积累的生命线，它是由积累型出版的特殊性质、任务决定的特殊政策。出版为社会提供精神而自己在物质上有所损失，必须由社会来补偿或预支，不然我们的后代就会受到无形的惩罚。

经济政策倾斜主要包括价格、税收、信贷、稿费等方面，我已有另文《倾斜与支撑》（见本章下一节）专门谈及。总之要体现政府对关乎国家民族精神文明的文化积累的支持与保护。当然，这种倾斜是有一定的限度的，它又受一个时期国家经济实力的左右。

积累和消费是出版内部的一对矛盾、两种现象，对它们的认识、把握与调控，直接关系到出版业的性质、面貌，进而关系到社会主义精神文明建设。对出版物积累与消费的比例控制、内容引导，实质上就是对民族文化素质与形态的塑造。从这种现象入手，我们把握它们的变化规律，因势利导，可以使出版业在为人民服务、为社会主义服务总方针方面发挥出最大的潜力。

（1989 年）

倾斜与支撑

——出版业市场政策研究

一、有倾斜就要有支撑

多少年来我们的出版文化一直保持着它特有的平静，这是在权力高度集中的政治体制和以计划经济为主的经济体制的总背景下出现的一种平衡。政治体制、经济体制的改革、开放、搞活政策的实行，犹如一双无形的大手将一盆清水突然搅动。按部就班的图书市场忽然失去平静，出现了新的不平衡。一方面是通俗读物，甚至还有一些淫秽、色情读物的畅销；另一方面是严肃读物、学术书籍的出版难。出版业出现了一种短期行为。这是新中国成立以来出版业发展中的一种特别现象。这种状况的出现，是由各种复杂因素的“合力”造成的。其中，在文化经济政策上对精神产品的特殊规律考虑、研究较少，应该说是一个重要的原因。本文拟着重探讨一下出版事业出现的倾斜和应该采取的对策。

以 1988 年为例。一方面，平庸读物，甚至色情淫秽的泛滥已经到了前所未有的程度。这年新闻出版署不得不宣布对 16 家出版社出版的 21 本色情、淫秽读物进行处罚。其中延边人民出版社出版的《玫瑰梦》更是新中国成立以来第一次宣布的一本淫秽书，一次就印了 40 万册。奇怪的是这些书在 7 月查禁之后，到年底还在市场上暗暗流通，报载上海一地流入的禁书至少有 13 种 30 万册。色情书的出版持续“高烧不退”。但另一方面，学术书、严肃书的出版难也到了空前程度。1988 年 12 月 27 日《新民晚报》报道，青年作家陈明源研究词学 18 年，写成专著《常用词牌详介》，求了几家出版社都未能接受出版。他一狠心，借债 3 万元，自费出书，到街头摆摊叫卖。中国戏曲学院讲师平海南写了一本 24 万字的学术著作《美的网络》，出版社说要他自筹两万元才能出版。他无法可想，便于 1989 年 2 月的一天，到北京前门闹市挂牌为自己的书筹款。此事一时成了爆炸性新闻。1988 年年底，新闻出版署对 55 家出版社做了问卷调查，据对 33 家出版社回函的统计，压在出版社的学术著作达 2 134 部，约 5.5 亿字，需补贴 2 873 万元，另外还有 466 部学术著作，约 1.3 亿字，急需重印，需补贴 493 万元。这些书都因经费不支不能出版再版。那些根本就没有列入计划，没有进出版社大门的学术著作、严肃文学作品，还不知有多少。这是一种多么可怕的出版倾斜。出版业在学术书、严肃书这块地盘上出现了灾害性陷落。

有倾斜就需要有支撑。要使图书市场出现新的平衡，就需要有相应的政策支柱，这正是亟待研究和解决的问题。

二、出版倾斜的市场本质

出版倾斜实质上是市场倾斜，市场倾斜反映了读者群的组合趋势和读者的心理趋向。好像一条船，大家都拥向一侧，船体自然不稳。这里我们明显地看出市场作用，看出市场引导出版的一面。

这种现象的出现至少有来自读者和图书两方面的原因。

（一）从读者方面谈，这是单一文化向多种文化过渡的必然

随着改革开放、政治民主化和商品经济发展的进程，人们的思想逐渐开放，视野逐渐广阔，他们开始关心世界的角角落落，在作广泛的探求，开始摆脱过去的精神枷锁。他们对书的追求常常是喜欢什么就看什么，想看什么就看什么。图书市场的结构陡然起了大的变化，掀起一次一次的轩然大波。可以说，多年来我们的图书市场一直是一种卖方市场，国家出什么书，读者读什么书。现在改革开放在外部条件和人们心理上都引起了不小的改变，读者打破了被动接受的习惯，按自己的需要在搜求读物。如果这种人们需要的书还没有出版，就有出版社根据市场规律去给他们出版；如果国家出版社不肯出，就有非法出版者为他们偷印；如果国内没有这种书，就会通过各种渠道从国外流入。

在这里，读者的读书欲望是推动图书出版发行的第一动力，这种隐藏于千百万人内心而从他们的双目中流露出来的寻求，悄悄地将各种各样的书突然召唤到图书市场上来。它会使这种书走俏，那种书萧条，市场时而热闹，时而冷落，时而向这边倾斜，时而向那边倾斜。

这种市场的变化倾斜，我们很难简单说它是好事还是坏事，客观上看，这是一个转化中的动态过程。过去，在“文化大革命”前很长一个时期内，我们的文化是一种单一文化，或曰较单一的文化。在经济体制僵化、所有制单一和政治体制上的权力过分集中（见十三大报告）的总背景下，我们基本上是关起门来按照我们自己的理想模式进行社会主义建设，同时也按这个模式建设文化、培养新人的。这种文化在政治上强调革命理想、献身精神，却忽视了独立思考，和对其他革命、建设模式的探讨；在道德上强调高尚纯洁的情操，强调服从，却忽视了个性的发展与完善；在教育、科学、文化方面注意了严肃的、正规的宣传教育文化，却忽视了通俗的娱乐性文化。这种单一层次的文化结构又造成了闭锁的、单向的市场结构。这种结构的功劳是保证了多年来我们文化的严肃性，但也局限了人们的知识和思路。现在一下放开了，出闸之水必然会东激西荡。这是一个社会转化和改革的动态过程，动荡之后必然会出现新的平衡。我们研究这个现象正是为了寻找实现新平衡的得力措施。值得注意的是，这种不平衡的出现并不是因为读严肃书、学术书的人少了，相反，由于近年教育、科学、文化、艺术的发展，就绝对数来说，这部分读者反而比过去增加了。但这部分人的增加，远远赶不上通俗作品、一次性消费的娱乐作品的读者的增加。这种结构性不平衡是因为新条件下图书比例的改变，总的来讲还是反映了出版业的繁荣。只是我们应将这种以量为主的繁荣发展提高到质、量俱有的繁荣。

（二）从图书出版来分析，这是在商品经济条件下图书的商品属性增强的表现

图书是商品，不同的是这种商品发挥着精神作用。**图书有二重性，**

它有作为精神食粮的一面，受国家政治方针、社会道德标准的指导约束；它又有作为物质的商品的一面，要受到纸张、印刷等原料成本方面的影响和市场需求的左右。只是这两个方面由于受外部政治环境、经济环境的影响，一个时期偏重于此，一个时期又偏重于彼。

在改革前很长一段时期内，我们实行的是权力过分集中的政治体制和计划经济体制，在政治、思想、意志和市场方面都强调集中、统一，强调算政治账，经济服从政治。在高度的计划经济条件下，国家什么都包起来，吃大锅饭。经济可以无限地向政治让步，可以在政治需要的前提下牺牲经济的利益，反正都是在国家这口大锅里，此多彼少，无关痛痒。图书出版的经济政策是"保本微利"，就是说在图书的两重性上把商品属性的一面淡化到最低限度，而让出最大限度的空间给精神的一面。这也是一种倾斜政策，不过它是拿政治支柱来支撑的。

但是，改革开放以后，出现了两个影响图书市场的新因素：一是政治上的开放，文化层次的多样，导致读者对图书需求的改变；二是经济体制向与有计划的商品经济相适应的方向的改变，导致图书商品属性一面的增强。原因有二：

一是被动因素。图书作为物质产品，要受原材料、工价、发行费等成本因素的影响。对图书来说，这部分是外部环境使然，是它自身无法左右的（就其自身来说成本当然是越低越好），因此说是被动的。图书是终端产品，在它最终形成前本来就有许多独立的商品因素加入进来。但是过去有政治上的集中和计划上的限制作保证，这些因素都被消减，而拼命表现为精神属性的一面。现在它们仿佛突然知道了自己的人格独立，纷纷直起腰来为自己争地盘。这就表现为原材料、印刷工价、发行费用的调整、涨价。在这个过程中，旧的价格体系首当其冲，况且作为重要改革措施之一——理顺价格也是势在必行。这就形成书籍成本价格因素的大变化。比如，按照国家定价，国产新闻纸1980年以前每吨980元，1988年2月调为1 600～1 700元；国产凸版纸，1980年以前每吨1 350元，1988年2月调为1 750～2 350元。而事实上1987年9月市场自由贸易的价格是凸版纸每吨约1 800元，胶印纸每吨约 2 300 元，铜版纸每吨为 4 000 元，字典纸每吨约2 600 元，到 1988 年 9 月就分别涨到 3 500 元、5 500 元、8 500 元和4 600 元。这些因素纷纷来挤图书，图书别无他法，就只有挤读者、挤市场了。

二是主动因素，图书对原材料来说是被动的，但对读者、对市场来说却是主动的。于是图书经营者就有了在市场上见机使舵、寻求获利的机会。首先是宽松开放的环境和多层文化的局面为经营者提供了众多的各类读者，这是他们的财神，一支强大的读者后备军造成了一种“你不买，自然有人买”的局面。其次，体制改革为经营者提供了竞争的天地。过去的图书，发行统归新华书店，印刷归新华印刷厂，编辑归出版社，是一种单渠道的垄断式体制。现在印刷发行方面有了集体、个体的印刷厂和书店，编辑出版方面又有了协作出版和代印代发。一条与国营渠道相并行的第二出版、印刷、发行渠道已经在悄悄地形成，并顽强地存在下去。我们应看到这些渠道既是扩大精神食粮生产的渠道，也是经营者来钱的渠道。他们自然会利用图书的商品属性，利用价值规律进行竞争。这样，在这场商业性的竞争中逐渐造就了一批商人化的文人队伍。多年来办刊编书就是为艺术、为文化的观念逐渐变成同时也要赚钱的观念。在一部分人则干脆就以赚钱为目的。一份报刊、一个出版社确实也是在养活着一批人，这批人要活下去，而且想比别人活得更舒服些，奖金、福利待遇更多些，必然会把出版社、报刊社当作工厂、商店那样去经营。在国家未给这一部分人以特殊政策，使之工资高于社会平均水平时，他就会利用手中的权力，利用市场机制去自谋利益。

读者选择图书，图书经营者选择读者，选择那些肯出高价的读者。在市场上发生的这种选择，双方都从自己的目的出发，从眼前实利出发，并不负担为国家进行长远文化积累的义务。其结果必然是赚钱书畅销，严肃读物滞销，图书市场倾斜。

三、市场倾斜要靠经济政策来矫正

有倾斜就要有支撑。因为市场倾斜实际上是利润倾斜，因此要寻找的支撑主要是经济支撑。虽然我们可以借助政治号召、行政命令，但你改变不了读者的读书趋向和市场上图书经营者的发财欲望。

现在有两个矛盾。一是文化的一次性消费与永久性储备的矛盾。文化有多种层次，各层次中又有其特有的表现形式，这就形成纷繁复杂、千千万万的品种。这些东西有许多是供人们的一次性消费、短时间消费的。比如通俗故事、消遣小说、评书话本、笑话、奇闻轶事、一般纪实性文章等等。一般读者对这些东西都是看一遍即可，随看随丢。这种消费性出版物所涉及的出版者、作者、读者的三角关系，都是围绕眼前需求，围绕市场规律，以需要和可能为出发点，以金钱为杠杆，做着一种精神产品与金钱的交易，各自达到卖与买的目的。在这种交易中，读者是花钱买眼前之乐，出版者、作者是以书收眼前之利。金钱的魔力促使这类精神产品消费很旺盛。

但是正如物质生产中常有周期长的工程一样，精神产品中的精品、巨品也常要大投资、长周期。它是精神文明建设的基础项目、储备工程。而且这些东西总是为较高层次的读者所接受，为以后国家民族的长远发展所需要。曲高和寡，读者少，回收的钱就少，为以后所需的东西，眼前就少有人买。这样就造成一个空白，一个市场空白。这个空白由谁来填补呢？谁来完成这个文化储备呢？这只有靠国家、靠社会。永久储备与一次性消费的矛盾唯有通过经济政策上的差别补贴，通过国家和社会专门基金的支撑才能化解，才能不至于因一次性精神产品的过热挤掉永久性文化的储备。

二是读者的自发选择与政府的主动引导的矛盾。读者想看自己爱看的书，这是一种自发选择。他想看，就舍得花钱，这种自发的购买力造成一种稳定需求，保证了一部分书的畅销。同时也给这部分出版物自身注入了再生产的活力。但是图书市场不能是一种完全听任买方需求、听任价值规律自然左右的市场。政府应该实施有效的引导。社会的进步、民族文化的发展、整个精神文明的建设是一个有组织、有领导的系统工程。正如我们在经济建设方面有统筹计划一样，在精神产品的生产上也要有计划、有指导。读者对出版物的自发选择总的来说代表着一种历史趋势，但在某一个阶段、某一个阶层都可能有盲目性。特别是对大多数人来说，一般只注意选择当前需要的一次性消费读物。学术出版物、思想修养读物等常常不是他们自发选择的主要对象。而从政府角度来讲，它作为社会进步和精神文明建设的组织者，当然希望大量印行后一类读物。但是谁去买呢？于是就表现为读者自发选择与政府引导的矛盾。就我国的图书市场现状而言，对图书市场放任不管，纯粹听任读者自然选择，这个市场里必然是低级刺激性读物压倒高级的严肃读物。从经济回收效益来讲，出版商面对读者自发选择的图书与政府引导的读物，当然是前者可靠，后者吃亏。这也是一对矛盾。

解决这两对矛盾的办法是由政府填补两个空白：一是图书市场上读者自发选择后被冷落的市场角落；二是出版社根据政府政策出书造成的经济亏损。就是说，要拿出一大笔钱，或通过经济政策使出版社有钱出版一大批作为精神文明建设支柱的读物，占领市场，潜移默化，争取读者。这种读物的出版必须大量、廉价，才可能竞争过自发的市场。后者是靠读者自己的阅读欲望和购买力支持，前者只有靠政府的政策和财力来支持。

一次性消费与永久性消费的矛盾，结果是学术著作出版难；读者自发选择和政府引导的矛盾，结果是政治理论思想修养及一些严肃的文学读物出版难。这两种矛盾及其结果在改革前的体制下是不会发生的，那时在政治上权力集中，在经济体制上是清一色全民所有制，书刊的印刷发行都在一个全民的“新华”轨道内运行：新华印刷厂印，新华书店发。在这种集中、统一的体制下，很容易遵循经济服从政治的原则，很容易体现国家政府的意志。过去这种兼顾近期与远期、政府与民间、政治与经济利益的图书市场平衡是靠政治的、行政的支柱来支撑的。现在我们承认商品经济，承认市场竞争，自然就出现（过去也有，不过隐藏着）这两个矛盾及其结果，出现了市场向经济的、眼前的、读者的一边倾斜的情况。这是政治、行政力量减少后造成的空虚，因此，我们就应及时补上一根新的支柱——经济政策的支柱。

简言之，由于商品经济规律造成的使近期与远期、政府与民间、政治利益与经济利益之间失衡的市场倾斜，只能用经济政策反向支撑的办法，才可能出现新的平衡。

四、几根经济支柱

为使在商品经济的冲击下出现倾斜的图书市场恢复新的平衡，大约需调整价格、税收、信贷、基金、稿费这几方面的经济政策，即需要这几根支柱来支撑。

价格调整出版社与原料供应加工者、图书购买者之间的关系；税收调整出版社与国家间的分配关系；信贷是国家对出版业直接支持的手段；基金是国家、社会、出版社自身对出版业支持的后盾；稿费是调整出版社与作者间的关系。单纯的政治导向和计划管理的减少，使出版业运行机制中出现了不少空白，亟待用这几方面的经济政策去补充。这几个方面又是相互依存、相互补充的，都可直接或间接地调整图书结构，使市场出现新的平衡。

现在，这几个方面我们真正迈出一小步的是价格。长期以来，书籍定价实行“保本微利”的政策，而且不区别书籍的内容，不管印数，一律按印张定价，就是说只管书籍的生产成本，不考虑它的市场补偿。因为是“微利”，印数便成了利润积累的关键因素。这样印数高的通俗书有利可图；印数少的学术书赔本，其价格反而比成本低。这种政策显然客观上更鼓励了市场倾斜。因此，1987 年 12 月我们对图书按印张定价的政策进行了一次小小的手术，新闻出版署和国家物价局决定，印数在 3 000 册以下的图书可以按成本定价。1988 年 8 月又发出文件，规定除大中小学教材外的书都按成本定价，只要不超过利润的 10%就行。这项政策只能说是在一定程度上缓解了因原材料涨价给出版社造成的负担，还没有形成一种解决出书难的有效机制。从表面上看，按成本定价，还有 10%的利润可得，出版社旱涝保收，好像很公平合理。但事实上价格受市场制约，不可能真正实现成本加利润。一本印数千册左右的学术书，按成本要定到十几元、几十元一本，又有谁买?

结果是干脆不出书。可以看出即使是改进后的书价政策，其作用范围也很有限，它只能调整那些接近保本印数线的书籍。如果要进一步发挥价格政策的作用，国家必须拿出一定的钱，作为定向书价补贴，才可能稳定图书市场，换取一定的平衡（目前在教材价格上就是这样）。这就需要我们下大决心，另外还要考虑国家的财政承受能力和整个大价格体系的改革。

调整税收政策是出版界呼声很高、议论时间很长的一个问题，但至今仍没有进展。从上面的分析可以看出，价格的调整作用只能发挥于一定的范围，而且它是在出版社与读者之间发挥作用。读者口袋里的钱有限，读者不买，它的作用也就等于零。因此价格之外，我们又需要借助税收。税收的本质是分配，是调整国家和企业间的利润分配，而这种调整方向又体现了国家保护什么、支持什么、抑制什么，是利用这个经济杠杆达到政治的、行政的目的。现在国家对出版部门征收的税种，主要是所得税、营业税和增值税。这些税，对出版社的性质、出书的品种并不过问，就是说没有体现差别。现在有关部门正积极探讨一个差别税收方案。基本思路是：对不同性质的出版社和出版社出的不同出版物，实行差别税收。印数少的学术书，税率低些；印数多的畅销书，特别是内容平庸的，税率高些。就是说，国家通过多收或少收税这个利润导向来调整图书结构。

价格是借读者的口袋做杠杆，税收是借国库做杠杆。如果把前者比作一个小水库，后者就是一个大水库，它的调节能力应该更大一些。

但是面对处于转变过程中的图书市场，我们似乎很不习惯于使用税收这个杠杆。税务部门认为图书在国家税收中所占的比例很小，不值得花大力气改税制，图书管理部门使用行政手段已驾轻就熟，担心再辟新路会遇到许多新问题。归结于一点，还是对图书所表现的商品属性及价值规律对图书市场的左右估计不足。还是想尽量不动用税收这个经济杠杆，而用政治、行政的手段来解决市场倾斜。而对制定经济政策的部门来说，它根本就没有把这块阵地纳入必须用经济政策来调整的范围。因此差别税收总是议而不决。目前尽管我们也采取了包括处罚在内的许多行政手段，市场倾斜还是没有根本转变，就足以说明不从税收上下决心，终究无法遏制一些出版社不顾社会利益、单纯追求经济利益的趋势。

当然每项政策都有它的针对性，也有它的局限性。对本来就无利润所得的学术书出版来说，所得税自然不存在。税收这个政策无论是减、是免，对它怎样优惠，都已不起作用。它需要的不是减免，而是投入，要资助和补偿。因此又要国家直接在信贷方面予以保证，并通过各种渠道设立专项基金予以支持。现在国家在经济建设方面，如能源、交通、土地、环保等都设有专项基金；在精神文化建设方面，如教育、科学、文学、艺术等方面也都设有专项基金。但到目前为止，却还没有一笔出版基金。靠出版业本身的积累去完成其肩负的繁荣文化和传播信息、知识的任务，确实勉为其难。如果说在价格政策方面，我们已迈出一小步，在税收政策方面，已引起有关部门的议论，那么把出版基金作为一项政策却至今还未引起决策部门的注意。随着学术著作的出版日趋艰难，越来越多的人认识到必须有基金这根支柱来直接支撑，才能挽救一批有价值的学术著作。1989 年 3 月召开的七届政协二次会议上，共提出 20 项关于出版的提案，其中有 15 项涉及基金问题。建立完善的出版基金体系，确立出版基金政策，是目前我们探讨经济调控手段的又一重点。基金政策和价格政策、税收政策相比，有更强的针对性、单一性，更能对症下药，解燃眉之急。

出版基金体系可以考虑三个层次。一是出版社自己以书养书，从畅销书所得的利润中提出一部分作为学术书专项出版基金。1988 年 6 月，山东科技出版社率先设立“泰山科技专著出版基金”，当年就有九家出版社响应，共筹基金达 2 000 万元。二是社会集资，非出版单位与出版单位合作解决专项著作出版难的问题。三是国家拨款设立大型国家出版基金，以保证重点工程书目的出版。现在这三步棋，我们才刚刚走了第一步，第二步正在酝酿之中。

在稿费政策方面，现有办法只体现了作者与出版社的关系，作者并没有介入到市场中来，合理的办法是稿费既要和印数挂钩又要和作品类别联系。稿费应取版税制，作者的劳动收入应与劳动成果转化的经济效益挂钩，但在作品类别上可区分高低，如理论、科技、学术、艺术类可高于通俗、应用、知识类读物。作者稿费的所得税，也可因类别不同有所区别。通过稿费杠杆调整作者队伍结构，从而调整图书结构。

总之，我们在出版业的宏观管理上要探讨新的经济政策，通过经济手段来调整市场，引导出版，使出版业出现新的平衡机制，以使它在直接为经济建设服务、积累文化成果两方面稳步前进。

五、出版倾斜是我们工作大倾斜中的一个小倾斜

在出版方面出现的倾斜并不是一个孤立的现象，是我们近几年重物质文明轻精神文明的结果，是我们在执行总方针过程中出现的大倾斜中的一个小倾斜。

十一届三中全会之后，我们摒弃了长期奉行的“以阶级斗争为纲”；十三大后又提出以经济建设为中心，以坚持四项基本原则与坚持改革开放为基本点。但是，我们在实际工作中出现了明显的倾斜。从工作任务上说，我们提出了经济建设的具体目标，并把它作为中心任务，但在精神文明建设方面却是软指标，并没有具体的要求。在理论上，我们重新确立了生产力标准的理论，但是，这几年我们实际上是重视物质生产力而忽视了文化生产力。从决策、体制、投资、管理等各方面都有一点向物质生产力方面的倾斜。在教育、科技方面投入较少，这已成为这几年人大、政协开会时议论的热门话题。教育、科技总算已引起人们的注意，总算已开始被重视，并已不断在追加投资；但是相比之下，出版却至今还没有被作为一种生产力来重视。

物质文明和精神文明是社会主义建设的两只车轮，教育和科技又是精神文明建设中的两只轮子，而无论培养人才还是传播科技知识，都离不开出版这个环节。也许是因为出版与直接的经济建设相隔几个层次，距离远了一些，就不易为人重视，但**出版实实在在是一种潜藏着的巨大的生产力。我们对它的忽视迟早要在精神方面和物质方面受到惩罚。**无论是精神文明和物质文明建设，还是在精神文明建设中的

教育、科技、出版诸方面，我们一定要实行平衡并重的政策。当然，短期内以这一方、那一方为重点是不可避免的，但长期的倾斜失衡却会带来可怕的后果。尤其是如出版这样投入产出周期较长，社会效益和经济效益都并非立竿见影的部门，更容易被忽略。等到我们受到惩罚而醒悟时，才知道其祸根已种在数年乃至数十年之前，而要挽回损失、再得正果，又是在数年甚至数十年之后。可知，在政策上的一小点倾斜就会导致失之毫厘，差之千里，倾斜一分，损失一尺。我们在组织和指导文化建设时，要比经济建设更小心翼翼、“瞻前顾后”。我们是在建设一座精神文明大厦，从设计图纸起就不得有一丝误差，施工中一柱一梁更不敢有一点马虎，要使它始终保持坚实、挺拔、轩昂的最佳状态，发现一点倾斜或倾斜的隐患，都要从政策上和工作上给予及时的、必要的支撑校正。

察古而知今，察一叶而知秋，从今天图书的市场所表现出来的倾斜现象，我们应该悟出在出版政策乃至文化政策、精神文明建设等宏观指导方面的得失，尽快制定出相应的对策，这样才能保证以后再不出现大的倾斜和失误。

（《求是》杂志 1989 年第 15 期）

第二章

新闻与政治

新闻工作者的责任

——在纪念毛泽东同志诞辰100周年座谈会上的讲话

党的十一届三中全会以来，特别是十四大以来，全党全国人民政治经济生活中有两个大的转折：一是党的中心工作的转移，由政治转入经济；二是经济体制由计划体制转入市场体制。这两个转折对我国的报业和新闻工作者也产生了极深刻的影响，对我们的工作提出了更高的要求，也是对新闻工作者的责任心——对党负责、对人民负责的一次新的考验。

一、新闻工作向来是党和人民事业的一部分

从中国共产党建党并开始领导中国人民的解放事业时起，新闻工作就是党的事业的一部分。毛泽东同志等老一辈无产阶级革命家大都亲身参与了党的新闻事业的创建和实践。每当革命进入一个转折时期，每当党提出了新的中心任务时，他们总是告诫新闻工作者不要忘记肩上的责任。在毛泽东同志诞辰100周年之际，重温他关于新闻工作的论述和他亲手写的一些新闻作品，更感到他对新闻工作者的严格要求和所寄予的厚望，其督责之切和寄托之重，现在读来还如闻其声。

建党初期，毛泽东同志在主编《政治周报》时，首先强调新闻的真实性，不管敌人怎么说，我们总是"请看事实"，要十分之九用事实叙述，十分之一用辩论。红军时期他提出只有完成宣传任务，才能促进革命高潮，并很具体地要求宣传要贴近群众，"文字要简短，使他们顷刻间能看完；要精警，使他们一看起一个印象"，"文字只求清通达意，不求钻研深奥"。在抗日战争时期又强调要服从抗战这个中心工作。他在延安《解放日报》发刊词中说"中国共产党的使命就是本报的使命"，并在各个阶段不断提醒"务使它们的宣传服从于党的当前政策"，"应该把报纸拿在手里，作为组织一切工作的武器"，"我们的政

策不但要使领导者知道，干部知道，还要使广大的群众知道”。在进城前夕他又及时指出：“通讯社、广播电台的工作都是为生产建设这个中心服务的。”进入社会主义革命和建设时期，又提出要宣传新制度的优越性，批判旧制度的落后性，报纸一个时期要有一定的方向，假话一定不可讲，记者头脑要冷静，要政治家办报等等一系列著名的论断。至于毛泽东同志在各个历史时期亲手写的大量新闻稿，更如万钧雷霆，直接起着摧枯拉朽和春风化雨的作用。

中国革命和建设走过了漫长的辉煌而曲折的道路，其间几多转折，几多风雨。但是毛主席和党中央总是要求新闻工作和新闻工作者要紧紧围绕和服从党在各个时期的中心工作，要把握舆论导向，要对历史负责、对人民负责，新闻工作始终是革命事业的一个一刻也不可少的部分，而广大新闻工作者也是对党对人民始终抱着赤诚之心，无论形势、任务如何变，对党对人民负责的责任心永不变，有许多同志甚至为此献出了生命。(仅 1942 年一次抗日突围中，新华社就牺牲分社社长以下 40 多人)。这是党的新闻工作者的一个好传统。但是，现在当我们进入 90 年代，工作又出现一些新的转折、新的变化时，我们也不无忧虑地看到，这个好的传统，即新闻工作者在任何情况下都不能忘记对党负责、对人民负责的政治责任，已经有些削弱。这是我们在纪念毛泽东同志诞辰 100 周年之际应该提请注意并认真改进的。

二、新时期的两个转折带来了报业的两次繁荣

1978 年年底党的十一届三中全会使我国的社会主义革命和社会主义建设进入了一个新时期。党的中心工作转移到以经济建设为中心的轨道上，带来了我国报业的第一次繁荣。时间大致是 1978 至 1985 年。繁荣的标志主要体现在报纸的内容、数量和品种结构三个方面。内容从过去以阶级斗争、大批判为主到以报道经济工作、传播经济信息为主。数量由 1978 年的 186 种发展到 1984 年突破千种大关，1985 年达 1 445 种。品种结构由过去基本上是单一的党委机关报发展到包括有政治、经济、文化、生活等各方面内容的九大类综合结构。特别是以经

济信息为主要内容的大量行业、企业报的诞生——国务院各部委机关报也大都是这一时期办起来的，使报纸实现了内容上的大转变、数量上的大发展和结构上的大调整。

第二次转折是社会主义市场经济体制的提出和确立。以 1992 年年初小平同志南方谈话、1992 年 11 月党的十四大和 1993 年 11 月党的十四届三中全会为标志，经过长期探索，我们终于确立了市场经济体制，这在理论上和实践上都把建设有中国特色社会主义大大推进了一步。社会主义市场经济体制的确立给报业带来了第二次繁荣。这次繁荣的表现主要是：数量增长、品种增多、形式多样和新经营机制的形成。第一，报纸数量进一步增长，到 1993 年年底已突破 2 000 家大关。第二，品种进一步增多，特别是和改革开放、市场经济相关的新报，如证券、期货、房地产、高新技术及各类信息报，还有适合各种对象，直接服务于群众生活的晚报、文摘报、广播电视报等等。第三，出版形式多样化，省报已普遍由四版过渡到八版，有的报纸几十版甚至 100 多版。不少报纸还出版了周末版、月末版和围绕各自中心工作的专版、专刊。第四，报纸的经营机制开始向适应市场经济过渡，在财力上依赖国家渐少，自主能力增强。

1985 年，即我们称为第一次繁荣的最高峰年，全国报纸的广告收入只有 2.2 个亿，1992 年年底达到 16 个亿，1993 年达到 37.7 个亿。这是与第一次繁荣的最大区别。可以看出，第二阶段的繁荣，报纸直接为经济建设服务，在改进内容和形式方面，在适应市场经济、转换自身经营机制方面，都上了一个新的台阶，这为以后的大发展奠定了基础。

三、新形势下更要强化新闻工作者对党对人民负责的责任心

以上谈到这两次大转折促进了报业的两次繁荣，但是与此同时，它对我们的队伍，对新闻工作者个人的修养也有一种不小的冲击。当年在以政治斗争、阶级斗争为中心的背景下，要求记者时时不忘社会责任、政治责任还比较容易；党的中心工作转到经济建设上来后，对

记者来说也只是其工作任务，即主要服务目标的改变，他个人与经济、与金钱毕竟还有点距离，在社会责任、政治责任方面也还没有大的松懈；但是当出现第二次转折，报纸、报人直接置身市场，面对金钱的诱惑时，一些新闻工作者的政治责任感、社会责任感开始慢慢削弱，甚至出现了滑坡。

这主要表现在：第一，报纸为追求轰动效应、刺激发行量，虚假报道明显增多。新闻出版署办的《中国报纸月报》在 1993 年年末一期专门公布了该年内 10 条影响较大、较坏的假新闻，有的假新闻涉及重大政治问题，这是过去从未有过的。第二，为追求发行量，迎合市场，降低格调，色情、凶杀案件等内容明显增多，并居高不下。第三，为招徕读者，不顾国家利益，不顾大局，泄密报道、歪曲事实和史实的所谓纪实文章时有发生。第四，为直接获取金钱，出卖版面，搞有偿新闻，甚至出卖报号（报纸登记证），或者借报经商，进行版面以外的交易。

这些问题集中于一点就是见利忘义，忘掉了责任。新闻工作是为社会传播信息，起码的要求是真实、客观，见利而不惑。党的新闻工作者更要以党性标准来写新闻，来从事党的工作中这一重要部分，不用说见利不动，就是牺牲献身也心甘情愿。我党新闻史上许多好同志都是这么做的。而现在，在市场导向和金钱的诱惑下，我们的一些新闻工作者却忘记了人民之责、社会之责、政治之责，而一味去求个人之利。报纸内容也因此出现了不良倾向，已经在干扰经济建设这个中心，涣散人民的斗志，影响改革开放的大局。毛泽东同志曾提倡政治家办报，这在当时以政治为中心的背景下尤其重要。现在，在新形势下办报人要懂得经济、懂得管理，要有广博的社会文化知识，要遵守新闻规律，但是政治责任心这一条还是不能丢。在我们这样大的国度里办报，一笔落下读者数亿，怎么能掉以轻心？办报不同于办一般的文化事业。

现在有的人是玩新闻，文人不知责任重，编报犹如编故事；有的人是吃新闻，商人不知责任重，报纸只做摇钱树。虽然情况、形势和我们工作的内容都有了变化，但是政治责任心这一条永不能丢。“天不

变道亦不变”，只要新闻工作是报道真实有益的事实这一条规律不变，共产党为人民服务这一条宗旨不变，党的新闻工作者对人民负责、对社会负责的政治责任心就不能变。还是要强调从政治的高度看问题，识大局，顾大体，导向正确。既要敢于开拓，标新立异，又要慎之又慎，如履薄冰，勿因我们的失职失责对党的工作和人民的利益造成损失。

进入新时期以来，我们工作的方针、内容，曾几经调整和转折，但这正是为了不断地逼近真理，实现建设有中国特色社会主义这个大目标。这正表现了中国共产党人政治上的坚定性，表现了我们为中国人民的革命和建设事业孜孜以求、矢志不移的决心。新闻工作要服从这个大目标，要配合这个中心。小平同志指出，在新时期“要使我们党的报刊成为全国安定团结的思想上的中心”“党报党刊一定要无条件地宣传党的主张”。作为党的新闻工作者，党的中心工作的转移，只能是我们工作内容和方式作相应的转变，并不是政治责任的放弃；市场经济体制的确立，要求于我们报纸的主要是经营机制的转换，而不是内容的转向。当然，我们也该看到新情况给我们提出了一些新问题。比如，接触市场多了，可能常在水边走，会有湿鞋时。由计划经济转入市场经济，给报社增加了竞争和创收的压力，但这并不能导致可以求利忘义的结论。在我们党的新闻史上，老一辈新闻工作者创下了无数光辉业绩，他们并没有因为边区条件简陋而不办报，也没有因为在白区办报就被腐蚀，更没有因为进城了就追求安逸。相反，他们总是在不断地适应新情况，不断地作出新贡献。

现在我们纪念毛泽东同志诞辰 100 周年，抚今追昔，很需要借此检讨一下我们的责任，需要认真研究一下在新形势下怎样强化政治责任心，进一步改进工作，再立新功。比如，适应改革开放，怎样更注意政策、遵守纪律；服从经济建设这个中心工作，信息怎样更准确及时（不要造假，包括广告）；适应群众日益增长的文化生活的需要，报纸的内容怎样更健康、格调更高，等等，这是对毛泽东同志最好的纪念。

（1994 年）

办好党报的原则：紧跟党，为人民

——在庆祝《烟台日报》创刊50周年大会上的讲话

今天我们欢聚一堂，庆祝《烟台日报》创刊50周年。首先，我代表新闻出版署向《烟台日报》，向报社的全体同仁表示热烈的祝贺！

今天烟台日报社的全体同志，烟台市委、市政府的领导和各方面的代表，还有来自中央、省级领导机关和各新闻单位的来宾，在这里这样隆重集会，就因为这个日子来之不易。至今，全国地市一级报社已达50华诞的还为数不多。《烟台日报》是在新中国成立前创办的，比共和国的历史还长。我们知道，这些日子全国人民正沉浸在对抗日战争胜利50周年的庆祝和思考之中。50年前，中国人民在共产党的领导下终于取得了中华民族百年来反抗帝国主义入侵的第一次胜利，一洗我们民族从鸦片战争、甲午战争、八国联军侵华战争以来所蒙受的陈耻厚辱，终于抚平了创伤，直起了腰杆，挺立于世界民族之林。《烟台日报》就是在那个划时代的日子里，在烟台从日本侵略者手中解放后不到一个月的时间内创办的。她的历史也就是我们党在取得政权以后的办报史。风雨50年，革命建设路，这一张报纸的50年，饱含着我们党取得政权以后，在宣传、新闻工作方面的业绩、经验和教训。缅怀先烈，不忘过去，总结经验，以利再战，这就是我们今天庆祝《烟台日报》创刊50周年的意义。我们能在庆祝抗日战争胜利50周年之际，同时庆祝一张党报的50周年，这是《烟台日报》全体同志的殊荣，也是我们新闻工作者的光荣。

历史证明，作为一张党报，一个党的新闻工作者，最基本的原则就是两条，一是紧跟党，二是为人民。紧跟党，就是要忠实执行党的路线，紧紧围绕党的中心工作，引导舆论，服务大局。为人民，就是要反映人民的利益、人民的呼声、人民的创造、人民的智慧。总之，既要能通过报纸这个桥梁，把党的方针贯彻到人民群众中去，又要能

把人民的意志集中为党的政策、路线。这才是一张好的党报。一张报纸这样做了，它才是党和人民的喉舌，它才能受到党的表扬和人民的支持。一个记者这样做了，他的作品才能存下来，才能经得住历史的考验。这是辩证法，是唯物史观，是最朴素简单的道理。《烟台日报》的历史证明了这一点。她创办伊始，就立即投入到党的中心工作中去。当时人民手中几乎还没有掌握几座城市，烟台在一段时间里甚至是人民政权所掌握的最大的城市，恢复经济支援战争的任务十分繁重。新创刊的《烟台日报》像一支嘹亮的号角，鼓舞人们投身经济建设，巩固新政权。

昨天晚上，我重读了一遍《烟台日报》的创刊号，它朴实的文风和为人民做主、为解放区经济建设鼓与呼的精神使我又受到一次党的新闻工作的传统教育。纪念册上所选刊的一张创刊初期的《烟台日报》，头版的稿件就是两个主题，一是为解放区的经济建设鼓劲，二是为人民利益鼓与呼，头条是很长的一条消息，报道人民政府怎样为一个普通劳工争权利。我们今天纪念它创刊 50 周年，就是学习和发扬它的这种忠于党、忠于人民的优良传统。同时我们也深深缅怀创办了这张报纸的老一代新闻工作者。正像他们的名字和照片已载入报庆 50 周年纪念册一样，他们的业绩也已永远载入我党新闻工作的史册。我们这些后来人应不辜负他们的希望，不愧于他们开创的事业。

在这个喜庆的日子里，当我们缅怀过去的时候，也高兴地看到了《烟台日报》在新时期的新创造、新进步。当年第一代新闻工作者用战火中抢新闻、刻蜡纸出报的精神，为我们创办和留下的报纸，今天已经发展成一张对开八版、激光照排、电脑写稿编稿的现代化大报。更可喜的是，全体采编人员发扬忠于党、忠于人民的精神，深入实际，用自己采写的大量稿件，为改革开放摇旗呐喊，为人民利益鼓与呼，又续写出新时期新闻史新的一页。昨天晚上一到，我就收到两本重要资料，一本是《〈烟台日报〉创刊 50 周年纪念册》，一本是《〈烟台日报〉获奖作品选》，自党的十一届三中全会以来，报社有 240 多篇作品在全国全省各种新闻评奖中获奖。这两本资料相衔接，真实地勾勒出

《烟台日报》50 周年的历史。《获奖作品选》真实地反映了改革开放中烟台这座城市的变迁和人民思想的进步，也真实记录了报社全体同志的辛勤劳动。大多数稿件都是反映在党的改革开放政策的指导下，烟台人民怎样搞活经济，怎样打开国门、走出国门的。凑巧的是，开卷的第一篇得奖消息，正是一篇为群众说话、批评不良风气的新闻，和上面我提到的 50 年前的那篇文稿一脉相承。这说明报社的同志紧跟党、为人民的好传统没有丢。我还特别注意到，获奖作品中还有一些理论研究、经验探讨的文章，说明我们的新闻工作者在 50 年之后，已经逐渐走向理论的成熟。事实上，和报社技术进步相同步的是报社工作人员的文化素质也已经取得了与以前有天壤之别的巨大变化。

在《烟台日报》创刊 50 周年的时候，我有幸来此与大家一起重温历史，共享胜利，同时也深深受到一次生动的党的新闻工作传统的教育。烟台是一座在中国近代史上有着光荣斗争历史的名城，也是一座与海外打交道较早的城市。城中的烟台山曾经是燃烟举火、抵御海上强敌的标志。现在时势两异，烟台山已经成了我们凭吊历史的旧迹，而烟台市却面貌日新，成了我国改革开放的标志。我们的民族进步了，我们的国家强大了，而今再登烟台山望东海，不再是紧闭国门，担心外敌犯边辱国，而是放眼国际市场，思考怎样与国际接轨，参与全球市场竞争。《烟台日报》的同志们和我们这一代新闻工作者又赶上了大显身手的好时候，烽烟过去事，号角今更急，再挥如椽笔，书写新世纪。

恩格斯在论述文艺复兴时指出，这是一个需要巨人而且产生了巨人的时代。改革开放和现代化建设中的许多新事物等着我们去报道，社会主义市场经济中的许多新问题等着我们去研究，摆在我们面前的任务更艰巨、更光荣。我们一定要继续保持老一代新闻工作者忠于党、忠于人民、深入实际、勤于思考、创业敬业、无私奉献的光荣传统，作出与这个新时期相适应的新贡献。这样在将来《烟台日报》60 周年、100 周年社庆时，我们才会无愧于时代，无愧于后人。

祝《烟台日报》办得更好。

（1995 年 9 月）

关于政治家办报

“要政治家办报”，好像是一个遥远的呼唤，渐近渐现，重又回到我们的身旁。当年毛泽东同志积中国革命的经验和教训提出一个科学的命题“要政治家办报”；时隔几十年后，根据历史的经验和严正的现实，又重提这个话题。历史循环往复、螺旋式的发展，同时也在反复检验着客观真理。今天，对我们报人来说要用政治家的思想高度和社会责任来办报，这已是一条被历史证明、需要我们不断坚持的真理。今天重提此事，有现实意义也有长远的指导意义。

一、报业结构的变化使我们重提政治家办报

政治家办报是对一切报人的要求。过去我们有一个错觉，认为政治家办报只是对机关报，特别是对党委机关报的要求。在十一届三中全会以前我国只有 186 种报纸，基本上是各级党委机关报，主要担负着教育人民和指导工作的作用。随着党的工作中心转入经济工作，现在一下涌现出各行各业的报纸共 2 000 多种，而各级党委机关报加上部委机关报也还不到全部报纸的三分之一。这么多行业报要不要讲政治？一种模糊的认识是政治让机关报去讲，其他报可以放松，可以自由，于是政治上不负责、对读者不负责的报道就出现了。本来报纸品种的不同只是舆论引导分工的不同，在执行“二为方针”上并没有丝毫的区别。如果一张经济报可以随便宣传一种经济政策，可以任意鼓动高消费，一张文化生活报可以去登桃色新闻，去“炒”歌星，这对全国人民的政治有什么用呢？还有的报纸不遵守纪律，将国家大事泄密，有的报纸宣传封建迷信，有的报纸大登强奸、凶杀的案例以此捞钱。这些已经不是不讲政治，而是专讲腐朽政治了。可以说正是因为报上出现了这许多对我们的政治进行冲击的现象，才逼着我们重提政治家办报。

现在我国的报业结构是以各级党委机关报为骨干，由机关报和各

种各类经济、文化等报纸组成的多层次结构。对服务于经济工作来讲这个结构是很合适的；对宣传思想工作来讲这个结构比之原来单一的机关报结构可能是力量分散了一点。因此就要求我们不但要发挥机关报的骨干作用，更要注意发挥大量的行业报纸的末梢作用。机关报在直接宣传党的政策方面是号角，是大旗；但是，党的政策需要更具体地落实到每一个行业，每一个角落。在新闻界来讲这就是各种行业报的任务。所以，非机关报不是可以不讲政治，恰恰是要研究怎样换一种方式，用更有个性、更讲实效的方法来讲政治。建设有中国特色的社会主义，按照五中全会的决议来完成今后五年、十五年的大目标，这是我们当前最大的政治，是全党全国人民的凝聚点。“要政治家办报”，就是报纸不分大小，报人人人有责，都要自觉地为增强这个凝聚点出力。

二、社会主义市场经济体制给政治家办报以新内容

我们现在重提政治家办报，与当年毛泽东同志初提此话时已有很大不同，这就是国家已实行了社会主义市场经济体制。十四大报告中讲，市场经济是一个大的系统工程，我们的报业当然也脱离不了这个大环境。现在重提政治家办报可以说是市场经济要求政治家办报，而只有政治家办报才能把握市场经济条件下的舆论导向。

市场经济给报业带来了两个新问题。一是它的负面效应，即经济效益对社会效益的冲击；二是它的正面效应，即市场经济规律给报业注入新的活力。在现阶段政治家办报正是要从这两个方面把握。

就负效应来说我们遇到了两点。一是从社会方面讲，市场经济造成的利益驱动，造成的人们价值观念的变化、思想的混乱，为政治导向增加了困难。作为读者，不可能像过去那样，报上怎么说，他就怎么做，各人常会根据自己的眼前利益产生各种不同的看法和举动。现在比之过去，报道的对象复杂了，读者也更复杂了。所以要求我们除了讲政治方向、政治立场，还得讲政治纪律、政治敏锐性。二是从主观方面讲，由于经济利益驱动，有时报人自己见利忘义，明知不对而为之。总之，由于市场经济规律的作用，报纸商品属性的一面显示了

出来，而商品属性就其本质来讲，钱是排斥一切的，这就需要我们用坚定的、清醒的政治方法去扼制它、校正它。

就正效应来说，也可以分为两点。一是经营方面的，如市场竞争、发行、广告等；二是编辑方面的。我们这里单说第二点。计划经济体制下报纸多为公款订报，发行是分配式的，写作和编辑是灌输式的；市场经济体制下报纸多为自费订报，发行方式是通过市场的流通与交换，写作和编辑是与读者交互式的。就是说编辑在研究市场，看读者喜欢什么，边适应，边引导。过去是我想让你知道什么，就说什么；现在是先摸准你要什么，再从政治的高度来判明是非，决定引导，讲求艺术，做出效果，把读者那种内心的政治热情调动起来。党的政策和群众的要求在本质上是一致的，报人的政治水平越高，把党的政策和群众心理吃得越准，这种结合就做得越好，就能更好地实现“以科学的理论武装人，以正确的舆论引导人，以高尚的精神塑造人，以优秀的作品鼓舞人”。这种改变虽然从政治上给报人提出了更高的要求，但是读者与报人这种交互式的合作，可以更及时地检验报纸的质量。这正是市场规律积极的一面，如十四大报告讲的“运用市场对各种经济信号反应比较灵敏的优点，促进生产和需求的及时协调”。报纸生产不全是经济活动，但市场流通是经济活动，市场反馈的规律我们要加以利用。试想过去计划体制下的办报，单向式的灌输，报纸发下去群众爱看不爱看不知道，没有市场反馈，怎么能及时提高质量。只有政治高度加上市场规律，也就是说用政治家的水平驾驭市场规律来办报，再加上又能从市场上获得丰厚的经济效益，我们的报纸就立于不败之地了。

一句话，新时期的政治家办报，就是学会驾驭市场规律，克服负效应，扩大正效应，办好报纸，赢得读者。

三、政治家办报不一定就枯燥，相反会更生动

由于过去我们曾有一个较长的时间在搞空头政治，因此人们总爱把政治和枯燥的宣传联系在一起。其实，政治是国家大事，是民心的集中，是人人关心的事。报纸讲政治，就是讲最大多数人的心里话，

是表达国家民族的意志，因此它应该鲜明、尖锐、泼辣、坚定、活泼，唯有这种文风才足以表现最新鲜的政治。沉闷地诠释经典、重复教条并不是真正的讲政治，而恰恰是一种狡猾的偷懒和不负责任的搪塞；唯真正有新思想、新观点、新事实的文章，才合政治，才会回肠荡气，激动不已。

我们可以回想一下，十一届三中全会以来，报上发表的文章、报道，最感人、最生动、读者印象最深的恰是政治性最强的。一篇《实践是检验真理的唯一标准》的理论文章，使《光明日报》的发行量陡增到近 150 万份。小平同志南方视察的一篇通讯，传达了改革开放的新思路、新信息，特别是关于市场的新理论，举国上下人人争读，使一切文艺小说都为之逊色。至于说到过去的焦裕禄、现在的孔繁森等英雄人物的宣传，更是令人心灵震撼，经久不止。新闻史上政治家办报，报纸上名震寰宇、名垂青史的美文举不胜举。毛泽东同志亲手写的电讯如《中原我军占领南阳》《我三十万大军胜利南渡长江》，还有许多谈话、文章，何等的气势磅礴又神采飞扬。还可以再上溯到五四时期李大钊的《庶民的胜利》，再上溯到维新变法时期梁启超的《少年中国说》，这些政治家的报章之作哪里有一点的枯燥、呆滞？说新闻讲政治就枯燥，其实正是因为作者对政治不通，没有讲到要害处，没有得了政治的精髓。

当我们说文章枯燥之时，请不要抱怨政治，还是先检查一下自己是不是学好了政治。要办报就先要学好马列主义、毛泽东思想，学好辩证法，当前首先是要学好小平同志的建设有中国特色社会主义的理论。文不在长，有魂则灵。而且一般来讲，真正在政治上、理论上有积累、有修养的记者和总编，其才华也就绝不止于政治。至于语言修养、编排技巧，那更是顺便的事。

（1995 年）

论法制公安报刊的标准和品位

一、办好法制公安报刊的基本标准是什么

（一）有利于社会安定是办好法制公安报刊的基本标准

法制公安报刊在宣传法制、打击罪犯、树立干警形象方面做了许多工作，但是也有一些负作用值得注意。那么，办好法制公安类报刊的基本标准或曰首要标准是什么？我觉得有一个最简单可行的测试标准，就是看它是不是有利于社会安定。搞社会主义，我们提出生产力标准，不管你用什么方式，最后要落在能不能发展生产力上，小平同志说，发展是硬道理。这是历史唯物主义。法制公安报刊还有法制公安文学，是法制公安工作的一部分。**法制公安工作搞得好不好，第一标准，就是能不能保社会安定，能不能保一方平安。法制公安报刊也要服从这个标准。**人们把公安干警比作群众的盾牌，军队是长城，公安是盾牌，长城卫国，盾牌护人，有了长城和盾牌，老百姓才得安宁，社会才安定。法制公安报刊也是维护社会治安、社会稳定的一面盾牌，是干警手中的第二面盾牌。

有一篇文章叫《盾的企盼》，说民警在斗争中需要自身保障体系，有五个方面的保障，需要一面保护自己的盾牌。我看法制公安报刊就是第六保障体系，是民警手中的第二盾牌。但是现在，有的报刊举不起这面盾牌，举起来的则上面千疮百孔，污迹斑斑。这大致有四方面的问题。一是展示罪恶，诱导犯罪；二是详细描写作案过程，传播犯罪知识；三是泄露破案手段，授敌以方法；四是污损干警形象，破坏治安基础。问题还能举出不少，但主要是这四个方面。这不是自毁盾牌吗？我们在对罪犯斗争中，如果手里举着这样一面盾牌，那还有什么用？实践是检验真理的唯一标准，是不是有利于对犯罪的斗争、是不是有利于社会安定，是检验公安报刊质量的首要标准。

（二）要从政治家的高度来恪守这条标准

有利于社会安定就是办好法制公安报刊的政治标准。我们在执行这条标准时要把自己修炼成一个成熟的政治家。高瞻远瞩，沉着把握。政治是什么？是大事，是代表社会进步、历史潮流的事。不同时期，不同部门都有不同的政治标准。一个人可能有这样那样的毛病，政治上不能出毛病；工作难免有这样那样的漏洞，政治上不能出漏洞。讲政治要结合业务，一个总编辑的政治修养至少有三条。一是是非清楚，看得明白；二是立场坚定，有主见，不随风倒；三是守纪律，说不让登就不登，不投机，不擦边。政治立场一丝一毫不动摇，这才是好干部，才是高手。法制公安报刊为什么出现上述四类错误内容？就是我们的一些总编见利忘义，见钱眼开，不是用政治标准办刊，而是用盈利标准办刊，因而在政治上出了问题。

报刊有四个属性：政治属性、信息属性、文化属性和商品属性。这四个属性中，政治属性是高于一切、领导一切的。我们仔细分析一下，过去和现在办报刊、管报刊，凡是出现或左或右的问题，都是对这四个属性把握不好，不适当地夸大了其中一个。现在有的编辑或总编夸大商品属性，只要赚钱就行，他也知道这些问题不好，也知道会有损于社会安定，不利于法制公安工作，但是既然能赚钱，就不管其他了。眼睛虽明，立场不定，或者故意闭上眼睛，这是见利忘义，以我之小利损国家社会之大义，在大事上犯了错误，不讲政治。有的作者夸大报刊的文化属性，他说我不管那么多，我在编故事，在找刺激，怎么离奇怎么来。这些同志从来就没有从政治的高度解决报刊为什么人的问题。且不说报刊有信息属性，信息本身就规定要准确、有导向性，就是文学创作，也是讲生活的真实，讲政治导向。报刊有多种功能，审美、消遣、娱乐、商业，但是在不同时期，不同部门也各有侧重，法制公安报刊首先要讲社会功能、讲宣传功能，它是安定社会的武器。在商言商，在政言政，在法制公安部门要先谈它的社会功能，先谈是否有利安定。因为这是正义与邪恶斗争的前沿，不容你有丝毫的游移和脱离政治标准的随意发挥。我们要以是否有利于社会安定来取舍稿件，一身正气，宁缺毋滥。不管你是多大的作家，也不管你有多么轰动的稿件，只要不合我的标准，该删的就删，该退的就退。**办刊好比办店，要有名店大商的气派，有以我为主的气派，不是名牌我不要，不够标准勿进门，只有那些追逐蝇头小利的小杂货铺才不拘何种货色，有利就进，能赚就卖。**

（三）要通过具体的业务来落实这条标准

政治标准确立以后，还要研究怎样围绕这个标准组织内容。我们说把法制公安类报刊办成维护社会安定的盾牌，这面盾牌就要能抵御罪恶、保护人民，同时也能保护干警。这是一面软盾牌，要筑在每个人的心上。它的内容包括宣传法制、打击犯罪、表彰英模、树立形象、传播信息、普及知识、区分美丑、沟通警民、化解矛盾等。它的宣传效果要真正达到使法盲有忏悔感、罪犯有威慑感、干警有荣誉感、群众有安全感。比如办得较好的《警方》杂志就做到了“以警为本”，为了让人民了解警察，从写中国当时最大的天安门派出所，到写三峡的微型派出所，到写最北的漠河派出所，还写警察家庭，让人民了解警察，支持警察。有一篇稿子，仔细地描写了交通肇事者自忏自悔、主动投案的心理过程。一个主动投案，可以省却我们多少破案的人力物力，甚至生命牺牲。还有一篇写一个受害女子，为了保住名声，姑息罪犯，招来杀身之祸，这又唤醒了多少法盲，避免了多少惨案发生。这说明可以充分利用我们的笔、我们的报刊，筑起一面新的盾牌，防患于未然，化解矛盾。这是报刊的宗旨规定，也是它的市场定位。我们要在有利于社会安定这个大前提下，找到与业务工作的结合点，这才叫落实，叫政治与业务的统一。

二、法制公安报刊的文化品位是什么

（一）区分美丑，抑恶扬善，是法制公安报刊的品格定位

法制公安战线是保护人民、打击犯罪的前沿，反映这条战线的报

刊不可能不涉及犯罪和社会丑恶现象。因此报刊的格调品位就成了一个敏感的、需要十分小心把握的问题。我们对这类报刊的格调也要来一个定位，这就是抑恶扬善，区分美丑，出污泥而不染，惩邪恶而不脏，打死苍蝇不脏手。这也可以说是这类报刊的文化标准。

政治标准是解决对还是错的问题；文化标准是解决格调问题，解决美丑问题。**靠立场，靠觉悟，靠纪律可以达到政治标准；而要达到文化标准，则要靠文化修养、美学修养，靠认识和把握办报办刊的规律。一个政治家不会见钱就改变立场，同理，一个有修养的文化人也不会见钱就屈粗就俗。**我们自己先得是一个有修养的文化人，而不是粗人、俗人。一个有修养的总编首先自己要能区分美丑，要有爱美、护美，引导人识美、趋美的愿望，这样才能谈到刊物的美。

（二）用美与善筑起一道防止犯罪的屏障

报刊是一种文化。文化是有知识、思想和艺术（即审美）含量的。它要分出雅俗、高低，引导人脱离低俗、愚昧。大千世界，各色人等，从侵害他人的罪犯到无私奉献的人，这中间是一个广阔的地带。这个地带除开到了犯罪的极端，要动用法律和专政手段镇压的，剩下的都要靠文化滋养的道德来填充。在动用法律手段之前，要靠教育工作来填充。这个任务当然地落在了法制公安类报刊上。就像治水，上游多栽一片林，多保持一些水土，下游的大坝就减轻一分压力，水还没有冲到坝上就把它吸存在草木泥土里了。一个夜不闭户、路不拾遗的社会很少有犯罪。我们要用文化、道德的力量，通过报刊宣传，在丑恶和犯罪前筑起一道美与善的屏障。

我们说法制公安报刊是一面社会安定的盾牌，就是说它是一道屏障，一个文化隔离层、保护层，它应该把读者引离罪恶，越远越好。法律是社会安全的基本防线，也是最后的一道防线，在这之前是道德。一个道德高尚的人绝不会犯罪。一个见义勇为的知识分子说："眼镜后面的眼睛是知识分子的眼睛，而文明的眼睛是容不得丑恶的。"公安法制类报刊通过长期锲而不舍的工作，像春雨润物一样潜移默化，为社会培养起一批能区分善恶美丑、疾恶如仇、见义勇为的读者，这是我们公安工作的群众基础。有了这样一个基础，我们的工作才会无往不胜。

（三）把“脏”和“丑”从版面上扫出去

现在有一种不好的现象，法制公安类刊物不适当地暴露罪恶，妇女报刊不尊重妇女，医学、科普报刊专写性行为、性心理，我们可以将这称为边缘性报刊的擦边行为。因为像物理、化学之类的专业报刊就很难出这种事。为什么会擦边呢？又为什么专往外擦呢？这是擦边者有意偏心的表现。因为同样一个事物，不同的人会有不同的看法、不同的视点。法制公安题材是正邪美丑的斗争，是一个矛盾的统一体，有人见美，有人见丑，有人见正，有人见邪。作为一个精神产品的制作者，编辑、总编就是要从这个矛盾统一体里理出矛盾的主要方面，理出正气和美感来献给读者，所谓出污泥而不染，惩罪恶而不脏。而有诲淫诲盗心理的人就专拣那些丑恶的东西往外理。这就是大家讨论已久的法制公安报刊怎样对待案例的问题。一是要少，要控制在一定的量，罪案毕竟不是好事，不到为了普法、为了说理教育人非用不可时不用案例。最近新闻出版署统计了全国 6 种法制公安类刊物，共 326 篇文章，案例 133 篇，占 40.8%。这就太多了。而在这个问题上处理得好的《警方》杂志约占 6%～10%。二是要选好角度，要引导读者的视点，通过这个视点培养读者的健康心理。一篇稿子登在报刊上对读者会有两种效果，或者是刺激他的感官欲望，或者是激发他的思想美感。这一点不是我们的发明，是黑格尔早就发现了的一条原理和规律。我们要重新认识它，就像搞经济工作再重新认识早已存在的市场规律一样，再重新认识审美的规律。当我们举起一份报刊时，就是举起了一面真、善、美的盾牌，只有这个武器，才能征服人的灵魂。当然并不是每个人的灵魂都是能被美征服的，那时就只好让法律去征服他了。不过，我们这些办报办刊人、灵魂的工程师，还是要尽量多地挽救一些灵魂。

（1995 年）

第三章

新闻与文化

论读者需求与提高出版物的文化含量

在小平同志建设有中国特色社会主义理论的宝库中，有两点是很值得我们特别珍视的。一是发展生产力，建设物质文明；二是提高全民族文化素质，建设精神文明。他说："我们要在建设高度的物质文明的同时，提高全民族的科学文化水平，发展高尚的丰富多彩的文化生活，建设高度的社会主义精神文明。"现在看来是多么普通的明白的道理，但为此我们曾付出过惨重的代价，这是我们经过了"文化大革命"那个曾摧毁了自己多年辛苦积累的物质文明和精神文明的年代后——才明白的道理，是在小平同志勇敢地拨乱反正后才确立的理论。进行精神文明建设，我们有学校、机关、各级各类组织等多种教育渠道，但还有一个十分重要的手段，这就是铺天盖地、无时无处不在对读者潜移默化的各种出版物。人类物质活动和精神活动的全部成果都凝结为文化，保留下来传之后代。一般来讲，一个社会的物质消费水平反映了这个社会的物质文明程度；同样，精神产品的消费水平也反映了这个社会的精神文明程度。就像一个人，观其衣食起居而知其贫富，看他爱读什么书就知道他的文化程度。出版物作为文化的载体，它的内容，即它的文化含量及其读者的构成关系，直接决定着广大人民群众的文化素质，影响着社会主义精神文明建设。

一、出版物的消费水平标志着社会精神文明的水平，出版物既要有精品标准，又要有一定程度的普及标准

一个社会精神产品的消费水平最集中地体现在这个社会的出版物上。

词典对文化下的定义是：人类在社会历史发展过程中所创造的物质财富和精神财富的总和，一般特指精神财富，如文学、艺术、教育、科学等。人类的全部创造是为文化，而文化的最大载体是出版物。人

类积累文化的方式有两种：一是文物积累，即保存历史的实物，如长城、金字塔等；二是文字积累，主要是书、报、刊，现在又有了磁光电介质的出版物。在积累过程中报纸、期刊、书籍有个大概的分工，报纸负责信息的采集、筛选，期刊负责初步加工、积累，书籍是最终积累。它们分别是文化建设的轻武器、重武器和战略武器。只有把文化筛选、凝结为出版物，才可以传播和积累。所以高尔基说："书是人类进步的阶梯。"赫尔岑说："书是这一代人对另一代人精神上的遗训。"事实上人们总是将这一代所创造的最高水平的东西，用出版物的形式给予定格，然后传之后代。于是出版物就成了一代文明的标志。比如《史记》《汉书》《本草纲目》都代表了它那个时代的文明水平。近年来不断有人选介曾影响过世界历史和中国历史的几十本书或一百本书，这说明出版物确实可以作为它所处时代的坐标和文明的标志。但是我们还不能把一本或几本高水平著作的出现就等同于整个时代的文明水平。爱因斯坦的相对论是 1905 年发表的，真正被人们所理解并应用是 40 年后第一颗原子弹爆炸。麦克斯韦的电磁波理论是 1865 年发表的，到 1898 年，33 年后电报才跨过英吉利海峡，正式应用于商业。马寅初的"新人口论"是 50 年代提出的。但真正把计划生育作为国策推行是在 70 年代末。**这些精神产品只有在充分普及之后，掌握了群众，变为推动社会的力量，社会的精神文明程度才会提高。就是说这些精神产品必须为群众所消费，所吸收。而这个消费吸收的过程就是出版物的出版、流通的过程。因此一个社会精神产品的消费水平，特别是出版物的消费水平，才算是比较准确地反映了这个社会精神文明的普遍水平。**

一个社会的消费水平，不管是物质的还是精神的，要参考两个标准。一是精品标准，看社会上有没有精品。就是说有没有能代表这个社会的最高物质生产的或精神生产的成果。要是物质产品，它就代表着这个社会的生产力、科技、材料、工艺水平；要是精神产品，它就代表着当时的思想、艺术、知识水平。精品标志着这个时代文明的高度。比如我们现在常说到的唐诗宋词元曲等，就代表着那个时代的文化高峰。但是社会只有少数精品还不行，“文化大革命”期间的样板戏，在艺术上是精的，可只有十个样板戏，其他艺术作品都没有了，那个时期的精神产品还是匮乏。除了精品标准还得有第二个标准，即普及标准，或曰市场标准。就是说精神产品必须有一定的普及程度，有相当的市场占有量，要转化为群众的文化消费。精神产品掌握了相当数量的群众，才能精神变物质，推动社会进步。

分析新中国成立以来 50 年的历史，可以看出，国家的兴盛强弱、人民群众和社会精神面貌的好坏变化和出版物的消费曲线是一致的。这个曲线变化包括内容方面的和数量方面的。50 年来的共和国史大致可以分为新中国成立到“文化大革命”前的发展时期、“文化大革命”十年、三中全会之后到现在的新时期三个阶段。新中国成立后到“文化大革命”这一段，总的说来国家发展，群众和社会的精神面貌奋发向上。这个时期我国出版了一大批文学艺术精品，影响了一代人的思想风貌，如《红岩》《青春之歌》《林海雪原》等。翻译出版和重新整理出版了一批外国名著和中国古典名著，对培养读者特别是青年读者的文化素质起了非常重要的作用。共和国的初创阶段，是一个人民需要精品哺育，而且确实产生了精品的时代。其中如小说《红岩》共再版重印 49 次，累计印数达 333.85 万册。“文化大革命”期间是一个精神产品极度匮乏的时期，相应来讲，也是党风、民风遭破坏，整个社会思想道德、精神文明水平下降的时期。“文化大革命”结束时的 1978 年我国有出版社 105 家，年出书 17 000 种，年出版报纸 186 种、期刊 930 多种，出版物不但数量少，文化含量也降到最低。这段时间，读者基本上失去了文化的雨露。新时期 20 年来，期刊出版已恢复发展到年出版期刊 8 135 种、报纸 2 000 多种、图书 11 万种。许多重要的中外学术名著、文学艺术名著得以出版或再版，特别是许多当代作家、学者的文集纷纷整理出版。新闻出版署在 1998 年年初首次公布全国百种重点社科期刊，精品量和普及度都是前所未有的。应该说现在读者，特别是青年读者中的科学文化普及程度已经达到了历史最高水平。从精品角度和普及角度来说，目前都是精神产品最繁荣的时期，这也是精神文明建设卓有成效的表现。

二、社会的主要矛盾与读者对出版物的六种需求

十五大报告指出，人民的物质文化需求与生产间的矛盾仍然是社会的主要矛盾。我们搞精神产品生产的就是每日每时在研究解决这个主要矛盾。这个矛盾解决的过程也就是整个社会精神文明建设的过程，矛盾解决一步，精神文明建设就前进一步。读者，作为矛盾的主导方面，他们的需求是精神产品赖以生产和存在的基础。有了这种需求才有各种各样出版物的出现。根据文化层次、社会职业、生活环境等的不同，各种读者的需求由低到高大致有六种。

一是为了追求刺激。正常人的精神生活中总有企图打破平静、追求奇特、寻找刺激的一面。这种需求从某一个角度讲，还有一种原始野蛮性，是一种物欲满足与精神满足混沌状。与其说是精神追求，不如说是心理生理追求，因为理性的成分还不多。这是一切黄色和凶杀、武打、猎奇等作品产生的基础。包括一部分广告，也是投读者所好，靠刺激效果来加深印象。在刺激需求下，会有出版物市场（如许多黄色、低档出版物），但是不会有艺术，至少不会有高档艺术。所以黑格尔在论及自然主义时说："当然，人们常爱说：人应该与自然契合为一体。但是就它的抽象意义来说，这种契合一体只是粗野性和野蛮性，而艺术替人把这种契合一体拆开，这样，他就用慈祥的手替人解去自然的束缚。"（黑格尔《美学》第一卷 61 页）

二是为了消遣。正像人在紧张工作的间隙会无目的地散步、抽烟、聊天一样，也会无目的地去翻翻书报杂志。它只是一种休息的方式，是一种打发时间的方式。按这种需求，就产生了一类轻松的作品，如花卉鱼虫、时装、幽默、故事等。消遣需求在读者中的覆盖面最大，不但有闲阶层靠消遣读物打发时日，就是各专业人员也常常会翻翻书报以作休息，如睡午觉打个盹一样。所以国内外生活消遣读物的发行量都很大。

三是信息需求。随着社会的现代化进程，人们对信息的需求量越

来越大。这些信息包括政治、经济、文化、军事等各个方面，几乎从事每一项工作、决策每一件事情都离不开有关信息。每个人在生活中也离不开信息，如商品、招工、交通、气象、出版、体育、演出等等。一条信息使一项决策成功，救活一个企业，或者使一个人致富的事已屡见不鲜。以至于信息已经发展成一个独立的产业。人们对信息的这种需求是书、报、刊等传媒存在的基础，特别是报纸存在的基础。

四是知识需求。知识是人们在改造世界的实践中所获得的认识和经验的总和。一个人迈入社会是从逐渐接受知识开始的，他必须先接受前人积累的知识才可能和这个世界相融洽协同，才可能进一步开拓创造，同时也积累新知识留给后人。人类就这样通过知识的长河持续发展。所以人对知识的需求就像对衣食等物质的需求一样不可或缺。人在学生时期有一个专门的集中接受知识的阶段，以后直到老死以前还在不断地补充更新知识，这主要靠出版的新书、报、刊等来及时补充。特别是书籍，可以说是知识需求支持着整个书业。而在报刊功能中，传播知识也是很重要的一部分。

五是审美需求。爱美之心人皆有之。从原始人开始，人类就懂得对美的追求。随着社会的发展，怎样分清美丑、美的标准、美的层次、美的理论，已经形成了独立的体系和学科。它是精神生活中的一个必不可少的部分，是人生的需要。于是，人们就懂得创造艺术，文学、美术、音乐，还有许多具体的美，如语言、书法、服饰、建筑及大自然的美等等。几乎人类社会的每一个部分都会遇到美丑之分和高下雅俗之分。这种审美需求呼唤出版物一方面作为载体来提供审美对象，如文学作品、美术作品等，另一方面又作为工具来帮助指导人们提高审美能力。

六是思考需求。人们精神需求的最高层次是理性的思考。刺激是心理本能的满足，消遣是心理休息，信息是人捕捉到的事物的信号，知识已进入到认识的总结。只有思考才进入到理性，进入到规律和方法的把握，是人们对客观世界的更深刻的认识。这种需求促使人们去读理论学术书刊，去通过具体出版物中的形象、素材思考问题。出版物是读者思想跋涉的台阶。

这六种需求合起来构成人们的文化需求，是社会矛盾的一方，而文化产品的生产者——我们的出版社、杂志社、报社是矛盾的另一方。我们所做的一切工作都是为满足、引导、解决这种需求。这个矛盾解决得好，社会精神文明建设就发展，就繁荣。既然社会的主要矛盾是人民群众在物质和文化方面的需求与社会生产间的矛盾，那么如果我们把文化需求这一块解决好了，这个主要矛盾也就解决了一半（另一半是物质的生产与需求）。这是新闻出版工作者，我们这些从事精神产品生产的人最光荣的责任和任务。换言之，我们这个任务完成得好，社会主义精神文明建设就会大大推进到一个新水平。

三、出版物的文化含量与社会的精神文明水平

文化是社会物质财富和精神财富的总和，是将社会所创造的一切归总在一起满足上面所说的读者需求，供享用、保存、流传。所以出版物必须有最高的文化含量才能担当起文化使者的重任。

（一）要具体分析并重视出版物的文化含量

根据读者六个方面的精神需求，文化产品也有六个方面的内容。但这些东西不是并列的，它们有高低档次之分。社会上的出版物也不是量越多越好，我们要的是其中的文化含量。仔细分析，出版物的文化含量可以大致分为积极的、中性的和消极的三大块。

积极的这一部分包括四个方面的内容：信息、知识、思想、艺术。信息，是事物表层的最新动态，还不是知识，只是“毛知识”，它满足人们的即时需求，作用时间最短。知识，已经是信息的沉淀、熟化，深入到事物的本质和规律，是文化含义中最基本的、量最大的一块。社会财富的总和就是一切知识的总和。它直接满足人们的求知需求。思想，是知识的更深一个层次，不只解决知识问题（它本身也是一种知识），更重要的是解决认识世界、获取知识的方法，是认识论、方法论，是关于认识和方法的规律，是工具，是武器。有了思想，社会进

步才更扎实，少曲折。思想是理论，是读者的六个需求层次和出版物六种文化内容中最高的一层，它对其他层次起着指导作用。艺术是在信息、知识、思想之外相对独立的一个门类，就像饭菜之外又有酒一样，是生活的一种补充和升华。有了艺术这个世界才更美好，它满足人们的审美需求。信息、知识、思想、艺术，是人们在改造客观世界的过程中所获得的精神财富，是要传之后代，让后人作为阶梯继续攀登新高峰的。当然这里我们所指的信息、知识、思想、艺术都是正确的、健康的，如果是错误的那就另当别论。

文化含量中的中性成分，主要指消遣娱乐内容，以满足读者的休闲消遣和部分的刺激需求，如比赛、游戏、旅游、服饰、收藏、花鸟虫鱼，等等。

文化含量中的消极成分，是文化中的腐朽部分。它是社会发展过程中所产生的，也是精神产品总和的一部分，但已被证明是消极的，是不应该传播、积累，而应该被淘汰的。这部分内容实际上已经不是文化，是负文化或反文化。比如黄色出版物和大量的凶杀、作案内容的描写。它是用来满足人们的不良刺激需求的。

我们所说的文化含量，主要是出版物中的信息、知识、思想、审美内容。我们不但要反对出版物的错误、腐朽内容，还要克服出版物的平庸浅薄。虽然也可以有一部分消遣的，甚至刺激的内容，但不能把这作为主体。要引导出版物，并通过出版物引导读者穿过刺激层、消遣层而进入信息层、知识层，直到思想、审美层。

（二）要通过引导市场、培育市场宏观把握读者的需求结构与出版物的文化含量结构

既然读者需求与出版物生产是一对矛盾，我们就不可不再仔细分析一下矛盾双方的具体结构。读者有六种需求，但具体到每个人，每个层面的读者群，其侧重又有不同。比如青少年、学生主要是满足知识和思想道德修养方面的需求，专家学者多关注某一方面的学术知识、学术思想，各个行业的工作人员需要相关的行业信息，单身打工族对

消遣类刺激类读物读得多一些，等等。读者的文化素质有高低之分，所读书文化品位也有高低之分。与之相对应的是各种出版物的内容也有一个由低到高、文化含量不同的结构。我们把自己出版的书、报、刊定位定在什么层次、什么地方就很重要了。这是出版物层次、文化含量和它的市场定位。这种定位是天平的支点，是书海中的坐标，它的高低左右直接牵涉到整个出版物市场的文化含量，又间接影响到读者未来的素质。因此，在宏观结构的把握上，第一，我们要满足不同阶层读者的不同静态需求，即现有需求。让不同层次的读者都有书报刊可读，这也是出版业的繁荣。第二，努力把整个社会出版物的文化含量提高，使其由低层次到高层次过渡，满足并引导读者的动态需求。就是说通过市场引导，逐步提高读者的欣赏水平，改造读者的胃口，造就一代新人。50 年代我们一大批优秀作品曾成功地发挥过这样的作用。第三，要限制部分需求。比如，对学生，主要是供给他们知识性读物，而消遣类、刺激类要减少直至杜绝。对整个社会来说，我们的任务是满足群众的一般文化需求，即信息、知识、艺术、消遣方面的需求，引导读者进到高层的思想、审美需求，而杜绝黄色的、腐朽的文化。这就是具体的精神文明建设。

（三）要警惕出版物的负作用

我们的最终目的是教育人。所谓精神文明建设就是积累健康有益的文化成果，就是最终用这些文化成果来改造人，造就一代新人，对我们来说就是造就一代掌握了最新知识，勇于开拓、牺牲，去为四化奋斗的新人，即小平同志所说的有理想、有道德、有知识、有纪律的四有新人。这样出版物在精神文明建设中就有特殊重要的作用。但是我们不可不警惕精神产品有正作用，也有负作用，即其高文化含量可以教育人，其腐朽的文化含量也可以腐蚀人。所以在实行两个标准，即创造精品，最大限度地普及好作品的同时，还得有一个前提，就是要最大限度地打击、扫荡、取缔那些黄色的、反动的、宣扬迷信愚昧的和传播错误信息、错误知识的出版物。

出版物和读者既是一对供需矛盾，矛盾双方都有影响对方的因素。需求可以牵动市场供应，市场供应也可以培养需求方向。特别是出版物作为精神产品，对读者会有一种调节、引导作用。读者总会有低档次的刺激需求和猎奇需求，就如街上撞车、打架会有人围观一样，这是一种原始的本能。文化就是要把人从这种原始心理中解放出来，导向更高的追求。我们要净化出版物市场，造成一个良好的阅读环境，让读者在信息、知识、思考、审美等方面的需求尽量满足、随时满足，而对刺激内容的读物，则要最大限度地杜绝，以帮助读者逐渐形成一个高档次的需求习惯。这样通过对外靠市场阀门、调节供应，对内培养读者健康心理、抑恶扬善、增加高文化需求，我们出版物的文化含量和新人的素质就会越来越高，社会主义精神文明的程度也就越来越高。

四、出版物精品的三个标志和出版工作者首要的选择

出版工作者要为社会提供精品，提供高文化含量的读物，这是因为我们的任务是建设和促进全社会的精神文明。这是我国社会主义出版业和西方出版业的根本不同。后者也出版一些高文化含量的读物(如科技、学术类等)，但也出版许多文化垃圾，甚至大量向国外市场倾销文化垃圾，目的就是为了赚钱。我们的目的是为了培养新人，是为了提高全社会的文明水平，所以要把目标定在出精品上。杜甫讲“语不惊人死不休”，我们该敢于发一个宏愿，“书不惊人死不休”或者“不创精品不罢休”。要着眼创造，着眼育人，着眼建设。每出一本书、一期杂志，就像铺一层台阶，能把读者引领到一个新高度。

我们所说的出版物精品有三个方面的标志，或曰三个构成条件。一是它凝聚和浓缩了当代最新的文化成果，有高文化含量。二是它有创新。它一出现就代表着某一领域、某一方面的一个新高度、新标准，为人所承认，所追随。三是这个精品能够普及，能逐渐为广大读者所接受，并因此提高本领域的文化水准，乃至提高全社会的文明水平，最后被载入史册。我国古典文学中的唐诗宋词和四部古典小说都符合

这个条件。它们浓缩了当时的文化成就，创造出最新的艺术，后来又一代代被普及流传，转化为民族文化中的一个基本组成部分。五六十年代，以《红岩》为代表的一批革命现实主义作品也都达到了这个标准。在科学领域，许多新学说、新著作在刚发表时很少有人懂，但最终为全人类所接受，并普及为人人承认的科学知识。

精品，总是以它独有的概括性、创造性登上历史舞台，引领读者，为最大多数的读者所接受，最后成为一个文化坐标，在历史上占一席之地，这就是作品的不朽。创作出这样作品的人、编辑出版了这样作品的人也将不朽。因为他们对国家、民族的文明乃至世界文明作出了贡献。

这是每一个中国出版工作者应有的追求。

（1998 年 8 月 1 日）

新闻与文化

谈到新闻与文化的关系，先说说什么是新闻。关于新闻，学者给出的定义很多，但核心都离不开“新近发生的事情”，新闻的本质是信息。我主张的新闻定义是：“受众所关心的新近发生的事实的信息传播。”这里面有受众、时效、事实、信息和传播五个要素。信息怎样传播，近几十年大学里已经有了一个专门的课程——传播学。在国外，20 世纪 40 年代出现信息论，70 年代出现传播学，后逐渐引入中国。在没有信息论与传播学之前，中国课堂里的新闻学是连内容带形式一齐讲，而且更重内容，像一门政治宣传学。新闻的内容是什么？是各种信息，各种文化的信息。这就要说到什么是文化。

文化的定义是：一切社会财富的总和，但一般特指精神财富。既然是总和，它就能概括一个时代、地区，代表一个高度。如汉代文化、中国文化、美国文化、农耕文化等。但这还不具体，我们还可以从内容和形态的角度细分为六种，即信息、知识、思想、道德、审美和制度文化。信息是文化的第一层。风起于青萍之末，无论文化的何种内容总是先从信息开始显露、传播，然后才沉淀为知识，提炼为思想，升华为审美，规范为道德，最后固定在法律制度的框架内，如校规、军纪、国法等，一个国家最大的框架就是宪法。可以看出，在文化这个大系里，新闻只负责信息这一小块（正如图书主要负责知识、思想这一块），只占六分之一，而且是最初始的表面的皮毛的文化。信息还不是知识、思想，是“毛知识”“毛思想”。但是，百丈之木发于毫末，没有信息的披露、传播，就没有后来知识、思想等各阶段文化的积累、形成。从这个意义上说，信息又是文化的胚芽、花粉、种子。而新闻则是它们的载体，是吹撒花粉的春风，是育苗的土壤。它是一个举重若轻、以轻带重的行业。

像其他事物都有先进落后之分一样，文化也有先进落后之分。这是比较而言的。在同一种文化形态中更适应生产力的发展，适应人的生存，适应历史进步的文化就是先进文化。比如，在制度文化中民主比专制先进，经济管理中股份制比单纯雇佣制先进；道德文化中人与人的平等比封建等级、依附关系先进；知识文化中新知识更是不断地淘汰旧知识。先进文化的形成有四个条件，或曰四个步骤：一是要充分地积累；二是要批判、扬弃旧的东西；三是要创新；四是要普及推广，去为实践所检验。可以看出在这四个步骤中，文化每前进一步，都离不开新闻传播的推动（见下图）。远的不说，1978 年中国改革开放之初，为打破过去僵化的政治、经济体制和陈旧的思想观念，报纸上关于真理标准的大讨论、无数激动人心的改革事例的报道，大大促进了这一时期新文化的诞生。中国社会在知识、思想、道德、审美、制度各个层面都焕然一新。因为信息的本质是推陈出新，新闻总是传播新事物，摧枯拉朽，是新文化、新时代的接生婆。

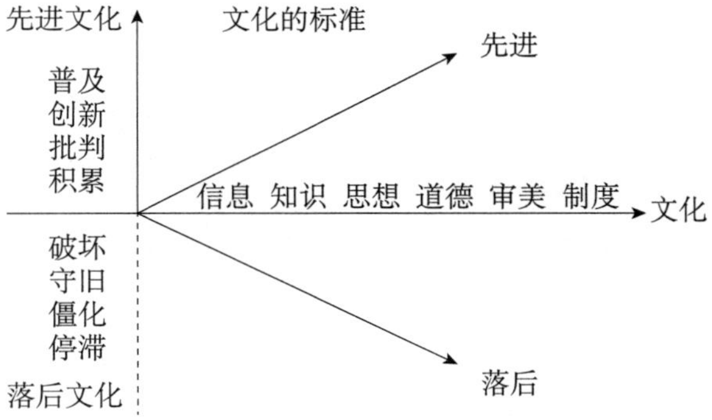

文化发展示意图

过去社会上曾有一种说法，新闻无学，新闻浮浅，是狗熊掰棒子。这是一种偏见、一种误解，没有看到新闻的文化潜力，没有看到它于无声处的存在，润物无声的功力和以轻举重、四两拨千斤的作用，没有看到新闻信息暗中推动文化进步的作用。新闻学和信息论都是到了近现代，文化发展到一定阶段才出现的。一般认为，世界上第一张报纸是 1615 年德国人办的《法兰克福新闻》，中国人办的第一张报是 1873 年的《昭文新报》。中国的新闻学出现于五四新文化运动时期，

1919年徐宝璜在北京大学开讲《新闻学》。可以看出，新闻是文化大潮的弄潮儿。潘阆的词《酒泉子》："弄潮儿向涛头立，手把红旗旗不湿。"与身后的滚滚大潮相比，一面小红旗不算什么，但它却立于潮头在引领大潮，是方向，是坐标。我在当记者时曾写过一篇采访体会《在春风中寻找破土的新芽》，谈到新闻记者永远是新信息的发现者、鼓动者。这就是新闻与文化的关系，信息文化与整体文化的关系。

信息经新闻传播后，就立即发酵、生长，它可以悄无声息地推动其他五种文化形态中的任何一种。比如当年发了一条好战士雷锋的消息，推动了社会道德文化的变化；发了一条学习焦裕禄的消息，推动了政治思想文化的进步。新闻信息是一只看不见的手，是一种冥冥中的力、信息文化力。所以随着社会的进步，在实际操作中信息文化又从第一层上升到第六层，从最低层的原始文化形态上升到最高层的制度文化形态。各先进国家都懂得用硬制度来保护软信息，专门制定有保护信息（新闻）传播的法律。1766年瑞典制定《出版自由法》，1966年美国制定《信息自由法》，2010年中国公布《中华人民共和国政府信息公开条例》。在文化大家庭中新闻传播既是一种信息层面的无形流动，又是一种制度层面的有形约束。这流动和约束，即新闻传播和用制度来保证新闻的传播，都是社会文化的需要，是为了形成和保护文化进步的良性生态。

研究新闻与文化的关系，除了研究社会大文化的结构，还离不开新闻人的小文化结构。在文化的六个形态中，信息是最浮浅、最短暂、最易变易逝的。因此新闻人不可能如学者、专家、政治家、艺术家那样业务专深。但是，为了能把握、识别、传播信息于一瞬，他又必须有非凡的鉴别、决断能力与表达力。这就要说到新闻人的文化修养。他虽从事文化形态中的六分之一的工作，却要以其余的六分之五为基础。他虽从事表面信息的采集、传播，"风起于青萍之末"，但自己不是随风吹的浮萍。他有深深扎在文化土壤中的根。一般来讲要有一条主根，比如你是时政记者，你就要通晓政治知识，你是金融记者，你就要通晓金融知识。还得有许多毛根、须根，如文学、历史、哲学、美学、社会学等等，用各方面的知识来濡养自己。弄潮儿在潮头能“手把红旗旗不湿”，功夫不在手上，而在脚下对大潮的把握。他虽然报道的是“春风中破土的新芽”，但他深知冬去春来的规律。他站在田垄上望着天安门，甚至望着全世界。他是一个全科医生，手中一管墨，胸中墨一桶。纸上十分钟，纸下十年功。而许多新闻人长期实践的结果，自己也真的变成了学有所长的专家或可驾驭全局的帅才。一个好的新闻人最后必定是一个文化人。

新闻人是时代和社会的弄潮儿，他手中的那面红旗虽然不重，很容易举起，但是要练就立在潮头、“手把红旗旗不湿”的功夫，却不是一蹴而就的。这是新闻人与文化的关系。

（《新闻与写作》2015 年第 11 期）

第四章

新闻与文学

在新闻与其他学科的关系中，恐怕新闻与文学的关系是最密切的了。所以在记者的修养基础中，文学修养占有特别重要的位置。但是，正是这种关系的密切，常使两者间的一些概念混淆。为了使新闻既能保有自己的个性，又能借鉴文学的长处，讨论记者的文学修养应先辨析一下新闻与文学的区别，然后再研究新闻怎样向文学借鉴。

新闻与文学的区别

一、本质不同

新闻的本质是信息，文学的本质是艺术。

信息是客观事物特征的外露信号。人们在认识世界的过程中并不能把某一具体事物拿在手里翻来覆去地看，而是通过它的特征，即它发出的信息来分析、对比，进行理解、认识。比如要认识这一地方的气候，就要捕捉此地关于温度、湿度、风速等的信息，认识一个企业，就要了解它的产值、利润、人员等信息。信息是人与自然、人与人在认识过程中的一种交流。新闻就是信息的传播。人们进行经济的、政治的、文化的等各种活动，新闻就传播经济的、政治的，文化的等各种信息。人们离开信息就无法处理人与自然及人与人之间的关系，社会越发展，信息的这种纽带作用就越明显。新闻是极活跃的因素，与人们的生活贴得很近，渗在我们的一举一动中。它必须是最准确的、最新的又最符合发展趋势的。现实生活中不可能没有一点新闻，哪怕范围很小，传播方式很原始。因为如果生活中没有一点新信息产生和传播，这种生活也就归于解体和死亡。生活中如果传播的新闻很少，输入的新信息很少，这种生活就是落后的、死寂的、原地踏步的，如桃花源中武陵人那样，几百年不变的生活。信息是保证人类社会生活充满活力的氧气，新闻就是为社会供应氧气的。

艺术是人们对客观事物产生的美感，是对客观世界一种美的理解。艺术和信息是相伴共生的，有生产活动就有客观的信息和主观的美感。

甚至悲剧也有美感，尽管艰苦的劳动中有流血、流汗和流泪的辛酸痛苦，但总不能完全杜绝人们因劳动、斗争而对生活产生的一些美感。原始人打猎时就懂得在岩石上画一些狩猎示意图，以后有了文字也就有了文学艺术。文学艺术并不像新闻信息那样直接担负事物特征、内容的传播交流，它是通过形象的艺术手法间接反映事物的面貌和本质，同时也带有作者强烈的主观印记。现实生活中不可能没有一点艺术，哪怕最原始、最简单，艺术也会存在。这是人的本性。但是由于各种原因，如压迫深重、文化落后时，艺术的发展就受到制约，这时就如草原上没有花，山谷间没有流水，是一种沉闷的、枯燥的生活。艺术是社会中的人创造的（它不像信息那样是客观产生的），而社会是复杂的，社会上的人又分成不同阶级、阶层，对社会的反映和希望也各不相同。文学是人们不同艺术观的载体，是观念的、意识形态的东西，所以文学属于上层建筑。

新闻和文学最简单的区别是：新闻是真的，文学是假的。但是我们又常听到人们批评一些低劣的文学作品太假，可见人们对文学也追求真实。那么，新闻的真实与文学的真实有什么区别？

新闻的真实是事实的真实，是具体的、现象的真实。新闻传播的信息是事物运动的过程和状态，是记者目之所及、耳之所闻的客观情况。记者是通过客观信息的叠加传播让读者自己去判断事物的。新闻强调客观性，尽管有时现象和本质不一致，但这不要紧，记者会通过连续报道来修正。在 1988 年汉城奥运会上约翰逊先得了一块短跑金牌，记者将这条新闻抢先报道；过些日子发现约翰逊服用了违禁药物，这纪录无效，记者又将这条消息抢发出来。约翰逊的纪录是假的，但记者的第一条新闻并不是假的，奥运会上确实发生过他夺金牌的事。新闻只管客观事实，事实有了变化就再发新闻，发出一条条连续的叠加的信息，摆出众多的现象让读者自己去判断事物的本质。不管事情的本质是否真实，新闻提供的当时情况是真实的，经得起推敲。不管约翰逊的纪录是否有效，当天比赛时他都确实跑了第一，大会也给他发了奖，这就够了。因为每一条消息只能报道一件具体的事，它只要求当时的真实。

文学的真实是艺术的真实，是本质的、抽象的真实。文学作品是要通过形象、语言告诉读者一种思想和知识（政治的、社会的、美学的），提高人的修养水平和审美能力。作家表达的思想和知识在本质上是真实的，是符合社会发展和美学规律的。这个目的不可能靠叙写生活中一件具体的事、传达一条客观的信息就能达到，必须人为地将生活集中化，要构思，要创造，要编故事，塑造一个假人物。这故事和人物恰好集中体现了主题，这就是典型性。文学作品中甚至还有那些明知是假的体裁，如神话、童话、寓言、荒诞、幻想等，但它们往往更强烈地反映了生活的真实。如《西游记》通过一只猴子来反映善与恶的斗争，著名作家杰克·伦敦则通过他笔下的狗和狼反映现实的残酷。

新闻讲客观，文学讲塑造，因为是理想的典型，生活中就很难找到完全对应的。但是这些假的人物、故事却最好地表达了生活的真实、本质的真实。我们不必管梁山好汉是 108 人还是 109 人，也不必管首领是宋江还是李江，《水浒传》这部书都反映了封建社会官逼民反的真实。贾岛说“僧推月下门”，韩愈说“僧敲月下门”，我们没必要问和尚姓甚名谁，在何山出家（新闻要素），只是“推敲”一下，假如生活中有人半夜归来，实际情况该是推还是敲。这是寻求生活的真实。和新闻作品相反，文学作品只要本质的真实、生活的真实，而它提供的人物、故事大多数情况下都是假的，不能苛求具体的真实，也不必对号入座。

为什么要辨析这两种真实观？在记者方面要防止“笔下生花”，自觉不自觉地弄假；在读者方面也要注意不可将新闻按文学来读，也不可将文学当新闻来读。

新闻的魅力在于事实的真实，铁板钉钉，言之凿凿；文学的魅力在于对生活的真实艺术构思，在于感情起伏。既吃了新闻这碗饭，就要努力练一手抢真新闻、大新闻的硬功夫。可惜有的记者吃不下这个苦，不到现实中抢素材、抢镜头，而是在纸上偷换情节，编造对话，特别是替人物设计心理活动，就是所谓的“合理想象”，假借文学的手法为稿子增光。这种“偷梁换柱”违背了新闻的真实。读者将其当作新闻读时很觉有趣，当发现有假时（这稿子里最基本的新闻魅力——真实没有了），就大呼上当。新闻界弄虚作假的稿子时有发生，总不见绝，就是在这两个真实性上出了问题。重者用文学构思大偷大换，轻者用文学笔法小偷小换。一些初入门或者还未入门的记者、通讯员最易犯这毛病。因为这种偷换常常更符合生活的真实（更典型、更集中），不知情的人是看不出的。但内行人、知情者、当事人会立即提出质问。**对新闻来说，艺术的真实增加十分也不能使稿件生辉，事实的虚假有一分就足可使全稿报废。**

另外对一些新闻作品，特别是报告文学作品，常常会在读者中引起两种截然不同的意见。有人说很好，在社会上很轰动；有人说是假的，在当地引起了副作用。外地的读者是只就作品的感觉论真假，当地人是参照事实论真假。其实前者是以艺术标准、本质真实的标准来衡量的，后者是以新闻标准、具体事情的真实来衡量的，自然得出两个结果。这时我们先要问问作者，你是在写新闻还是写文学，然后再打官司。

二、功能不同

新闻与文学的功能可以这样简单区分：新闻是让人获知，文学是让人审美。新闻如饭，供人充饥解饿，满足起码的要求；文学如酒，供人品尝回味，解决更高档次的要求。新闻的实用性强，文学的审美性强。

新闻的服务对象主要是现实的物质生活，着眼于人的外部世界。人们每天一起床，就如同吃饭一样，急需各自关心的信息。企业家一拿到报，先看市场行情、投资动向，好决定产品结构、市场投放。如果是一个正在找工作、求学的人，拿到报先看有无招聘、招生的广告，因为这些信息都是十分具体的，能直接解决他的现实需要。我们平常写一条消息就是要告诉读者一件他还不知道的事，解决他心中的疑问。

比如世界杯足球赛正在举行，人人关心比赛结果，比赛一结束记者就以最快的速度抢发新闻，以解悬念。所以新闻的主要功能从现时来说是传播信息，从历史的角度说是记录史实，今天的新闻就是明天的历史。

文学的服务对象主要是理想中的精神生活，着眼于人的内心世界。人们在物质生活方面得到起码的满足后，自然要追求艺术的、精神上的享受，文学就是满足这种享受的手段之一。人们通过文学作品反映生活，这种作品中的生活一定注入了人们（作者和读者）的理想和追求，注入了人们的艺术追求、美的探寻。这种东西是不可能通过物质生活全部满足的，它是物质生活达到一定水平后的需求，是锦上添花。没有它，不影响人们起码的生活劳作；有了它，却加强了人们对生活的理解和追求。

唯物主义告诉我们，物质第一，精神第二。新闻是雪中送炭，文学是锦上添花。我们写一条新闻，一定是报道还没有报道过的、读者未知的事。读者绝不看旧闻，新闻不会二次写作、二次发表，因为读者“知”的问题一次就可解决，二次就是多余。一个文学题材却可以反复创作，永写不尽，读者也百看不厌。同一历史事件、历史人物常被写成不同体裁，如小说、戏剧、电影。就是同一座山，比如泰山，李白写“天门一长啸”，杜甫写“齐鲁青未了”，姚鼐写“迷雾冰滑、居雾若带”，后人还可以不断地写下去，不同的作者总能在这里挖掘出不同的美感，对读者来说也会看了这篇还要看那篇，就是同一篇也会反复地看，一代代地传。这就是为什么文学名著可以不朽，而新闻作品总是易碎的缘故。

一篇文学作品如果要确实发挥它的功能，一方面要能给读者新的思想启发，如范仲淹的《岳阳楼记》提出“先天下之忧而忧，后天下之乐而乐”；另一方面在艺术上要给读者美的享受，如苏轼《赤壁赋》所创造的“飘飘乎如遗世独立”的美的意境。总之它要能启迪思想，陶冶人性，给人美感，才能为读者接受并保存下来。新闻追求的是现时效应、爆炸效果，把信息尽快传出去；文学追求的是永恒效应、艺术效果，攀登艺术的高峰。一篇新闻作品如果当时有轰动效果，以后又流传下来（这种情况很少），那主要得力于事件本身，作者不过是抢得及时；一篇文学作品如果当时就很轰动，以后又流传下来（这种情况较多），那主要靠作品的艺术性，得力于作者的创造性劳动。新闻和文学就在这样的范围内各自发挥着自己的功能。

所以，辨析两者的功能是要让记者懂得自己的主攻方向。记者的基本工作方式是“采集式”，而不是“种植式”，像在山里采药材、采蘑菇或在海里捕鱼一样，必须勤采勤捕才会有收获。虽然偶然会采得一株人参、捕得一条大鱼，但大量的产品是靠平时积少成多。就是说靠不断采写信息，通过连续的经常的报道构成自己的工作内容，用连续叠加的方式向读者提供信息。他不可能像作家那样十年著一书，一鸣惊人。记者首先要多采多写，在多的基础上再求大求好。特别是新手，要防止志大才疏、贪大求长的倾向。

三、表现对象和内容不同

新闻主要表现事情，文学主要表现人物，新闻是“事学”，文学是“人学”。

过去对新闻学有一个定义：新近发生的事情的报道。这个定义一直使用了很长时间，直到信息论出现，人们对信息本质的认识和新闻与信息的关系的认识加深后，对新闻的内涵又有许多补充。这个定义有它准确的一面，而且浅显明白。不说新闻事业、新闻学这种大概念，只具体说我们写新闻，即写消息，这个定义是对的。一条新闻是一条信息，总是报道新发生的一件什么事。信息是动态的，是运动过程的表现，所以它含有时间、地点、人物、过程、结果，就是我们常说的新闻要素。比如我们报道一场战争，最主要的信息是战争过程和双方的胜负，其间将军和士兵的生活、心理活动，只能作为花絮，不是主要新闻。当然事件一定是人干出来的，报道事件离不开人，有的人也常出一些新鲜事，有必要作为信息传播给读者，这就是我们常说的新闻人物。但这人物一定因其所做的事而存在，决不单是因其思想、感情的丰富而值得见报。没有听说哪个地方有一个人如李逵式的火爆，如林黛玉式的多愁，因此专写一条消息去报道。

新闻描写的对象以事为主，要求把读者最关心的事交代清楚。新闻也写人，但那是事件中的人，人随事出。如果这件事毫无新闻价值，人也就构不成新闻人物。这点集中表现在消息（我们习惯上常称之为新闻）写作上，通讯表现人物比消息多一些，报告文学就更多一些。这两种新闻体裁的文学性比消息也就多一些。特别是报告文学，简直是“两栖类”了。

文学很明显，它一起笔就着眼于人。它的主要任务不是告诉你一件新鲜事，而是塑造一个有个性的人，是写出一种性格、感情。新闻将事件交代得越清楚越好，文学则将人物塑造得个性越鲜明越好，感情越淋漓尽致越好。肖霍洛夫《静静的顿河》写了苏联十月革命前后的事，但他着力刻画了这个事件中的典型人物，写葛利高利政治上在红军与白军之间的反复，生活上与情敌的矛盾冲突、家庭的变故；写女主人翁与三个男人之间，特别是在葛利高利和叶甫盖尼之间的反复，写她爱情的不幸、失子之痛。安排这许多典型情节、曲折故事，就像抓来一把青菜反复揉，把主人翁内心感情的汁水、酸甜苦辣一齐挤了出来，这就是文学。尽管后来苏联也已经解体，那个时代发生的事已蒙上历史的灰尘，但作者通过这故事塑造的人物却永远存在下来。

文学也写事件，而且离不开事件。但是借事写人。事件的安排、故事的编织都围绕人物的塑造。新闻最终吸引读者的是告诉他他还不知道的新鲜事，文学最终吸引读者的是那些个性鲜明、感情丰富的人物。在文学体裁中报告文学刚从新闻中脱胎出来，保留的记事的成分最多。散文虽也记事，但抒情和描写的成分已经增多（新闻中极少抒情）。到小说就完全甩开真实的事件素材，围绕人物编故事了。**消息—通讯—报告文学—散文—小说，从这几种文体也可看出从新闻的一端走向文学的一端的过程。在这个过程中事实、事件性渐次淡化，而人物的作用渐次提高。就如一颗小球落地，势能渐弱，动能渐强**（见下图）。

虽然新闻和文学作品中常离不开人，但也有区别：新闻写人的客

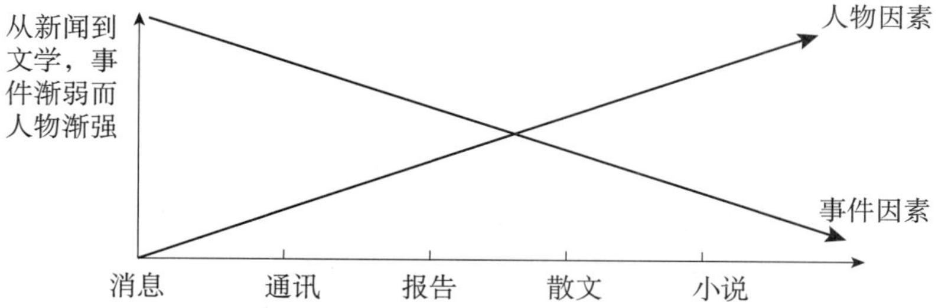

各种新闻文学体裁中事与人因素之消长对比

观存在，笔触客观地扫描他的所作所为；文学写人的内心世界，笔锋伸向灵魂深处，探寻他的思想和情感。

辨析新闻与文学的表现对象和内容的不同，是为了防止新闻写作中“重人轻事”“重通讯轻消息”的倾向。从写作角度说，“人”这个万物之灵，有血有肉有情，易于表现，易于感人。写事情总是相对枯燥一些。记者不要错位，要安于写消息。消息是各种新闻体裁中的主体。这个基本功不过，犹如练刀的人不在刀法上下功夫，总想学着舞出点剑花来哗众取宠。

四、风格与手法不同

既然新闻与文学在本质、功能上有别，它们的表现手法也就不同。

在总体风格上，新闻是反映实事、传播信息，所以追求一个“实”字，写实事、实人、实情，文风务求平实公正，作者基本是以旁观的身份（虽然他一定有自己的立场）让事实说话，而少个人感情色彩。文学再现生活，追求一个“奇”字。编写奇事、奇人、奇情，文如看山不喜平，作者怀着强烈的感情说话，力图感染读者、影响读者。

我们平常使用的文字表达手段大致可分两类。第一类是客观的记叙、表述，目的是说清事物，如法令、教科书、新闻文字等，主要是要求语法正确，逻辑合理。文章不能有太多的花样，否则反而会干扰内容的表达，影响读者心理。第二类是艺术的表达。这时只使用最基本的语法、逻辑手段就不够了，就要讲究修辞。这就是文学。陈望道先生在中国第一部修辞学研究专著《修辞学发凡》里将修辞现象分为两大类：一类是消极修辞，以让人“明白、理解”为目的；另一类是积极修辞，以让人“感受”为目的。前者只求明确、通顺；后者追求艺术效果，充分挖掘语言的艺术魅力。陈先生共举出 38 种积极修辞格。这些都是锦上添花的小技巧，绝大部分用于文学，而在新闻写作中使用较少。**就是说，在总体风格上新闻属消极的、保守的、刻板的文体，文学属积极的、活跃的、自由的文体。**一条消息如果事不惊人、不新鲜，读者会立即扔到一边。一篇文学作品如果内容平平，但语言极美，仍有让人阅读甚至流传后世的价值。新闻除了内容，还是内容；文学除了内容，还有形式。唐代诗人王勃的《滕王阁序》应该说已没有太大的思想价值，但它有“落霞与孤鹜齐飞，秋水共长天一色”这样的妙句，还是流传到今。这种形式甚至有很大的独立性，表现为一种文字技巧和游戏。如北京一家菜馆名“天然居”，门口的对联是“客上天然居，居然天上客”，倒装，诙谐。这在新闻里是没有的。文学甚至可以将这种形式美发展到一种文字游戏，别有情趣而不害本意。这方面的代表可以举出湖南桃花源景区的一块古诗碑，因极典型兹录存如下：

桃花源遇仙桥诗

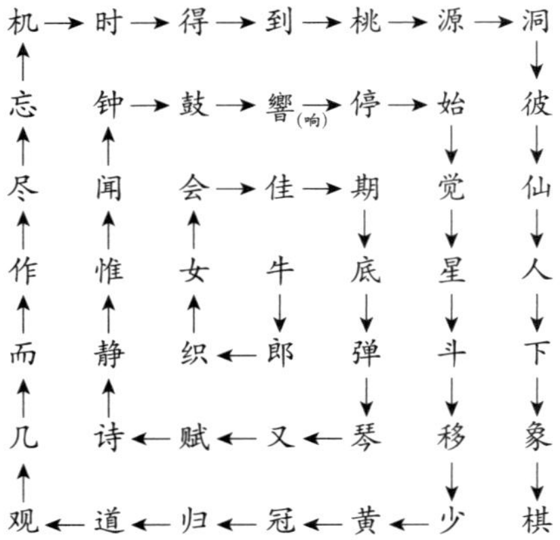

这是一首七言八句的螺旋半顶针诗。从最中心的“牛”字看起，按顺时针方向读，取句末的半个字作下一句的第一个字，可谓费尽心

机。于是便可读出这样一首诗：

牛郎织女会佳期，月底弹琴又赋诗。
寺静惟闻钟鼓響（响），音停始觉星斗移。
多少黄冠归道观，见几而作尽忘机。
几时得到桃源洞，同彼仙人下象棋。

但作为文字游戏，这首诗还不够完美，最后一个字“棋”没有回到首字“牛”上来。循这个规则我曾试补一首：“因曾数读《桃花源》，原知诗人梦秦汉。又来桃源寻旧梦，夕阳压山郁如烟。”末字又回到了首字。这就是文学的形式美。

新闻的文字说清内容便快快隐退，文学的文字说清内容的同时还常可自我表现一番。新闻是农民手里的锄头和战士手中的枪，强烈的实用性使它的长短、造型严格以便于锄草、便于射击为准，不得因感观需要而增减；文学是男人们嘴上的烟斗和女人梳妆台上的镜子，实用以外的观赏价值还可使其造型依个人的审美情趣而变。新闻是一座大宾馆地下室里的管道工，只要力气和技术而不必管其长相；文学是这宾馆门前的迎宾小姐，除了服务知识，还需美貌和笑容。它们两者都统称文章，风格却迥然不同。曾有一种观点，提倡新闻写作散文化，其实这是违背规律而行不通的。

新闻与文学在具体表现方法上的不同可以用这样两句话来概括：在构思方法上，新闻是客观冷静的选择；文学是主观热烈的构想；在写作方法上，新闻是准确平静的叙述，文学是夸张极端的描写。这也是前面谈到的新闻、文学各自不同的本质属性所决定的。

构思是作者进入写作状态的前奏，是写作过程开始前的准备。这时记者与作家就开始分道扬镳了。

一个建筑师在设计大楼时，首先总要想到用什么材料。材料的性能决定着楼房的结构，竹木茅草只能搭农家小屋，钢筋水泥才能盖高楼大厦。记者和作家构思作品时，自然也连带着对材料的选择并因此决定了他们的总体风格。

无论是新闻作品还是文学作品，都是给读者看的。因此他们的构思都是以读者的接受为出发点的，就像经济生活中市场引导企业一样。不过**报纸的读者要看准确的、新鲜的、真实的信息，文学的读者要看足以激人情怀的故事和文字。两种不同的引导使记者与作家有两种不同的构思方式。记者只能以读者的需要为圆心，以信息的真实、新鲜和客观形势等条件为半径，在一个有限的圆圈里作冷静的选择。**比如战争消息，你既要能抓到真实的最新情况，同时还要受政府和军方的制约，看看这些消息能不能发表，何时发表为好（也就是记者要讲社会责任）。新闻材料严格从实际出发，写读双方是在信息可靠的前提下，建立起一种信任关系。记者要十分小心，勿因一点失真而破坏了这种信任。

作家则不同，记者有构思局限，作家没有，他想象的空间很大，甚至无限大。**作家是以读者的需要为圆心的，基本不受什么制约，特别不受材料真实性的制约，而以作者的想象为半径，划一个半径无限长的圆圈**（见下图）任凭作者移山填海，移花接木，做海阔天空的设计，只要读者爱看就行。"说书的是疯子，听书的是傻子"，写读双方在追求艺术享受上达成周瑜打黄盖式的默契。作家尽可用他丰富的想象和近乎发狂的热情去激发读者的想象和情感（事实上作家、艺术家真有许多精神上有稍许"变态"的狂人，如李白、徐渭、陀思妥耶夫斯基、梵高等），编出许多生活中根本没有的故事。如写战争有《战争与和平》《林海雪原》式的写实，也有《封神演义》式的幻想；写爱情有《西厢记》《罗密欧与朱丽叶》式的写实，也有《聊斋志异》式的离奇。只要艺术上是真实的，荒诞的故事读者仍能接受。作家总是更浪漫一些，相对记者而言，社会责任感也就淡一些。

新闻与文学的这种不同，很类似于摄影与绘画的区别。比如，要照一张美人照，摄影师可以背上相机到处选择能上相的美人，实在选不到合适的，也只好有谁是谁了。作家则不同，他可以坐在家里，把所有的美人照综合起来，还可以把古代的西施、昭君、贵妃都综合起

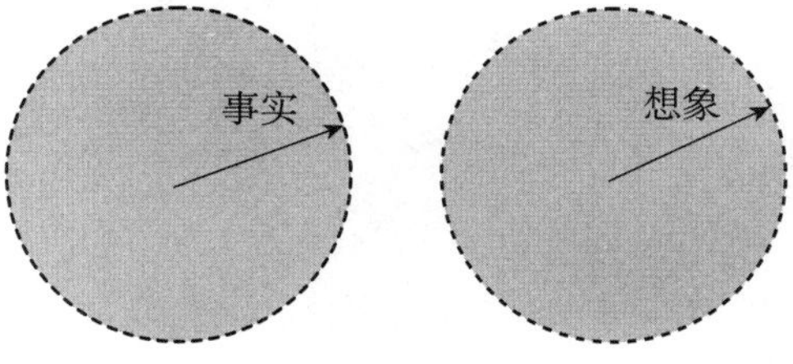

新闻以事实为半径，文学以作者想象为半径

来，合为一人。摄影师的最大主动权是对象的选择和条件（角度、光线）的利用，画家的主动权则是表现对象的再造。记者与作家也是这样，在总体写作的构思和风格方面，记者是被动式的，作家是主动式的。记者的功夫主要在采，作家的功夫主要在写。

完成总体选材、构思，进入具体写作后，在表现方法上，新闻是准确的、平静的叙述，文学是夸张的、极端的描写。

准确是指传递客观的信息，平静是指记者主观所持的公正的态度。整个消息要求无论从内容上还是从作者的态度上都平平静静，自自然然，说到为止，说清为止。新闻里也有感情色彩，但一定是冷静客观地指出事物本身带感情的地方给你看。记者写稿时绝不肯感叹唏嘘，欢呼雀跃。他永远表现出被动式的转述。文学则不同，因为它的目的就不止于说清事情，而还要激人感情，所以它总用一种夸张的手法，将客观事物膨胀放大，以引人注意。极而言之，做极端的描写，以强化对读者的印象和刺激。当描写一个人的心理时就如现代医学使用 X 光、超声波一样，做着仔细的扫描，搜索人物内心世界的每一个缝隙，进行夸张描写。钱钟书的《围城》这样来写方鸿渐的失恋：

> 每出门，心里总偷偷希望，在路上，在车子里，在电影院门口，会意外碰到唐小姐。碰见了怎样呢？有时理想中的自己冷淡、骄傲，对她视若无睹，使她受不了。有时理想中的自己是微笑地镇静，挑衅地多礼，对她客气招呼，她倒窘得不知所措。有时他的想象力愈雄厚了，跟一个比唐小姐更美的女人勾手同行，忽与尚无男

友的唐小姐劈面相逢；可是只要唐小姐有伤心绝望的表示，自己立刻甩了那女人来和她言归于好。理想里的唐小姐时而骂自己“残忍”，时而抑制感情，别转了脸，不让睑毛上的眼泪给自己看见。

如果写景时，就掺进主观的感情做变形的描写，这时自然不要客观的平静，反要激发一种狂热才好。李白说“燕山雪花大如席”就是这个意思。实际上雪花怎么能有席子大？

新闻用语要求准确，不能有歧义，也不能多余。有这样一个故事，有人在野外散步，见一张网捕鸟者，便问：“这网怎样捕鸟？”答：“鸟飞过来撞在一个网眼里，再也飞不出去。”那人说：“既然一个眼就能把鸟网住，其余网眼岂不多余？”这当然是笑话。没有其余网眼的辅助，就不会有这只网眼的实效。文学就好比用网捕鸟，大量语言的铺陈，描写力求淋漓尽致。新闻好比用枪打鸟，一弹一只，准确而节约。汉代枚乘的《七发》是很有名的一篇赋，其中一段写到乐师演奏了一首很悲伤的乐曲。如果是新闻语言就只需一句话：“乐师某某奏了一首很悲伤的曲子。”但赋却不这样简单，枚乘先说山上有一株高大的桐树，经年累月风雨摧残它，激流冲击它，孤鸟在上面做窝，迷途羔羊在旁栖身，悲切之情郁结于树。一天把这树砍下来制成琴，再用孤儿的衣钩做琴饰，寡母的耳环做琴徽。这时再请乐师来用这张琴弹一首极悲的曲子，飞鸟听了敛翅不飞，野兽听了垂耳不行，连蚂蚁听了也把嘴支在地上不再爬动。你看作者为了表现主题，从制琴用的树开始到曲终之后的效果，做了多大的铺垫，张开了一张多大的网。这在新闻中便是多余。

作家无限丰富的想象和感情加上读者对艺术欣赏的无限追求，决定了文学的表现方法是极端的、夸张的、主动的、无限制的描写。记者对事物客观公正的态度，加上读者对信息准确快捷的要求，决定了新闻的表现方法是客观的、平静的、准确的叙述。虽然在这种客观平静之中，记者还可以拿出许多解数，包括向文学借鉴其他方法，但在写作手段上与文学仍有一个大致的分野。

辨析表现风格和手法的不同，是为了让记者在写作时能有一个正确的态度，即不但不能虚构事实，就是用词造句，乃至整个文风也要平实质朴。

这么说来新闻就没有长于文学的表现手段和独特的审美的价值了吗？有。新闻工作者不必悲哀。这手段就是写实和实写。**文学的美是文饰之美，新闻的美是自然之美；文学如活泼多情的女子，新闻如沉着坚定的男子；文学是舞台上的演员，涂着薄薄的脂粉，飘着艳丽的裙裾，顾盼生辉，婀娜多姿；新闻是健美比赛中的运动员，甩脱多余的衣饰，亮出天然的体格肌肤，浑身是力的奔突、青春的魅力；文学追求浓烈的艺术的美，新闻追求宁静的力量的美。郑板桥句："删繁就简三秋树，标新立异二月花。"干净、利落、醒目，这就是新闻（见下表）。**

新闻与文学的 12 个不同

		新闻	文学
1	本质	信息	艺术
2	功能	传播信息	提供审美
3	对象	以事带人	以人领事
4	视点	面对社会	面对个人
5	构思	真实	虚构
6	过程	重采访	重写作
7	形式	淡化形式	强化形式
8	作者	无我、客观，不带感情色彩	有我，作者的影子、心声
9	风格	重直白	重修饰
10	修辞	消极修辞	积极修辞
11	结构	力求简明	力求变化
12	审美	质朴简洁	绚丽多彩

新闻向文学的借鉴

上篇文章谈到新闻与文学在本质、功能、表现对象和表现方法方面的不同，辨析了这两种行当的根本区别。这篇文章谈谈新闻与文学的联系，及新闻作品怎样向文学作品借鉴，即新闻记者应该怎样站在新闻的立场上，葆有自己的个性，然后借他山之石，加强文学修养，以增强写作的内功。

新闻向文学借鉴的一个总原则是借艺术性，借形式美。因为内容的真实、实用，新闻并不亚于文学，倒是形式的枯燥、单调是它天生的弱点。新闻的“闻”者，所见所闻也，是质朴的信息；文学的“文”者，纹也，花纹、纹彩。言之无文行之不远，我们的借鉴就是要让新闻穿上文学的衣裳，要喜闻乐见，为读者所接受，有文而远传。文学作为一种艺术有下面三个主要特点，这也是它所以能吸引人的魅力所在。首先，它要通过语言来表现，它是一门语言艺术；其次，它总是诉诸形象，是形象艺术；最后，它使用典型手法，有极强的表现力。而新闻写作也离不开这三点，于是新闻与文学便有了相似点，有了可联系、可沟通之处。新闻记者的文学修养主要应从这三方面修炼。下面分开论述。

一、语言积累和运用的功夫

语言是文章的材料。正像建筑材料决定了房屋的质量、风格和档次一样，文章所使用的语言常决定着文章的好坏档次。

语言是文学的强项。像体育运动一样，有的项目对某个运动员来说是强项，对某个运动员来说是弱项。语言对文学来说正是拿手好戏。我们平时在生活和工作中都离不开语言，但是真正把语言当作专业、研究它的规律的，只有文学。就像我们每个人都要吃饭，但是只有厨师才下苦功研究菜的味道和做法。建筑、服装、家具等行业都要用到颜色，但是只有画家对颜色研究得最深最透。体操、杂技、戏剧等表演艺术都要用到舞蹈，但是只有舞蹈家对舞蹈动作的研究最精深。语言作为一种工具、一门行业有它自身的规律，作为一门艺术有它的美学标准。虽然各行各业都使用语言，但只有文学是将此作为首要目标孜孜以求的（正像新闻追求信息传播的规律和效果一样）。

文学是语言的大海。文学是人学，它要描绘人生、描绘复杂的客观世界和内心世界。在对复杂事物的表现过程中文学锤炼和创造了各种丰富的语言。以体裁而论有散文、诗歌、小说、戏剧等，以文体来分有描写、叙述、抒情、议论。具体到句子、词汇和修辞手段就更加丰富多彩，浩如烟海，而其他行业的语言只是小溪小流和湖泊。文学的语言像一个品种齐全的工具库，无论哪个行业随时都可在这里找到自己可用的工具。所以历来各行各业都注重向文学借鉴语言，调大海之水以济江湖，常可骤然增强表现力而取得意外的效果。

一个记者在语言方面的修养可以分为积累和运用两个方面。积累主要是指他在词汇方面的储备，运用是指熟悉语言规律，对各种语言的具体使用。就像一个木工，他要干活必须斧、锯、刨各样工具齐全，而且要运用自如。如果没有锯子，虽然也可以临时借一把，或者用斧子砍断木材，但这活的质量和速度便要打折扣了。搞写作特别是新闻写作，要快要准。苏轼说："作诗火急追亡逋，清景一失后难摹。"提起笔无词，或勉强用词代替，以斧代锯，怎么能写出好新闻?

新闻为了增强自己的表现力，无疑也常常要向文学借鉴语言。但并不是所有的文学语言都可用于新闻写作，新闻向文学的借鉴主要是以下几个方面。

第一，本着突出事实、不喧宾夺主的原则，向文学借鉴白描的功夫，以求文章的朴素平实。

在诸多丰富的文学语言中，有一种是白描，它是文学语言中的基本功，有如武术中的架式、套路，书法中的楷书。作为文学作品，如果都用白描或大都用白描，就显得单调乏味。正如我们平时做笔记、写书信，每字都用楷书就不可能，也太拘谨。但白描却不可少，因为这是一种基本功，没有这个功夫，其他夸张、形容、比喻等就成了无根之木，不可能达到多高的境界。于热闹的叙述抒发之中偶插一段白描，如歌手唱到高潮处，突然撤掉伴奏，让人欣赏一段她纯真的嗓音，如书法中的行楷间用，既是基本功的显示又收错落跌宕之美的奇效。对新闻来说，这种关系正好倒过来，白描的比重要更大些。

新闻必须公正、真实地传播信息，这决定了它的语言是朴素的、通俗的，以白描的手法为主，只在必要时偶用一下华丽的文字。绘画是线条和色彩的艺术，白描则是这艺术中最简练的手段，它舍彩色而用墨，而墨色又简到只剩下细细的线条，白纸黑线已经减到不能再减了。平时，人们越要突出一件事（为实用而不是为好看）就越要用最简洁的手法、最简单的色调来处理。围棋是黑白两色，书本是白底黑字，这样才能使棋手和读者注意力集中。对新闻来说就是要使读者集中于它所表达的信息，这就要求把文字本身的感情色彩尽量淡化。这就是白描。请看以下两段文字：

塔不分层。看不到石基木料。塔心是一砖砌的中心支柱。支柱周围有盘道，逐级盘旋而上，直至塔顶。外壳是一个巨大的圆柱，下丰上锐，拱顶。这个大圆柱是砖砌的，用结实的方砖砌出凹凸不同的中亚风格的几何图案，没有任何增饰。砖是青砖，外面涂了一层黄土，呈浅黄土色。这种黄土本地所产，取之不尽。土质细腻；无杂质，富黏性。吐鲁番不下雨，塔涂刷的土浆没有被冲刷的痕迹。二百余年，完好如新，塔高约相当于十层楼，朴素而不简陋，精巧而不繁琐。这样一个浅土黄色的滚圆的巨柱，拔地而起，直向天空，安静肃穆，准确地表达了穆斯林的虔诚和信念。

（汪曾祺《苏公塔》）

这是文学的白描。

［新华社延安二十五日电］ 爷台山战事扩大，蒋军正面攻击

部队除三十六军之暂五十九师外，增加了一个师。据我侦察员报告：增加上来的是从河南前线调来之三十六军部队。据三十六军逃来我方之士兵说：他们有许多新式武器，是美国送来的，其中有一种叫火箭炮，你们要注意。爷台山为一重要据点，蒋军志在必得，然后深入关中分区，据为向北进攻之有力阵地。但我军士气高涨，决不让任何反动派轻易窜入，屠杀边区人民。关中全区民众已迅速动员起来，协助守军作战，送茶水、抬伤兵，热烈异常，对于战胜这些反动派，具有充分的信心。

（毛泽东为新华社拟新闻稿《爷台山战事扩大》）

这是新闻的白描。

毛泽东同志这样一位学贯古今、气盖山河的大学问家政治家，在写作新闻时仍然选择最朴素的文字，用白描的手法。

白描指的是一种文字风格、一种基本手法。我们写作新闻时用哪种路子，这路子要与新闻的本质要求相一致，即形式与内容的一致。一条消息在表达时要尽量用最自然的语气，使隔于信息和读者之间的玻璃最大限度地透明。在新闻中，语言相对内容而独立的形式美被减到最少，而文学的形式美却常可独立存在，所以在语言上不甘寂寞的人，请不要来当记者，还是去当作家吧。

第二，本着说清为止、无话则短的原则，向文学借鉴锤字炼句的功夫，以求文章的干净准确。

人的感观、感觉、感情是最微妙的。以人为表现对象的文学是根据人的感情和感觉搞“微雕”，所以它无论写景、状物、言情都最讲求准确，以便产生最感人的艺术效果。法国作家福楼拜为世界文学史留下了一句名言：“不论我们要说的是什么，要把它表现出来，只有一个唯一的名词；要对它赋予运动，只有一个唯一的动词；要对它赋予性质，只有一个唯一的形容词。我们应该苦心搜索，非发现这个唯一的名词、动词、形容词不可。仅仅发现这些名词、动词、形容词的相似词，千万不可以满足。更不可以因为这种搜索有困难，就用随便的词句来搪塞了事。”这就是有名的“一字说”。在中国类似的则有“推敲”一词。

新闻是向读者提供信息，这信息常常是读者判断事物的是非和进行社会活动的依据，所以第一要求也是准确，事实的准确。准确的事实有赖准确的语言来表达，同时也只有表达得很准确，文章才能干净利落，才会节省读者的时间，同样大的版面内才能传递更多的新闻，也就是说信息量更大。一个“准”字实在系着信息的多、快、好、省一盘棋。新闻语言的大忌是歧义、不清和啰唆，这都是语言功力不够，达不到准确干净所致。

一篇文字如果写得很准确，也就有了力度，有如版画的效果。作者不是用笔而是用刀作画，笔笔入木，线条清晰，不洇不漫，给人干净利落之感，这正是新闻文字所追求的风格。在准确、干净方面最好的样板是电文和古文。因为前者以字计钱，后者以刀代笔，客观条件使然，不得不简。但电文太应用化，所以要学准确精练，缺不了古文这一课。中国古代从最早用刀在竹简上刻字为文，就形成了文字简练精确的好传统，后来更有“为求一字稳，捻断数根须”“语不惊人死不休”的追求。请看这一段文字：

季弟获桃坠一枚，长五分许，横广四分。全核向背皆山。山坳插一城，雉历历可数。城巅具层楼，楼门洞敞。中有人，类司更卒，执桴鼓，若寒冻不胜者。枕山麓一寺，老松隐蔽三章。松下凿双户，可开阖。户内一僧，侧首倾听；户虚掩，如应门；洞开，如延纳状——左右度之无不宜。松下东来一衲，负卷帙踉跄行，若为佛事夜归者。对林一小陀，似闻足音仆仆前。核侧出浮屠七级，距滩半黍。近滩维一小舟。篷窗短舷间，有客凭几假寐，形若渐寤然。舟尾一小童，拥炉嘘火，盖供客茗饮也。舣舟处当寺阴，高阜钟阁踞焉。叩钟者貌爽爽自得，睡足徐兴乃尔。山顶月晦半规，杂疏星数点。下则波纹涨起，作潮来候。取诗“姑苏城外寒山寺，夜半钟声到客船”之句。

计人凡七：僧四，客一，童一，卒一。宫室器具凡九：城一，楼一，招提一，浮屠一，舟一，阁一，炉灶一，钟鼓各一。景凡七：山、水、林木，滩石四，星、月、灯火三。而人事如传更，报晓，候门，夜归，隐几，煎茶，统为六，各殊致殊意，且并其愁苦、寒惧、凝思诸态，俱一一肖之。

（清·宋起凤《核工记》）

文学常用大起大落、铺排陈叙的手法，但也间用洗练之笔，正如华丽中也有白描。就如上面这段文字，一笔一痕，入木三分，读后给人留下永不磨灭的印象。我建议做记者的，应选几篇这样的文字熟读，并背下来，体会、吸收这种简练。

再看这一段新闻：

［本报讯］ 长江汉口水位站昨21时提供的水位记录说，江汉关水位此时达26.94米。

据历史记录，60年前的1931年，江汉关水位在26.94米时，汉口溃堤。

眼下，武汉三镇308公里的沿江大堤牢牢护卫着面临长江大汛的这座城市。

10日凌晨2时，江汉关水位突破了这里26.30米的防汛警戒水线，三镇沿江的部分码头、闸口已开始填土封闸……经过42年的投资建设，目前武汉长江大堤的总长度比1949年增长了近两倍，标高较1949年29.73米的最高水位高出2.27米。

长江大堤的武昌八铺街、东西湖围堤、武惠堤、古家头等险工段，经过防汛军民的紧张奋战，已经得到加固。

昨日上午在汉口龙王庙堤段，插着黄色小旗的防汛指挥车辆频繁往来于大堤各个闸口之间。与此同时，毗邻的汉正街小商品市场生意依然红火；由上海驶来的客班轮准时靠上汉口码头。人们脸上虽然对长江大汛面带惊奇，却见不到一丝慌乱。

（《武汉日报》1991年7月13日《武汉百里长堤巍然锁大江》）

这是1991年全国抗洪救灾评比中的得奖新闻。文字干净准确，有古文遗风。记者的眼睛应该像锥子一样看问题，又深又准，记者的笔应该像刀一样，一笔一痕，像用枪打鸟，瞄得很准，一枪一只。只有准才能精，精才能短。准确、精练、短小，这就是新闻的笔法。

第三，本着力避呆板平淡、增强可读性的原则，向文学借鉴修辞方法，以求文章生动活泼。

因为新闻不以审美为主要目的，它是天生呆板的文体，要求语言朴素，用词准确，这就难免严肃有余活泼不足。因此增强可读性是新闻写作中要时时注意时时争取的，但凡有一点可使语言活泼起来的机会就不要放过。欲达此目的，最有效的手段是研究和运用修辞。

修辞是运用语言和文字的技巧。语言和文字是文章的形式，形式的改进关系到内容的表达，关乎文章的整体效果，正如商品要不断改进包装。对新闻来说，希望通过形式来增强的效果有二：一是让读者一拿起文章就想读爱读，一口气读完，增强文章的可读性。二是文章读过之后印象深刻，许多警句妙语如夜空明星、海边彩贝，印于脑中经久不忘，靠艺术效果来克服作品的易碎性。简单而言，好文章能够一下就抓住读者，然后又铭刻在他的脑子里，生出根。

前面谈到，文学是很重形式的，在这方面的经验足够新闻借鉴受用了。作家们都力避文章的呆板，朱自清先生在谈他怎样写《欧洲游记》时说：

> 记述时可也费了一些心在文字上：觉得“是”字句，“有”字句，“在”字句安排最难。显示景物间的关系，短了这三样句法；可是老用这一套，谁耐烦！再说这三种句子都显示静态，也够沉闷的。于是想方设法省略那三个讨厌的字，例如“楼上正中一间大会议厅”，可以说“楼上正中是——”，“楼上有——”，“——在楼的正中”，但我用第一句，盼望给读者整个的印象。再有，不从

景物自身而从游人说，例如“天尽头处偶尔看见一架风车”。若能将静的变为动的，那当然更乐意，例如“他的左胳膊底下钻出一个小孩子”（画中人物）。

现在保存于文学史上的许多名篇大部分是因为内容好，但也有的就是因为成功地运用了修辞，有一些警句妙语，才得以永葆艺术生命。王勃的《滕王阁序》本来用典生僻，但因为其中有“落霞与孤鹜齐飞，秋水共长天一色”这样的对仗妙句，至今仍传唱不已。唐太宗有一句名言：“以铜为镜可正衣冠，以古为镜可知兴替，以人为镜可明得失。”因为用了极妙的比喻，相信这话还要流传下去。著名经济学家马寅初因为坚持科学的人口论曾被错批，说他是资产阶级人口学家“马尔萨斯”。马老悲怆而幽默地答辩说：“我这个马不是马尔萨斯的马，是马克思的马。”这是运用修辞的拈连。李清照也有一名句：“寻寻觅觅，冷冷清清，凄凄惨惨戚戚。乍暖还寒时，最难将息。”这是用了叠字。现代诗中叠字用得好的也有很多。以上几句可以说一读就有兴趣，读过就不会忘记。

当然，生动之法除“辞格”的技巧外，还有“辞趣”的妙用，就是充分利用词语本身所含有、附带的内容和背景，即如修辞学家陈望道所说的词的“包晕”，像月亮外的一个晕圈给读者一种别样的感觉，这就生动得微妙了。如：“还有许多的荷兰菊，叶小，状如铜钱，是专等天气快冷时才开的。现在也正是他们的节日，一起簇挤着，仰起小脸笑着。蜜蜂和蝴蝶便专去吻他们的脸。”“三十多年过去了，这座城现在已出落得这般秀丽。”（拙作《石河子秋色》）这里“等”“挤”“印”“出落”等词都有一种自带的晕圈效果，表达出一种特有的词趣。

新闻作为呆板平实的文体，由于有大体一致的格式，沉闷之感常使其难以卒读。文学用白描是奇中见平，新闻用修辞是平中见奇。如果新闻写作中偶用修辞技巧，就如戈壁滩上忽见鲜花，较之文学反会更见其效。这些新鲜的文字成了过河的踏石，引导读者到达文章的彼岸。又如夜空的明星，使读者于夜的茫然中看到几点明亮的坐标，手捧报纸不会望而生畏，反而爱不释手。

这里也举几个例子。70 年代蒋介石去世后，报上传蒋经国与继母宋美龄不和，用的是这样一个标题："当面我的妈，背后他妈的"，一句话里用了对称、反衬、示现等多种修辞格，使人读后永难忘记。我有一次听人谈天，说采购员的功夫要做到"出门跌一跤，也抓一把土"，觉得很生动，就移来做了一个文章的标题，来谈记者的采访功夫，果然许多人都记住了这句话。这是来自口语的极妙的比喻格。1991 年 7 月 11 日《文摘报》一篇文章的标题是《鱼怎样吃掉了猫》，讲北京的金鱼洗涤剂怎样靠质量好、价格低挤掉了上海的白猫牌洗涤剂，巧设悬念，平中见奇。这些语言都巧用辞格和辞趣，收到了克服呆板、枯燥的效果，大大增强了可读性。

说到底，新闻向文学借鉴语言就是要用新闻自身内容真实的优势加上文学形式美的优势，以取得一个综合效果。在这个借鉴中既不要故步自封，板着面孔说信息，也不要见异思迁，喧宾夺主，哗众取宠弄文字，关键是掌握一个适当的度，这样在写作中才能形成自己的个性。概括地说就是：篇要短，意要新，词要准确有力，语句要通俗。即：

> 篇简三秋树，意新二月花。
> 词切透纸背，语近家常话。

新闻语言是一个叙述功夫的问题。先要有准确的基本功达意叙事，通顺流畅；再要注意风格平实，以白描手法为文；不可哗众取宠，以形式干扰内容；主要在准确、干净的基础上求生动、活泼，要学会梨花带露，红杏出墙，用形象的、含情的手法来叙述。

二、捕捉形象和形象表现的能力

文学是艺术，一切艺术都是以形象的方式表现人生社会。文学形象又是通过语言间接表现形象（不像绘画、电影直接诉诸形象），所以它又是语言艺术。形象和语言是文学的两大特点。新闻是信息，信息的传递也靠语言，信息所表达的事情也常表现为一定的形象过程。所以新闻除向文学借鉴语言外，再就是借鉴形象表达的方法。

（一）新闻信息是一种结论，形象描述是对这结论的丰富和强化

新闻信息就是给读者一个新的结论。信息论认为信息是传播过程中对受者不定性的消除。传者发出了消息，消除了受者认识上存在的不确定性、疑惑性，就是提供了信息，对不确定性消除的程度越高，消息的信息量就越大，**所以说消息是给读者一个过去不知道的新结论。**一条消息包括：时间、地点、人物、过程、结论。其中结论是不可少的。而且不管什么消息，哪怕是过程性的消息，它本身也给人一个新的结论，是改变了人们原来的印象，给人脑子里输进了新东西。结论总是比较简单的，对结论的丰富就要追溯它的过程、描述它的内容，这就要用形象。俗话说“百闻不如一见”，见到了什么？形象。有形象才深刻，才有立体感。文学创作中集中使用形象而推出结论的很多。突出的例子，如马致远的元曲《天净沙·秋思》：

枯藤老树昏鸦，小桥流水人家，古道西风瘦马。
夕阳西下，断肠人在天涯。

这是一首抒情诗，但没有一字直抒悲愁，而是用了十一个具体形象（李清照《声声慢》连用 14 个叠字可作文学是语言艺术的证明，这首曲子连用 11 个形象可作文学是形象艺术的证明），却让你感到悲伤之情扑面而来。

还有一个突出的例子是徐志摩的一首新诗《沙扬娜拉》：

最是那一低头的温柔，
像一朵水莲花不胜凉风的娇羞。

道一声珍重，
道一声珍重，
那一声珍重里有甜蜜的忧愁——
沙扬娜拉！

以上几首诗都采用了生活中最常见的景物，但运用了文学的构思，排列组合，进行蒙太奇式拼接，就生出意想不到的效果，远比直接捶胸顿足、呼天喊地要震撼人心，可见形象的力量。新闻不能拼接形象，但可以选择形象，尽量少一点概念性的语言，以形象推出结论、加强结论。这样也可以增强结论在读者头脑中的驻留时间，强化它，克服新闻的易碎性。比如这一段新闻：

最近我们在山西省翼城县采访，吉普车无论怎样飞跑，也总是在层层林网之中。路边的杨、榆树一步一棵，有的地方是两行甚至四行。县里的同志说："一棵树相当于一辆自行车的价值。毫不夸张，走在我县的公路上，一步就是一辆自行车。"

路过武池公社时，记者被两边的参天白杨所吸引，下车抚摸这些摇钱树。它们每隔一米一棵，已有合抱之粗。县委的同志说，全县平川 250 条公路，全长 1 000 多公里，现在已栽有杨、榆 200 万株，价值 2 亿元。在平川、山区的田地里群众还创造了"满天星""堰埂桐""丰产林"等造林法。这个县 50 年代的县委书记是全国造林模范，现任山西省林业厅长。现任县委书记武伯琴，是全省四位林业劳模之一。

（拙作见《光明日报》1984 年 4 月 24 日）

这条消息的核心就是一句话：翼城县公路林储材百万方价值两个亿，这也正是此稿的标题。但是只说这个结论式的信息，就显得太枯燥、单调，读者头脑中不易存留。现在把它转化为形象推出：一辆汽车拼命跑，也跑不出一张大林网，路边大树，每棵价值一辆自行车，记者不由停车抚摸这些“摇钱树”。消息不是从宣告结论入手，而是从记者的感觉入手，从而又调动了读者的感觉，逐步推出结论。一条新闻要想有生命力，除信息本身的价值外，一是要讲出一点道理，二是要有一点形象，因为相对来说，信息是短暂的，哲理和艺术是永恒的。

（二）从某种角度说新闻是灌输，使用形象思维，可以减少读者的“阅读摩擦力”，提高阅读兴趣

一条新闻是要告诉读者一些信息，或通过这些信息传达官方、民众和记者的意图，总之是以给你灌输一点东西为目的的。为达此目的，可以取生硬一点的方式，将结论直接告诉你；也可以取自由轻松的方式，逐渐推出结论。在思维方式上，它两者兼用，既用逻辑思维也用形象思维。如果不考虑接受一方，作者尽可以纯用逻辑思维，像教科书一样。虽然读者有时为了得到信息可以强忍着读，就像肚子饿了，饭不好也得吃一样。但这是强忍着下咽，有一种阻力，我们可以叫它“阅读摩擦力”。而且读者的习惯是一旦信息稍有满足，或者有别的写得更好的稿子，就不会读你这种“强忍着下咽式的新闻”了。因此为了提高阅读兴趣、增强新闻的竞争能力，就像企业研究市场一样，记者也要研究读者的接受习惯。原来除专业工作者外，一般读者的阅读习惯大都是运用形象思维。逻辑思维是靠人头脑的推理功能，形象思维是除推理外，还把人的感觉也调动起来，通过语言调动你的视、听、嗅、味、触，甚至第六感觉。所以形象方法是克服这种“阅读摩擦力”最好的润滑剂。我们要说某一件事，特别是这事本身比较枯燥时，就尽量用形象的手法逐步推出。比如一些平凡的按部就班的工作，如教学工作、农业的春种秋收、每年的各种检查、年终经济成果等，这些循环式的新闻，还有科技成果、新技术等这些较专的新闻，都易使人感到沉闷枯燥，这时就应尽量设法用形象表现。哲学家说世界上没有两片相同的绿叶，人一生不能迈进两条相同的河流。规律、结论在重复，形象却永不会重复，人们永远可以在新形象中获得对于老结论的

新鲜感。比如这一条科技新闻：

累卵已不危　车颠不怕破

新式五用塑料蛋箱在山西诞生

一辆卡车载着82 730个鸡蛋从吕梁山深处的隰县，在土、石、柏油等各种路面上经过427公里的长途颠簸运到太原，经蛋库验收，只有7个鸡蛋破损。这是最近通过鉴定的新型蛋品贮运工具“五用塑料蛋箱”在试用中取得的结果。

一颗本来极易破碎的鸡蛋从鸡窝里出来，再送到消费者手中，一般要经过收、验、存、售多个环节。过去商业部门大都用木箱垫草装运鸡蛋，由于各个环节反复倒箱，仅此全国每年就有几亿斤鸡蛋损失在运输途中。山西省食品公司李巨德等几位同志研制成功的“五用塑料蛋箱”是笼屉式悬空层叠结构，可以集装运输。最近经铁路试运，高30层、重800斤的集装箱，用铁路叉车可随意装卸。鸡蛋从收到售，总破损率已由原来的27%降到1%以下。

（拙作见《光明日报》1982年9月28日）

这是一条科技消息，主要用数字说明问题，但这样太枯燥。努力用形象来表达，而且用具体的能够动起来的形象，再加入情节描述、数字强烈的反复的对比，效果就好多了。

另外，在一些问题性新闻，特别是问题性通讯中更要注意，记者一面要有明晰的思路，用严格的逻辑推理启发读者思考；一面又要辅之以形象，帮助读者找感觉，靠感觉来减少道理的枯燥，加深对道理的理解。

（三）新闻是服务，对一些非严肃内容的品味性新闻，形象手法的使用就更见重要

从读者接受一方来说，我们可以把新闻分成“接受性”和“品味性”两大类，也就是硬新闻和软新闻。第一类新闻，读者要的就是一个结论，知道结论后其余无关紧要，甚至可以不要。这时读者对结论以外的东西，包括过程、背景连同作者的表达方式，都无暇顾及，也不会有什么挑剔。只要你给他，他就要，是卖方市场。比如，重大政治事件、新政策法规公布、领导人更迭、战争爆发、经济信息、股市行情、列车改点、天气预报、新电话号码公布等等，这些信息不需更多的形象辅助就可以说清，而且形象多了读者还觉得碍眼。

第二类新闻，读者不但要知道结论，还要在知道结论的同时达到消遣、欣赏、审美、刺激、满足好奇心等目的，这时就非有形象不可了。一般新闻主要是通过信息满足读者具体的外部社会活动的需要，重事实；而这种新闻则是满足人们内心的精神方面的需要，它已部分地担负起文学的功能了。比如 1990 年发生的海湾战争，举世瞩目，大家主要关心战争的进展，这种消息只要结论。但是战争中还有一类趣闻：海湾是伊斯兰国家，妇女出门要戴面纱，大批美国女兵抛头露面在街上活动，与当地教规不符，引起许多笑话。还有在通讯写作中，主要是写事实，但涉及景物、人物的描写，读者仍然爱看。这类新闻如文艺消息、体育新闻、社会新闻、人物通讯、科技趣闻等等。大部分的晚报、小报的花絮专栏都由这类新闻构成。这种新闻的写作可以说无形象便不成文。我们平时看小说，为什么能被吸引，主要是有形象，有形象的发展过程，一部好的小说，我们常怕看完，怕这形象情节中断。新闻稿，包括晚报、副刊的新闻稿要引人入胜也是这样，你要有众多连续的形象，才能吸引读者的阅读注意力。

三、发现和塑造典型的能力

文学是通过艺术形象反映社会的本质，塑造典型是文学最基本的表现手法之一。它必须将人们的理想集中在一个形象上，这就是典型。鲁迅先生说："人物的模特儿也一样，没有专用过一个人，往往嘴在浙江，脸在北京，衣服在山西，是一个拼凑起来的角色。"一个文学典型可以胜过许多篇调查报告、许多篇理论分析文章，它是人们理想和心态的一种模拟试验，人们可通过这个小窗口来看社会及其本质。新闻也要反映社会本质的，不过它是通过信息传递来反映社会本质的。但是信息的浩瀚、漫洇和稍纵即逝，即它的多和快，为捕捉和反映事物的本质增加了一定的难度。为克服这种难度而达到反映本质的目的，向文学借鉴典型手法，是新闻写作中不可少的。

（一）新闻典型就是一种最集中反映事物本质的信息

如果说文学典型是一个集中反映了生活本质的艺术形象，新闻典型就是一则集中反映了事物本质的信息。这里的关键是“集中”。典型手法就是通过增加作品内涵的密度，从而大大加强作品的深度和力度。典型是刀之刃和锥之颖，是力之所在。文学作品之所以感人，就是因为它总是千方百计地编一个典型故事，或塑造一个典型人物，深刻地寓藏了普遍性的个性，使读者手捧书卷如照镜子，也照见了自己的所想所为，引起强烈的共鸣。黑格尔说就是要写出“这一个”。新闻写作也要学这种笔法，不过它不是编一个典型故事或者虚构一个典型人物，而是努力去找，去观察、发现、采集一个新闻事件或人物。这事件或人物能将这一时期人们普遍关注的信息集中释放出来。读者手捧报纸，就像捧着一面镜子，照见了自己所想欲为的事，不过这事是真实的，所以就更有震撼力。与文学不同，它不只是写出“这一个”，而是首先要找到“这一个”。这是新闻更难的一层。

新闻是高密度、快速度地提供信息，无论是报纸还是广播，都讲求信息量，讲求信息的条数。如果把平时的新闻比作常规武器，那么典型就是原子弹，它是以猛烈爆炸的方式，以强大的冲击波、辐射热，搅动读者平静的生活，推动他们的思考，改变他们的行为。这是新闻典型的力量，也是它对社会的贡献。如果一张报纸没有典型，就立不起来，平平淡淡像一块平板玻璃；如果一个记者写不出典型，总写十行八行的一般消息，他也立不起来，像一个絮絮叨叨的女人。这说明这张报和它的记者总是飘在事物上面，跟在人家后面，发现不了事物的本质，总是抓不住“新”。这报纸和记者也就没有存在的必要了。

必然性存在于偶然性之中。新闻典型，就是要寻找那些偶然的但又集中反映了事物的本质的材料。如每年都过中秋节，家家中秋盼团圆，如果写某家人怎样吃月饼，这不是新闻更不是典型。《中国石油报》抓了一条消息，写胜利油田山东总部组织家属与远在新疆的钻井职工用对讲电话圆月。这是新闻，又是典型。它不是泛泛的材料，是偶然，有个性。《天津日报》曾有一条消息写除夕之夜，新年钟声一响，妇产医院第一个婴儿降生。这不是新闻，更不是典型，因为太一般、太正常，是必然发生的，没有一点个性和偶然性（材料可参见拙著：新闻四部曲之《评委笔记：新闻绿叶的脉络》）。

（二）新闻典型集中反映了时代特点，因此常常会作为时代的标志

时代前进的每个交替时刻总会出现典型的事件、人物，成为标志。比如，中国新民主主义革命的开始以五四运动为标志，其结束以中华人民共和国的成立为标志。今天的新闻就是昨天的历史，但只有那些典型的新闻事件和人物才可能载入史册，而那些大量的、一般化的信息都会很快为人淡忘。新闻典型的力量不但体现在当时的“爆发力”，还体现在以后的历史影响上。比如毛泽东同志 1949 年 4 月为新华社所撰写的这篇消息《我三十万大军胜利南渡长江》便永远做了一座历史的里程碑：

> **[新华社长江前线 22 日 2 时电]** 英勇的人民解放军 21 日已有大约 30 万人渡过长江。渡江战斗于 20 日午夜开始，地点在芜湖、安庆之间。国民党反动派经营了三个半月的长江防线，遇着人民解放军好似摧枯拉朽，军无斗志，纷纷溃退。长江风平浪静，我军万船齐发，直取对岸，不到 24 小时，30 万人民解放军已突破敌阵，占领南岸广大地区，现正向繁昌、铜陵、青阳、荻港、鲁港诸城进击中。人民解放军正以自己的英雄式的战斗，坚决地执行毛主席朱总司令的命令。

新闻作品与文学作品相比生命力比较弱，大部分作品的生命只有几天、几个月，能过年的很少。这是因为文学用更自由的典型形式和更生动的形象手法反映了社会的本质。所以一个记者要克服作品的易碎性，除前面谈到的要借鉴文学在语言、形象方面的艺术性，从横的方面扩大感染力外，再就是通过典型手法，以延长作品的生命力，也即从纵的方面扩大作品的影响。记者要有志于写出有震撼力的、在社会上乃至历史上有影响的新闻作品。

一般来说，典型事件是突发性的、现于表面的，典型人物是已经存在的、深藏于生活之中的，所以记者写作典型的功夫有两手：一手是捕捉。就是一个“快”字，时刻准备着。一般来讲处于政治生活中心或重大事件之中的记者，容易捕捉到这类典型。大多数记者，特别是基层的记者就很难有这类机遇。这时就要用第二手：挖掘，在“深”字上下功夫。比如曾产生过极深远影响的焦裕禄这个典型，新华社记者采访时，《河南日报》已经发表过人物通讯。记者又继续深挖，终于写出了至今已影响了社会 30 年的一个大典型。

捕捉和挖掘是抓大典型的两手基本功，这时记者如猎人，又如矿工。一个记者如果他报道了一条有历史典型意义的事件消息，其作品连同他本人也就被载入史册，实现了永恒。一个记者也可能生不逢时，遇不到这样的机会。真有这样的机会时，也只有一两个人有幸抓住，抢到独家新闻。如果捕捉不到，还可用挖掘的办法，这相对来讲比前者机会更多些，但吃的苦也就更多些。

消息不能散文化

《新闻出版报》历时半年开展关于“消息散文化”的讨论。有的同志认为要寻求消息写作的新突破，就要消息散文化，有的认为不能，争论很激烈。其实这个问题在新闻界谈论已久。根据自己多年来从事新闻写作和散文创作的体验，我认为还是不提“消息散文化”为好。要弄清这个问题，得从新闻与文学的区别、联系及新闻写作的实践来分析。

一、新闻与文学的本质不同

新闻与文学，因为都是文字作品，常常被认为是一家，初学者更易混为一谈。其实它们在本质上有严格的区别，简直就是截然不同的两件事。大致可以举出 12 个方面的不同。

第一，在本质上，新闻是信息，文学是艺术。

第二，在功能上，新闻是传播信息，满足人们对信息的需求；文学是提供审美，满足人们对美的追求。

第三，在选材上，新闻以事为主，虽然也有人，但是是以事带人；文学以人为主，虽然也有事，但是是以人领事。有人无事不成新闻，有事无人不成文学。

第四，在作品的视点上，新闻是面对社会，文学是面对个体的人。新闻作品的效果主要看它作用于社会的回响，看它对社会（政府、政策、形势、风尚等等）的推动与影响。比如许多新闻就为政府、社会机构、企业、团体所关注。而文学却不会这样，它只作用于人，是通过对人心、人情的打动，通过审美功能而发挥社会功能。

第五，在构思上，新闻要绝对真实，文学却常用虚构。

第六，在写作过程上，新闻重采访，文学重写作。对新闻来说，采到了一个好题材，稿件就成功了一多半；对文学来说，作品主要靠加工，包括素材的重构。

第七，在作品形式与内容的关系上，新闻要求尽量地淡化形式，以免喧宾夺主；文学则尽量强化形式，以增强渲染效果。

第八，在处理作者主体上，新闻要求无我，尽量客观，不带感情色彩；文学则讲究有我，作品就是作者的影子、作者的心声。

第九，在文章风格上，新闻重直白，文学重修饰。

第十，在修辞分野上，新闻属消极修辞，文学属积极修辞。陈望道先生在《修辞学发凡》中将修辞分为两类：一类是积极的，适宜带感情色彩和艺术色彩的文体，为文学作品使用。如我们在散文、小说、诗歌中大量用到比喻、拟人、双关、对仗、拈连、顶真等等修辞格。另一类是消极的，适宜严肃、客观的文体使用，如公文、公告、教科书等，新闻也属于这一类。通讯可适当增加一点积极修辞；介乎新闻和文学之间的报告文学又可以更多一点；但是消息是典型的新闻，它力戒华丽，基本用消极修辞。

第十一，在文章结构上，新闻力求简明，将最重要的信息放在最显著的位置；文学则求变化，将作者的思想深藏于复杂新颖的形式之中。

第十二，在审美取向上，新闻求质朴简洁的美；文学求绚丽多彩的美。新闻的本质不是艺术，但是它也讲美，不过它主要是靠事实本身内在的美，而不重装饰美。新闻是健美比赛中的运动员，尽量要少着装，以突出体格的强健；文学是台上的舞蹈演员，必须借助服装灯光，以表现美的韵律、韵味。新闻是“删繁就简三秋树”，文学是“花簇锦绣满园春”。

以上我们列举了12个方面的不同，大概还可以举出一些，其中最主要的是本质和功能的不同，由此决定了各自风格的不同。新闻是用直白的风格突出客观的信息，文学是用含蓄的风格表达内心世界。所以新闻的典型文体——消息，与文学的典型文体——散文，二者间有一道不可逾越的鸿沟，消息不可能散文化。世界上的事所以美好，就是因为每一件事物都有自己的个性。规律限定了它们之间可以见好就学，但是不能一学就化。否则，化来化去也就不成大千世界了。

那么，散文世界是个什么样子呢？散文作为较集中地体现文学特点的纯文学，它的审美功能更强。比如，它不同于以报道事件、人物为主的报告文学，也不同于以娱乐消遣为主的商品文学。它有三个美的层次。第一层是描写叙述的美，如绘画中的素描；第二层是意境的美，如绘画中的写意；第三层是哲理的美，如绘画中的抽象画。一篇好的散文起码要具备其中一个层次，那些上乘之作就要兼具两个或三个层次。我们以范仲淹的名文《岳阳楼记》为例，“春和景明，波澜不惊，上下天光，一碧万顷”，这是描写的美；“心旷神怡，宠辱皆忘，把酒临风，其喜洋洋”，这是意境的美；最后推出“先天下之忧而忧，后天下之乐而乐”，这是哲理的美。这是散文的最高境界，所以这篇文章传唱千古。如果我们提倡消息散文化，就要向散文的最高标准看齐，要学这三个美，达到这三个层次，但这显然是不可能的。且不说三个层次，就是“化”到其中的一个层次，也会有损于新闻的个性，妨害它的功能。新闻之美和文学之美不能混淆，这就像舞台上的戏装很美，台步也很美，但是我们要是在马路上穿戏装、走台步，就不美了。质之不同，势所异也。

二、新闻向文学的有限借鉴

新闻与文学有着本质的区别。那么，它们能不能相互借鉴呢？能，因为它们之间还有相通之处，可以做有限的借鉴。事实上一切的借鉴都是有限的，都不可能全盘化来。

新闻与文学的相通相似之处主要有三点。一是语言，二是典型，三是形象思维。不过这三个方面，文学更广大、更丰富，新闻与之相重相叠的只是一个小角。文学是波澜壮阔的大海，新闻是一个傍岸的海湾；文学是连绵起伏的山野，新闻是一块山谷间的平原。比如在语言上，新闻只取消极修辞，偶用积极修辞；在典型上，文学可以塑造，新闻只能选择；在形象思维上，文学可以广为遐想，新闻却只限于形象的再现，即所谓“现场感”。这样说丝毫没有小新闻、大文学的意思，因为反过来，从真实性、从直接的社会效果来说新闻又是海，而文学只是湖了。分工不同，角度不同而已。

虽然新闻不能散文化，只可以向文学借鉴一小部分，但只这一小点，就足可以为新闻增色不少了。关于新闻向文学的借鉴我已另有专文讨论（见本章《新闻向文学的借鉴》），这里只说所谓“散文化”。

其实，主张消息散文化的同志，他们确切的意思主要是学习散文的语言，注意选择典型、再现现场，也不是说要化到可以尽情描写、塑造、抒情和组合结构。他们所举的例子实际上还是有限借鉴的范围。比如这一篇《诗人艾青告别如火人生》：

［新华社北京5月5日电］ 我国现当代诗坛上杰出的诗人艾青，今天凌晨4时15分因病逝世，享年86岁。艾青3月18日因肺部感染和心脏病住院治疗，26日发生心肺骤停，经协和医院全力抢救3个小时后恢复了心跳，但这位和中国新诗一起走过了半个多世纪的真挚的诗人，却再也没有能恢复他的思维。今天黎明之际，在家人的陪伴和今春最后一场春雨中，他终因多脏器功能衰竭，抢救无效而告别了自己诗情如火的一生。

与时代同悲欢、与人民共苦乐的艾青，自30年代初登文坛，一鸣惊人，到年逾古稀仍诗泉喷涌，是中国新诗创作成果最丰硕、影响最广泛的诗人之一。他为我们留下了大量情真意切的诗作和许多精彩的诗论、散文。其中《大堰河——我的保姆》《向太阳》《光的赞歌》等许多作品在我国乃至世界各国读者中广为流传。

中共中央政治局委员、书记处书记、中宣部部长丁关根得知艾老不幸去世的消息后，深表哀悼。他说，艾青同志为我国文学事业作出了卓越贡献，在诗歌创作和理论上取得了出色成就。丁关根还委托中宣部副部长、作协党组书记翟泰丰向艾青夫人高瑛及子女表示深切慰问，并希望他们节哀保重。

今天早上在艾老家中刚刚布置的小小灵堂前，高瑛女士向中国作协党组和作协书记处有关负责人转达了艾青生前留下的有关丧事安排一切从简的意愿。

这篇东西比一般消息是多一点文采，主要在第一、第二段。这里借用了文学中的细致描写，写他去世的过程，加强了消息的现场感。另外有几个形容词“如火人生”“诗泉喷涌”等。但它并没有达到散文的美感要求。从内容上看仍然严格遵循着“新近发生的事实的报道”，结构也是典型的消息式，开篇就是一句报告艾青逝世的导语，所以不能作为消息散文化的代表。因为如果我们拿散文的标准来衡量它的话，它又远远不是散文。而且可以看出，在第二段，为了刻意追求文学效果、渲染一种气氛，作者的创作心态、审美取向显然已倾向于文学，这种长句式的铺排、抒情色彩很浓的如歌式的行板已经到了消息的边缘。偶一用之还可，所有的消息都这么写就像在马路上走台步了。

下面一条消息也是被人看好，说是有散文味道的：

> 两岁的北京女孩丫丫，拉着奶奶的手，迈着蹒跚的步子，走进宣传咨询台，伸出胖乎乎的小手，从地质矿产部副部长蒋承菘爷爷手中接过了一张宣传品，用好奇的目光盯着上面还不认识的大字：地球与人类。
>
> 这是 4 月 22 日，记者在北京民族文化宫前的“世界地球日”宣传咨询点捕捉到的一个感人镜头。此刻以“保护资源、保护环境、保护地球”为内容的宣传咨询活动正在中华大地上轰轰烈烈地举行……
>
> （《全国各地隆重纪念宣传“世界地球日”》，载《中国地质矿产报》1996 年 4 月 23 日）

这是一条复合式导语，核心信息是 4 月 22 日北京开展“世界地球日”宣传。作者显然在努力借助形象思维，借助典型手法。他努力捕捉了一个镜头，再把它普遍化，等于绕了一个弯子来说话，这样是要缓和些、生动些。但是这样一来，导语也就只好长了，变成了两段，欲得之繁茂，反失之简练。

三、消息散文化可能引起的误导

提倡消息散文化，就是新闻文学化。这可能会在新闻写作上引起两点偏差：一是内容失实，二是形式的夸大导致新闻功能的削弱。

第一，关于内容的失实。

新闻对文学来说有一种天然的局限。新闻是以事实为半径画有限的圆，文学是以想象为半径画无限的圆。记者通讯员在写稿时面对手中的材料常有一种恨月不圆、恨花不红的感觉，会暗生一种合理想象、去人为补齐的冲动。就像足球运动员于关键时总想偷偷用手去碰一下球。如果我们提倡消息散文化就像提倡足球手球化一样，很易适应和助长这种犯规心理。

这种在内容上失实的犯规，一是适应形势需要，借助文学的典型性去造一个假典型；二是用文学的小技巧编假故事，作者觉得笔下的人物、故事不完美，不生动，就于关键之处作一些增删，或者在令人遗憾的地方做些润色，或者干脆无中生有来编一个假情节。当读者以读真信息的心理接受像小说里一样完美的人和事时，就像在荒野里突然采到了比人工种植的还要大的人参，自然有一种特别的惊喜。这也就使那些急于成名而又不愿在采访上下功夫的记者通讯员惊喜地发现了一条捷径。只是他们对这种小小的造假难免还有点羞羞答答，因为还没有可以这样做的理论根据。过去在新闻写作中曾有过是否可以“合理想象”的争论，这是为假新闻制造理论根据的一次小试探，许多有识之士坚决反对，认为这个小口子一开就不可收拾。现在提出消息散文化，新闻与文学间的藩篱全撤，更如长堤决水，后果更不堪设想。

第二，关于形式的夸大。

形式在文学中有独立存在的审美价值，在新闻中却没有。相反，对新闻来说，形式稍稍过火就是内容的累赘，比如格律、八股。四六句可以为文却绝不能写新闻。散文化会误导作者对形式的过分追求。这也有两个方面，一是结构上的，二是语言上的。现在有些消息、通讯虽然事实上没有任何的虚假，但是读来总让人不放心，或者不舒服，好像在看演戏。这是因为作者用的是文学的视点而不是新闻的视点，他是在搞创作。他将材料结构得十分完美，并透出一股自我欣赏。这恰是采摘与种植的区别、新手与老手的区别、匠人与大师的区别。匠人求像，大师求真；匠人求完美，大师求自然；匠人重装饰，大师重天成。中国画论讲“画到生时是熟时”。篆刻家刻好章后要“破边”，就是不要那人工味太重的四边框，让它由熟反生，返璞归真。这才叫真正成熟了。而一些新手的新闻作品却在努力追求人工的装饰美、摆布美，从而导致作品中“我”的影子太重，喧宾夺主，反而降低了信息本身的震撼力。比如前面举到的“两岁女孩关心环保”就多少有这种嫌疑。

在语言上可能引起的误导是过分铺排和积极修辞的滥用，这会使作品染上一股脂粉气。这一点前面已有分析，就不再多说了。

总之，在形式上新闻可以向散文学习，但是不能散文化。学一点很新鲜，一化反而没有味了。比如相声中常会插唱一两句歌，听众感到很新鲜，但是如果相声唱歌化，听众就厌烦了，而且相声演员无论怎么化也赶不上专业歌唱家。

四、消息写作的突破口在哪里

主张消息写作散文化的同志以为这是改进消息写作的突破口，其实不然，这是没有看到事物的本质。消息写作的突破口应该是用最清淡的形式，推出最强烈的效果。这种形式与内容（信息）的反差越大，新闻效果就越好，读者印象就越深。新闻归根到底是看它作用于社会的效果，就像一枚炸弹的效果要看它的辐射面、冲击波。衡量一条新闻的价值，一看它是不是事实，即真实性；二看它是不是最新发生的，即新鲜度；三看它是不是为最大多数读者急于想知道的事，即覆盖面。这三点都齐备了，这条消息就价值连城了。事实上这种消息就是某个特定时刻的社会焦点，你找到了这个焦点，也就找到了新闻的突破口。这主要不是手上的技巧，而是眼上的功夫，是眼力，是机遇。任何人抓住这个突破口都会迅速通过，而不可能在形式上再扭捏一番。

读者对信息的（不是文学的）需求心理是先将注意力集中于最重要的一点，这一点就是新闻的视点而不是文学的视点。这就是为什么新闻在结构上不同于文学，一定要有个最简明的导语。任怎么改革，这个结构也革不掉。比如战争爆发、突发灾害、一场重要比赛等的报道，就是先要用最简明的话说出最新的最主要的情况。在消息中附带的形容、感叹、幽默有时也会有一点，但要控制在最少，少到正好能将信息说清楚，再多一点就会以辞害义了。就像健美比赛时的运动员也要涂一点油，那是为了凸显肌肉的光泽和轮廓，但是绝不能涂脂抹粉，更不能穿戏装。许多同志喜欢举毛泽东同志的《我三十万大军胜利南渡长江》，以为这是消息散文化，很欣赏其中一句“长江风平浪静，我军万船齐放，直取对岸”，但是你纵观全文：

［新华社长江前线二十二日电］ 英勇的人民解放军二十一日已有大约三十万人渡过长江。渡江战斗于二十日午夜开始，地点在芜湖、安庆之间。国民党反动派经营了三个半月的长江防线，遇着人民解放军好似摧枯拉朽，军无斗志，纷纷溃退。长江风平浪静，我军万船齐放，直取对岸，不到二十四小时，三十万人民解放军即已突破敌阵，占领南岸广大地区，现正向繁昌、铜陵、青阳、荻港、鲁港诸城进击中。人民解放军正以自己的英雄式的战斗，坚决地执行毛主席朱总司令的命令。

可以看出这条消息的魅力恰恰是它对于事件本身准确干净的表达，主要是信息本身的力量，而不是文学的力量。形式的运用恰到好处。

（《新闻出版报》1996 年 9 月 2 日）

第五章

新闻事业与市场经济

论报纸市场

——在《人民日报》一次座谈会上的讲话

一、要大胆利用市场这个手段

市场经济姓社还是姓资的问题，经小平同志南方视察一席话已经解决，又写入十四大报告，应该说可以大胆去干，不应有什么顾虑了。但是一遇具体问题，人们往往会有种种犹豫。物质生产要利用市场这个杠杆，文化能不能？如果文化能，报纸能不能？

这里有对十四大精神的理解问题，也有思想方法的问题。精神产品的社会效果、报纸的政治效果，是我们多年来十分关注的，以后也永远放在第一位。但是我们在要这种效果的同时，却长期讳言经济支持、经济手段，而且又常常把经济手段误解为资本主义。十四大再次强调以经济建设为中心，坚持党的基本路线一百年不动摇，当然是为了发展生产力、增强国家实力、改善人民生活，但我觉得还有更深一层的意思，就是要把我们过去空头政治的思维方式，一事当前，不问效果，先贴“姓社姓资”标签的哲学彻底扭转过来。这也是一次唯物主义对唯心主义、辩证法对形而上学的斗争。虽不要一百年，但至少若干年内人们总还会心有余悸，遇到新问题时，为求稳妥又会滑到旧思维上去。深化改革首先要在思想观念和理论上有所突破。

十四大报告中讲“建立和完善社会主义市场经济体制，是一个长期发展的过程，是一项艰巨复杂的社会系统工程”。这个系统工程当然应该包括报纸事业和报纸管理。新闻是不是商品据说还在争论。报纸作为新闻的载体，它比新闻又多出许多物化部分：纸张、人工成本，还有发行、广告经营等。于是它就有了商品属性，它是商品。不然为什么要做成本核算，为什么要定价，为什么要进入流通。但是另一面，它又有政治属性，即它有一定的政治立场，在国家政治生活中担负着导向任务，所以我们常说它是喉舌。报纸除了商品属性的一面和政治属性的一面，还有文化、信息属性。我们承认报纸的商品属性，就要大胆利用市场规律，让它走向市场；承认报纸的政治属性，就要坚持舆论导向，坚持社会效果第一。总之不可因为强调一方而偏废另一方。特别应该看到，市场机制的利用会增强报社实力，从而加强政治上的宣传效果。市场是手段，要大胆利用以求效果，不可因政治效果排斥市场手段。

二、报纸市场已经形成

报纸能进入市场，我觉得有三个条件：一是政治形势好，党的政策得民心，报上登的正是群众急切想知道的；二是经济形势好，群众在物质生活上解决了温饱之后就追求精神产品的消费，在这方面出现了新的购买力；三是报纸自身品种质量的增加和提高，群众愿买爱看。这三个条件也正好印证了报纸政治的、商品的和文化、信息的属性。我国经过十多年的改革开放，政治稳定、经济繁荣，报业取得很大的发展，以上三个条件都已具备。可以说我国报业从来没有像今天这样繁荣并且仍处于进一步发展的好时机。试想在十一届三中全会以前，这三条具备吗？那时政治上以阶级斗争为中心，报纸内容都是大批判；经济上群众生活拮据，连家用电器、时装都未出现，许多地方连饭也吃不饱，哪顾得上文化消费；报纸本身又千篇一律，四块版，发通稿。这样的报纸能形成市场吗？所以说报业市场的形成，报纸进入市场，我们不应该紧张或排斥，相反应该骄傲和支持，它是我国政治、经济、文化现代化过程的寒暑表。

三、要建设好两个市场

现在中国报业已经形成两个市场。一个是公费订阅所支持的主市场，主要包括各级党政机关报、综合性大报和企业报；另一个是读者自费订阅所支持的第二市场，主要是晚报、文摘报、生活服务类报纸。这很有点像图书市场有新华书店主渠道，又有集个体书店、书摊第二渠道。

公费订阅这一块，好像我们并没有把它看作市场。其实这也是市场的一部分。虽然是公费，它还是在实行交换，是单位和报社间的交换，并不是无偿分配。但因为有公费和行政命令的介入，它是不完善的市场。不承认这块市场是不对的，正如我们不能说用于公费医疗的药品就不算商品。报业第二市场的崛起对第一市场有很大的冲击，其积极作用有两个方面：一是促使这类报纸提高编采质量，好争夺读者；二是促使报社改善经营，适应市场。它也有消极的一面：会采用非经营手段，即内容上的降格来迎合读者、争取读者。十四大报告中讲要培育社会主义市场，完善社会主义市场，具体到报业市场就看得更明显。对第一市场来说应该改变僵化体制，增强竞争机制，使之更趋完善。对第二市场而言，要防止它用经济手段牵着政治效果走，用经济效益冲击社会效益。

去年以来随着周末版和生活类报纸的增多，加之今年年初有些大报发行量下降，有人认为这是市场经济的危害。其实没有必要大惊小怪，这是对旧的垄断、旧的平衡的打破，预示着市场经济将给报业带来新的活力。图书走向市场比报纸大约先行五六年，当初第二市场出现时也有人惊呼对新华书店造成了威胁，发展到现在，是双方携手共建了图书市场的繁荣。报纸也必将走上这条路。

四、怎样建立报业市场机制

培育和完善报纸市场，建立报业市场机制，我认为主要应从两方面下手，一是调整结构，二是转换经营机制。即宏观上把群众急需的又是自费订阅的报纸多批一些，引入市场机制。在微观上，报社内部要完成从事业化经营向企业化经营的转换，引入竞争机制。除机关报等部分报纸外，大部分报纸要逐步摆脱补贴，走出政府怀抱，到市场上自立。

关于报业市场大致说来就是：一个新手段——市场已经出现；两种形式——自费与公费的报纸市场已经形成。完善报纸市场的三个条件已经具备。我们要积极主动地推进社会主义报业市场的繁荣与壮大。

（1992 年）

市场经济与报纸管理

——在第四次全国报纸管理工作会议上的讲话

自十四大召开，以及去年全国报纸管理工作会议召开以来，已经一年。一年来我国的报业有哪些变化呢？在报道内容上，各报以小平同志建设有中国特色社会主义理论为指针，突出宣传了十四大精神，宣传了在建立市场经济体制过程中，我国在改革和建设方面的深刻变化。为适应市场需要，报纸的出版形式也有很大改进，更丰富多彩，更为人喜闻乐见。为适应市场竞争，各报努力转换内部经营机制，增强自身活力，在广告、发行等经营能力方面都有较大提高。可以说这一年来，我国报业又出现了新的繁荣。同时，在发展中也出现了一些值得注意的问题。

一、关于舆论导向：政治导向与市场导向

小平同志提出的建设有中国特色社会主义的理论，指导中国的改革开放取得了举世瞩目的成就。十一届三中全会以后，又经两次党的代表大会确立的“一个中心两个基本点”的路线，也为实践证实是十分正确的。宣传小平同志的理论，宣传党的基本路线，为经济建设和改革开放提供精神动力和智力支持，宣传稳定、团结、鼓劲，这是最大的政治。报纸是舆论阵地，它的导向要以这个政治目标为最高标准。事实上，这一年来，大部分报纸也是这样做的。

但是由计划经济到市场经济是一场深刻的转变，尤其是影响到上层建筑，更会出现我们过去未曾遇到的新问题。随着市场机制的引入，报纸更加注意贴近读者，应该说这是一种进步。但是我们应该清醒地看到市场反过来对报纸的影响，即我们在强调政治导向的同时，不可不注意到可能出现的市场导向。报纸的收入受发行量的左右，发行量又与读者的所好有关。特别是**在公费订报越来越少的情况下，读者这**

个消费“上帝”会逐渐对报纸发挥作用。报纸也从由国家包经费，以灌输、宣传为主的卖方市场，逐渐走向靠扩大发行、吸引读者购买的买方市场。这就出现了一个潜在的危险，即市场在进行资源配置、调节供需关系时，也在间接引导舆论、引导精神产品的消费，市场经济负效应的一面在报业中就会体现出来。情况表明，近年来报纸已经开始出现了对市场屈就和依赖的苗头。

这主要表现在：第一，追求市场轰动。虚假报道明显增多，有些报纸急于创牌子、打知名度，便不顾事实，刊登一些所谓“引人注目”的东西。既然是跟着市场导向走，就不顾政治效果，甚至把一些外报造的政治谣言也拿来转登。有的则荒唐可笑，如1993年4月1日《中国青年报》竟借口“愚人节”登了一整版假新闻，造成社会政治经济生活方面的混乱。第二，追求社会热点。登一些格调偏低的东西，刺激和迎合读者口味以扩大报纸发行量。第三，报纸委身市场，以销定产。有的报纸同书商订包销合同，排出样子后，征求书商意见，然后由书商包销包发。更有甚者，出卖报号。如安徽省轻工业厅办的《轻工导报》就以一年一万元的价格将国家批准的报纸登记证、发票和广告许可证卖给了书商。

对市场导向，主要是认识问题。我们在理论上对市场经济准备不足，许多问题也没有实践经验。不少同志认为搞市场经济了，就是要让报纸赚钱，就是要迎合市场。十四大报告中指出：“我们要建立的社会主义市场经济体制，就是要使市场在社会主义国家宏观调控下对资源配置起基础性作用，使经济活动遵循价值规律的要求，适应供求关系的变化；通过价格杠杆和竞争机制的功能，把资源配置到效益较好的环节中去，并给企业以压力和动力，实现优胜劣汰；运用市场对各种经济信号反应比较灵敏的优点，促进生产需求的及时协调。”市场对资源配置的调节，是指它在经济生活中发挥作用，我们要以经济效益来促进和衡量企业的进步。报纸是精神产品，它虽然有物化的部分，要依赖物质才能生产，但却不能完全靠市场来调节。另外还有一条精神生产的规律在制约它，就是要以政治效果、社会效果为第一标准。

十四大报告中明确指出："精神文明建设必须紧紧围绕经济建设这个中心，为经济建设和改革开放提供强大的精神动力和智力支持。"市场经济是个系统工程，报纸在这个大系统中不只是要解决自己的盈亏赔赚，更重要的是要以政治思想标准来导向，帮助群众认识市场经济。如果它的导向行为干扰了国家的政治方向，影响了社会的稳定，有损于精神文明建设，无论对自己多么有利，也丝毫不可取。报纸有政治属性，它是党和人民的喉舌，要讲政治效果；报纸又有商品属性，本身需要经济核算，会受社会市场经济体制的影响，但绝不能脱离政治而完全根据市场来导向。当然，除了认识问题，还有管理不能适应新情况、相应法规不配套、队伍建设也没有跟上等问题。

二、关于办报热：信息热与赚钱热

去年以来出现了办报热潮，这是市场经济体制带来的正常现象。报纸是传递信息的，经济的发展，特别是市场经济的发展，必然要求信息传递量、传递面和传递速度的相应增加。

报纸是国家政治经济情况的晴雨表，十一届三中全会以来随着改革开放的大好形势，我国的报纸发展出现过两次高潮，1985 年前后出现了第一次办报高潮。资料表明，到 1981 年时我国报纸还只有 242 种，到 1984 年第一次突破千种大关达 1 041 种，1985 年猛增到 1 445 种，国务院各部的机关报和地方的行业报便是从这时才开始有的。这次办报高潮是党的中心工作由政治转入经济后所带来的必然结果。三中全会以前的中心工作是政治，报纸每天搞大批判，讲阶级斗争，所登经济信息甚少，品种也基本上是党委机关报，消息文章也常用通稿，或转载大报。工作重心转到经济上后首先要求增加经济信息，要反映生产形势、动态和问题。所以，报纸开始大量增加，各行各业、各部委都要求办报。这次高潮之后报纸在品种上完成了从单一到多样的过渡，在布局结构上完成了从以地域为主的横向结构到地域与行业结合的纵横交错的网式结构的过渡。

1992 年 10 月十四大召开之后，社会上又兴起第二次办报热潮。

这当然是适应了市场经济发展的趋势。**如果说第一次办报高潮的背景是党的中心工作从政治向经济的转移，第二次办报高潮的背景就是我们的经济工作从计划经济体制向市场经济体制的转变。**市场需要一下就呼唤出千万个新的行业，每个行业都像新苗吸水一样需要新鲜的信息。市场反馈，就是信息反馈。所以市场经济体制首先带来了信息热，信息热的表现之一就是办报热。近一年来，经济类报纸仍在增长，特别是伴随市场经济而产生的新的行业报，如投资、金融、房地产、证券，还有高科技等报纸都增长很快。

值得注意的是和上次高潮相比，这次办报高潮的明显特点是开始有了社外资本的介入，办报人已经不只是满足于指导工作或传播信息，而是希望通过投资报业来发财。上次高潮中申办的报纸基本上是国家出资，由相应的政府部门来主管。这次则大部分都声明不用国家拿钱，而由自己集资。

报纸可以传递信息，办报是为经济建设服务，但另一方面报纸又是一种产业，第三产业，它自身又产生利润，这就是报纸的两重性。所以在为传递信息而办报的热潮中又隐藏着一种赚钱热。为赚钱而办报，有这样两种情况：一是同仁办报，借一个合法机构的名义申报，再从企业借钱，或自己凑钱，然后把报纸作为摇钱树；二是企业特别是集个体企业全部或部分收买报纸。这样报纸的所有权就暗中易手，报纸的喉舌功能也悄悄变成为某家老板做广告、搞公关和赚钱的工具。这些企业或者它们的老板之所以千方百计地要渗入报纸，是因为这几年他们经济上发了财，资本在口袋里硬起来，驱动他们寻找新的投资市场，而报纸作为一种广泛的传播媒介，其社会影响和广告、信息功能，自然引起了他们的关注。尤其值得进一步引起注意的是，虽然目前企业介入办报仅是为了经济的目的，但资本一旦掌握了报纸，就可能要求在政治上发言。如上面提到的武汉一个体书商收买了安徽省轻工业厅的机关报《轻工导报》之后，便立即出版了一期有凶杀、色情内容的报纸。

办报赚钱并不一概是坏事，问题是为谁赚、赚钱干什么？不能为赚钱不顾社会效果，更甚而有了资本后就要操纵舆论导向。总之，我们对目前的办报热要头脑清醒，要区别办报目的，正确引导，哪些是要支持的，哪些是不允许的。当然，这次办报高潮也反映了报社在市场机制的驱动下，寻求经济自立、减轻国家负担的趋势，是市场在资源配置方面开始发挥作用。这是报业再上一个新台阶、争取新繁荣的又一次好机会。这个机会如果把握得好，政策得当，就像第一次办报高潮曾实现了报业结构的转变，这次便可以实现报社从事业到企业的机制转换，以改变多年来国家花钱、把报纸包下来的局面。

三、关于结构：科学布局与放任自流

十一届三中全会以来，我国新闻改革的一大成果，是报纸在结构上实现了变过去单一的为以党委机关报为主体的，兼有政治、经济、教育、生活服务等内容的多层次结构，到 1993 年 9 月底，全国报纸九大类的结构比例如下：

合计	综合报	机关报	群体报	行业报	企业报	晚报	文摘报	生活报	军队报
1 952	14	595	149	793	108	71	26	183	13
占比（%）	0.7	30.6	7.6	40.7	5.5	3.6	1.3	9.4	0.7

这个结构基本上是合理的。全国综合性大报和各级党委政府机关报占 31.3%，体现了报纸作为党的喉舌和机关报在整个报业中的主体作用；主要是经济内容的行业、企业报占约 46%，体现了党以经济建设为中心的工作方针。立足于全国的角度看，报纸要实行“两为”方针，要为两个文明建设服务，就必须有这样一个合理的宏观结构，正如战场上要有基本的兵力配置一样，这样才能保证前面提到的保持正确的舆论导向和为改革开放提供足够的信息。

现在的问题是，市场的负效应也可能冲击这个合理的结构。首先，办报人如果只根据市场导向，一切为了赚钱，就会从自己的微观利益出发，不去遵守这个结构所规定的分工范围，力图去办最有经济效益的报纸。这主要体现在三方面：第一，地方报纸想方设法要隐去地方特点（特别是在报名上），办全国性报；第二，专业面较窄的报纸想方设法冲破专业分工办综合报；第三，企业报想冲出企业办社会报。报纸的结构和分工是国家根据两个文明建设的总任务确定的，这其中必然有肥有瘦，就像工作岗位不同，有条件较好的，也有条件艰苦的，如果都往好处挤，合理的分工没有了，社会这架机器将无法运转。如果都按市场导向、按经济效益来办报，社会主义报业这架大机器也就无法运转。一个地方、一个专业、一个企业，总有它特定的内容和特定的读者，因此才需要有一张报纸。有人说，如果只许这样办，我这个报就要赔钱，就养不住。我说养不住就不要办。因为这个问题本来就不只是一个经济问题，思维方法不能只在经济圈子里打转。这个部门如果抽不出钱办报，说明它没有这个经济基础，或者没有这个自觉性，也就不具备办报的条件。在宏观布局结构上也就不该有它这个坐标点。让一个读者对象很窄的报纸养活自己，甚至反过来上交钱，这是不可能的。市场经济，不是要求所有的报纸都赚钱，更不是为了赚钱就可以改变原定的宗旨和分工。所以说结构问题，从根本上说，就是从宏观上来一个科学合理的把握，以保证报业的社会主义性质和为两个文明建设服务的综合功能。而破坏合理的结构，放任自流，就像打一场战役却没有基本兵种兵力配制，将会给管理的其他环节带来无法克服的困难。

以后在审批报纸时，可以试行这样一个原则，即“四宽五严”：对党委机关报，对经济、科技类缺门的报，对生活服务类报和一些群众自费订阅又导向正确的报适当放宽；对主管部门管理能力较弱的报纸，新闻性较弱的文艺、文化类报纸，宗旨不明的报纸，企业办的社会报，内部报纸，从严审批或不批。

四、关于转换机制：“只生不死”与优胜劣汰

为什么办报热居高不下？一个重要的原因是对报纸“只生不死”的机制一直找不到一个可以解决的好办法。报纸“有生有死”本是一个很正常的现象，企业都可以破产，办得不好的报纸为什么不可以撤

销？我们现在有一些报纸管理混乱，发行量只有千数份，经济上负债累累甚至发不出工资、稿费，这样的报为什么不可以停掉？报纸“只生不死”原因有三：一是公款办报；二是对报纸存在没有一个最低量化标准；三是对报纸撤销登记看得太重，不敢下手。市场经济体制出现后，为报纸管理创造一种优胜劣汰的新机制准备了条件。现在应该抓住时机进行机制转换方面的宏观调整，主要思路有以下三点。

（一）外部断奶

现在约有一半以上的报纸还在拿国家补贴，有的甚至全包。不但公款办报，还靠行政系统摊派公款订阅，没有生存危机和质量竞争意识。要从根本上解决这个问题，必须对部分报纸（不是全部）断奶。可以考虑一是分级断奶，二是分类断奶，这样便在保证党委机关报和一些重要报纸的前提下，让其余报纸自食其力，不行就垮。实行“一报两制”，即一部分报纸主要由国家包起来，一部分报纸靠市场来调节。事实上目前全国已有三分之一以上的报纸实现了自负盈亏。这种新机制在报纸运行中已露端倪，可惜还未形成制度，目前亟须用政策去规范承认它，巩固发展它。十四大报告中提出要培育社会主义市场，目前报纸经营中这种或者靠国家全包，或者不顾社会效果去捞钱，都不是市场经济体制所要求的正常现象，都应在改革中克服。

（二）内部放权

报纸外部断奶后，内部就要放权，以加强其活力和竞争力。这主要包括：用人权、财权、工资奖金分配权、内部机构设置权等。这样就可以在宏观上总体把握的情况下，大大调动报社内部的积极性，特别是人的积极性。可以试行用人方面的全员聘用制，总编、部主任负责制和非编辑部门（如发行、广告、印刷）的承包制。这方面已有一些先行的典型，如《南京日报》《温州晚报》《山西日报》等都经过当地体改委和政府正式批准放权，搞改革试点。可以考虑经过一定时期的调查研究，试行和出台一个类似大中型企业转换经营机制条例的《报社经营机制转换条例》。另外，还可考虑对报社进行法人登记，鼓励集团经营等，以便引入经济法规，依法办事。过去报纸在经济上依附于主管部门，法人地位不明确，带来两个问题：一是当经营状况好时，主管部门向报社要钱，影响了报社的积极性；二是当报社经营不好、犯规需要罚款时，报社无钱，主管部门包揽，用国家的钱保护犯规，报社得不到教育，更无法破产，便形成“只生不死，优劣并存”的恶性循环。过去曾实行过报社犯规罚款，但几乎无一能执行。这是在体制上保护落后，保护低劣。

（三）实施质量定量管理办法

现在如果要吊销一张报纸，非得是犯有大的政治错误或者严重违法的不可。但这种情况极少有，近几年来也只有最近因卖报号而被处理吊销的安徽《轻工导报》一例。而平时不少报纸经营状况甚差，报纸质量甚低，但因部门保护无法撤销。这在管理上是很不正常的。一张报纸的好坏是一个综合指标，正如一个企业要看它的综合效益一样。对那些不出大错误但综合效果不好的报纸，就像高能耗、低效率的企业一样，要有一个淘汰的办法。现在正拟议一个可操作的报纸质量定量管理办法。在内容、印刷、发行、广告、守法等方面都有最低标准，其综合指数不达指标者，限时停刊。这样就杜绝了低质报纸的滥竽充数。与此相适应，将建立报纸登记的年检制度，以便及时优胜劣汰。

五、关于队伍建设：管报与管人

新闻出版署成立 7 年来，在报纸管理方面做了很多工作，但主要是在报纸的立法、审批出版等方面的管理。由于精力所限，基本上没有顾及人的管理。各主管部门也常常是批报积极，批后就不注意队伍的管理，所以不少问题都出在这一环节。

现在我们提出这一问题，一是因为报业发展较快与采编人员培养太慢的矛盾已十分突出。十一届三中全会以来我国每 5 天创办一张新报，1985 年以来每 3.7 天创办一张新报，但是合格新闻人才的培养却不可能这么快，再加上对老传统的忽视，以至于现在许多报人，包括总编辑都缺少必要的社会责任感和政治把关水平。截至 1993 年 9 月底在新闻出版署领取记者证的采编人员，全国共有 12.3 万人，其中本科以上学历的不到一半。

二是新形势与老观念、老习惯的矛盾。这几年国内改革开放的形势发展很快，无论政治上、经济上、社会观念上还是管理实践上，许多新东西层出不穷，每年都有一些新的政策和法规出台。就是有几十年新闻工龄的老报人也常会碰到许多新问题。从这几年的管理实践来看，在市场经济体制下，现在的办报人，特别是总编辑，至少应具备这样几方面的素质：一是政治素质。改革开放中有许多新东西，包括许多外来的东西突然浮在眼前，是破是立，是去是从，这就要求我们有较高的理论水平，要能坚持四项基本原则，以小平同志建设有中国特色社会主义理论为指针，分析问题，决定导向。要有高度的政治责任心和社会责任感，特别是要不为金钱诱惑，在市场经济体制下处理好政治导向和市场导向的关系。二是文化素质。文字水平当然是对报人的起码要求，但当前应突出的是文化品位。在商品大潮的冲击下，是迎合读者的低级趣味，大量刊登平庸庸俗的东西，还是坚持高品位，坚持健康向上。三是业务素质。是坚持按新闻规律办事，发挥报纸传递信息、宣传教育、普及知识和批评监督的功能，还是把报纸作为一个什么好看就登什么的万花筒。近年来报纸的杂志化倾向和周末版、月末版的无限制泛滥就是一例。四是经营素质。一种情况是经营不善，而更可怕的是非法经营。为了金钱不顾党纪国法，不顾新闻职业道德，如搞有偿新闻、虚假报道等等。五是管理素质。报业愈是发展和繁荣，就愈是迫切地呼唤着法制管理和科学化管理。这是为了保证整个社会主义报业的正常出版秩序，也是为了保证每张报纸自身的正常出版秩序。我们许多同志还不习惯这种管理，经常是违法之后才知道有管理法规。

我们应该看到报纸管理是个系统工程，只管审批、出版、经营等远远不够。这中间最重要的是人的管理，即采编人员和报社领导班子的管理。正像水土保持不抓上游的环境保护，只在下游打坝不行，报纸管理只抓出版这最后一关也不行。这几年在新闻法制建设、行政管理方面虽然还不尽人意，但总是不断地说，不断地做。而在队伍建设方面却说得很少，做得更少，到现在仍无明确的在职培训制度和考核办法。应该讲清楚这一点，**在报纸管理中并不是所有的问题都能靠法规、政策来解决，有许多问题只有靠人的政治觉悟、业务水平才能解决。**特别像新闻这样十分重要又十分敏感的部门，队伍教育更是逆水行舟，须臾不可松懈。我们现在就应立即制定和实施一个在职教育方案，重点是厅局级以下的报纸，以期在三五年内报社中层以上的干部都轮训一遍，以提高他们的政治素质、文化素质、业务素质、经营素质和管理素质。

(1993 年)

要警惕和克服市场的负效应

——在 1994 年新批报刊总编主编培训班上的讲话

党的十四大之后，我国经济体制正在由原先的计划经济改为社会主义市场经济，这是一个极深刻的变化。它给我国的经济及其他各方面都注入了新的活力，使建设有中国特色社会主义的事业又上了一个新台阶。但同时也应看到，在这个转变过程中许多方面显得很不适应。经济部门，特别是国有大中型企业都遇到严峻的考验。一般说来，过去纯靠计划调节或以计划调节为主的部门，转变难度就更大些。而报刊业这个精神生产部门，它过去是国家全包的部门，现在突然走向市场，而且既要兼顾经济效益又要保证社会效益，其遇到的难题、面临的考验就更加严峻。但是，能够经受住考验，解决难题，开拓新道路，创造新方法，这又意味着报刊业将要出现新的繁荣。这正是我们报刊工作者正在经历并将一定能取得胜利的一项工作。

一、在质量方面的考验，怎样不为利惑坚持方向

过去为保证报刊质量，从政治方向讲有一系列的政策指导和宣传纪律，从经济上讲就是国家拨钱，保证办报办刊，只要工作需要，要多少给多少，总编的任务就是管好内容，无须为财源操心。这有点像对公务员实行高薪养廉，由国家“出资保质”。这在一定程度上是保证了报刊的政治质量，但也滋长了报刊的惰性，忽视了研究读者，发挥其个性和积极创造性。反过来这僵化的一面又影响了报刊的质量。但总的来讲政治上不会出什么大问题。

现在要实行市场经济了，首先国家再不能盲目地把什么报刊都包下来，国家财政不是一棵随意可摇的摇钱树。其次报刊也应根据市场实际需求重新决定自己存在的可能，决定自己发展的方向。市场是个杠杆，这样作为质量保证的经济保护一下被撤掉了，报刊不但不能

“以资保质”，还要到市场上去换取收入，“以资养质”，这是一个大转折、大考验，更严重的是，报刊在失去国拨资金这种天然的经济保证后，立即就受到了市场的诱惑。市场在宏观上调节报刊结构，微观上激发报刊活力，都有非常积极的作用。但是它又有消极作用，就是刺激办报办刊人唯利是图，什么好卖就登什么。尤其是市场中那些逆反的、阴暗的甚至反动的消费心理会借机抬头，而以金钱来扶植这类精神产品。反过来这类报刊又会造就和扩大一批低档次读者，形成可怕的恶性循环。这些问题主要出在地摊报刊上，甚至一些过去比较严肃的报刊，也开始质量下降。

报刊为追求市场效应、追求金钱而造成的质量问题大致有三个方面。

一是假报道增多。可称之为“假言惑众”。报道要真实，这是过去几乎不用说的事，以至于我们在以往的法规中根本就没有想到要写上这一条。但是近一两年来假报道已经成了经常发生的事。假报道大致可以分成两类：一类是编造离奇故事；另一类是杜撰重大事件，而这往往与政治、政策有关。前者最有名的就是今年处理过的《江苏健康报》，它宣传一种口服液，又编出了一串假故事，说此液是 6 位留洋博士多年艰辛研究而成。还找来 6 张照片，拟了 6 个假名字、假学位头衔，编了一篇长通讯登在报上，印发 600 万份。政治方面的造假有假称小平同志喝了什么酒长寿，国家将出台什么新政策等等。不管哪一类造假都只有一个目的——以期引起轰动，刺激报刊的发行量。

二是文章格调降低，登凶杀、色情等刺激性的东西，或者名人隐私，甚至在执行宣传纪律、规定上打“擦边球”，登一些不许登的东西，泄露国家机密。可称之为“降格求利”。文低一格，财长一分。这些阴暗的东西有没有人看呢？有，但我们不能去发展这个市场，正如我们不允许卖鸦片一样，有些钱是绝不能赚的。

三是搞有偿新闻直至买卖报号、刊号。可称之为“卖身换钱”。有些报刊干脆把报刊的出版权卖出去，由不法分子随意出版，当然都是些质量更加低劣的东西，然后自己分得一杯残羹。还有些报刊是部分出卖版面，甚至让书贩子看大样，按他们的要求撤稿定稿，报刊已根本无质量可言，完全拜倒在金钱面前任人摆布了。这类典型的例子就是安徽轻工业厅的机关报《轻工导报》，卖给了湖北一家个体书商，已被撤销刊号。

为保证办报办刊质量，经受住市场负效应的冲击，首先要解决两个认识问题。

一是要正确认识市场，研究并驾驭市场。靠降低质量、迎合市场刺激发行是短期行为，结果会适得其反，最后或者丢掉了市场、自我萎缩，或者触犯法规被撤销登记。真正要寻求扩大发行，就要认真研究市场、驾驭市场。

现在报刊市场可分为三个层次，即严肃市场、通俗市场和非法市场。非法市场或者非法的边缘市场是可以赚到一点黑钱、快钱，但不会多，也不会持久。鸦片交易搞大了就一定会出个林则徐，一把火烧掉它。近年来，焚毁黄色书刊、惩治犯罪分子的活动年年在搞。相反我们倒是应该认真研究一下自己的合法市场之所在，研究它的潜力、它的变化，去捕捉它、利用它、扩大它，这样才能立于不败之地。比如青年刊物，现在的青年人学习内容、择偶观、奋斗目标都变了，这就是市场的变化，捕捉到这些，你的刊物就有销路。

最近我连续调查了几种发行量几十万份以上的期刊大户，他们并没有降格媚俗，而是一直坚持严肃办刊，发行量却在稳步上升。《演讲与口才》瞄准实用性，内容始终围绕如何会谈、交际、讲课等，就吸引了一大批读者，发行量 90 多万。部队一位教员从杂志中汲取方法，讲课立了功，给杂志去信说军功章里有编辑部的一半。只要是注意自己表达方法的人，就是他们的市场。《民间故事》，严格要求故事来自民间，要能讲、能传，发行量长期稳定在 40 万份，每篇都有采集地点、讲述人。只要是爱听故事，而且喜欢民间色彩、口头文学的人，都是他们的市场。《乡镇论坛》就是以全国几十万个乡一级政权的干部为市场，发行量 40 万。《广东工商报》创办不到两年、发行 20 万，它瞄准全省 70 万家企业、100 万个体户，特别是小企业、个体户，平时看不到红头文件，报上就登出台的新政策，搞咨询、问答，通信息，格调很正，同样闯出了路子，打开了局面。

每个商品都有各自的市场，我们每份报刊都要研究自己的市场，强化自己的个性，这样就不会与别的报刊撞车，自身就能发展。如果这报刊没有市场，那就说明它没有存在的必要，也不要硬撑着，更不能去开辟非法市场，以身试法。如果说在计划经济条件下报刊习惯于问上面：要我干什么？在市场经济条件下，报刊就要学会思考：我的市场在哪里？正确的市场意识解决之后，就是怎样抓质量。这里不细讲了，大致是政治、文化、信息、出版、广告、发行六个方面。

二是要强化我们的责任心。要对人民负责，对读者负责。能赚钱但却会害了读者的事绝不能干。我在一篇文章里讲到，我们编报刊的一笔下去，读者上亿，精神产品不能以霉坏之物害人，不能因导向之误误国。就是中央领导一再说的要帮忙不要添乱。许多同志说，我们这一行终日如履薄冰。我说这就对了，这是正常的。提心吊胆不是怕挨批，是怕对不起人民、对不起读者。不只我们这一行，有许多行都是这样如履薄冰，比如战士站岗，比如保密工作、科学研究工作等。有人说办刊几年，出一篇坏文章就处分，有点冤。这就像保密工作，不能说因为几年不泄密，所以泄一次就可以原谅。下一次也许就会出大事。我们因一篇坏文章、假报道惹祸出事，造成损失的很多。四川出的一本书违背民族宗教政策，其实就是其中一幅画造成了社会动荡，损失几个亿。有一份严肃的社科刊物，双月刊，为赚钱，又自加一期，单月出严肃的，双月出低俗的去赚钱，这能说你功过各半吗？只能说是两面派。结果出了大事，刊号被吊销。报刊走向市场，主要是经营思想的转轨，不是内容的转向。十一届三中全会以来，党和国家的政治生活虽有两次大转折，但办报刊人的责任始终不能变，相反还要进一步加强。“转轨不转向，转折责不变”，这是我们的基本观点。

在计划经济下，报刊的质量是由经济补贴和政治上集中领导两方面保证的，现在搞市场经济，经济手段这一条靠国家“以资保质”没有了，这就更加重了我们身上的政治责任，每个办报办刊人都要自觉地意识到这一点。

二、在经营方向的考验面前，怎样以办报办刊为主，坚持双效益

说到由计划经济到市场经济的不适应，还有一个突出问题就是经营。因为质量问题毕竟还是几十年来就一直强调的，现在有了新情况，要有新对策。而经营则是全新话题，要从头学起。市场经济的浪潮一来，我们的报刊本来还在政府的怀抱里吃奶，一下被抛了出来，推向市场的大海，去学游泳，而且还必须到达胜利的彼岸。在这种考验面前，一时间我们的“老总”慌了神，表现出诸多不适应，有的还栽了跟头，呛了水。主要表现在三个方面。

一是墨守成规。不研究市场，不开辟创收新路，不会搞发行，不会组广告。心思还是花在怎样向上面要钱上。总是哭穷，喊困难，要补助。在市场竞争中望洋兴叹，迈不开步。

二是盲目经商。急于扩大财源，盲目地办公司。或者经营不善，蚀本负债；或者用人不当，亏了国家，肥了个人。这样一来反而伤了报刊的元气，分散了办报办刊的精力。

三是借报（刊）经商。这些人本来也没有把办报刊当作正事，只是要这个幌子，利用报刊这个大众传媒的社会影响，大搞商业活动，有的远远超出自己的经营范围和能力。报刊因此办得越来越糟，只剩下了一个空壳子。某中央机关一张报，几年来经商，欠外债 420 万，报纸发行只几千份，从来不发稿费，社内半年不发工资，但都肥了个人。最后中纪委立案审查，这张报纸被撤销登记。

报刊的经营，一定是以扩大报刊的影响、增强报刊的实力为目的的，是在政府再不包办的情况下依靠自身发展、竞争来自强自立。如果离开了报刊自身的发展去办报刊，不如单独去搞别的公司。

报刊经营的内容包括四个方面，即发行、广告、与报刊有关的社会活动及其他经营。这其中发行和广告是最基本的，需要下大力气的。

发行这个环节，是社会效益、经济效益统一的最好体现，报刊社

要把发行工作放在首位。一家报刊如果发行到了几十万、上百万，应该说它的日子就好过了，自身的发行收入和社会影响已经使它在市场竞争中进入良性循环。这几年随着发行体制的改革，除邮局发行外，还出现了多渠道发行，即报刊社自己组织力量发行和委托社会发行公司发行。这也是一种市场调节，报刊社可以选择最省钱、最有效的发行方式。自办发行本身就是一种创收。这种办法实行几年来，全国已有三分之一以上的报刊自办发行，并已成立了全国性的自办发行协会，许多报刊已尝到了甜头。如《徐州日报》自办发行 6 年，节省 1 500 万元，盖了两座办公楼。报刊社的老总们，首先要考虑建立自己的发行机制，这样你们的报刊就能有效地进入流通，这是你们的第一笔财源。

广告是大众传媒传播信息的一种手段，不过，区别于新闻，它是有偿的。通过广告，精神产品部门为物质产品部门传递了信息，也换取了资金，这是双向支援。在现代社会，市场经济中各行业和一般群众几乎已经离不开广告。广告成了经济发达程度的标志，一份报刊，广告经营额的多少也标志着它对社会的参与度和在社会上的威信与地位。同时在这个参与的过程中它也得到了相应的资金回报。认真抓报刊广告，本身也是在提高两个效益。一份不会做广告、组不来广告的报刊，特别是报纸，实际上就是游离在社会之外，被市场抛在一边，还没有抓住市场经济这个杠杆。

在计划经济体制下，我国的报刊是根本不做广告的。因为市场不发育，产品靠分配、划拨，用不着自我推销去做广告。报刊自身也不需要创收，不用去占领广告市场。我国的报纸从 1983 年才陆续恢复广告。那年全国的广告收入是 7 000 万，经过 10 年，到 1993 年年底已达 24 亿，约占全国广告业收入 134 亿的五分之一强，已经出现了 10 家报社广告收入过亿元。可以设想有这一大笔资金来补充办报，报纸在减少对国家的依赖，增强自身活力、自主权方面已经有了多么大的提高。同时，每份报刊，在自己的行业内、自己的市场范围内传播广告的多少，就标志着它占领市场能力的大小，也标志着它知名度的大小，这是它扩大发行的本钱。广告主总是有选择地找报刊登广告，这就是市场检验。

除发行、广告收入外，还有其他方面的经营。这些经营一要守法，二要充分利用传媒的社会影响，三要科学管理。有这三条，报刊社就可以从市场中获得滚滚财源。这几年经营有方而富起来的报刊社有的是，说明市场经济为报刊繁荣开出了坦途。今年 6 月我们对 10 家报社的经营情况进行了统计。这 10 家有两家中央报纸，8 家各省市的党委机关报，除一家无利润外，其余 9 家的人均年税利在 2.2 万到 10.84 万之间。至于期刊，经营好、利润大的就更多。这 10 家报纸都是党报，过去受计划经济体制影响最深（类似国营大型企业），现在向市场经济转变，都能在经营上做出这样的成绩，可见这是一条富有活力的光明大道。我们知道还有许多更灵活、更贴近市场的报刊，经营状况更好些，而且它们都坚决地执行了以办好报刊为主的方针，并没有影响报刊的社会效果；相反，还因经济实力的增强巩固而强化了这个效果。只要我们借助报刊在读者中的威信，借助它作为大众传媒手段的特殊优势，依据市场经济规律，遵守法律，合法经营，报刊的经营是可以搞上去，可以大有成效的。

三、在管理方面的考验，建立新机制，依法行政

在计划经济体制下，国家有足够的资金保证办报刊，而且那时报刊不多。然后靠政策指导、纪律要求就可以管理好了。这是一种“政治集中，经济保证”的管理体制。市场经济条件下，除少数报刊（如机关报、军队报）仍保留这种体制之外，大部分要实行“自负盈亏，平等竞争，市场选择，优胜劣汰”的管理机制。这种新机制下对报刊的管理力量、制约因素有三方面：一是党委宣传部门的政治指导；二是市场诱导；三是政府部门的行政规范。这三者中政府部门的管理是最终管理，它要把市场所反映出来的规律和实践中产生的政策最终上升到法律、法规，由政府管理部门出面依法行政，从而规范报刊的出版行为，并保证它的繁荣。现在我们还有一种计划经济下的遗风，不

习惯依法行政，哪个名人、领导人说句话，题个刊名，也成了批报批刊的依据。报刊出了问题，总有人出面说情。大家脑子里都忘了要依法。这也要有个习惯过程。对行政管理部门来说，就是要坚决，要强化依法行政。

按照这个思路在管理上将作如下调整。

第一，确立报刊的独立法人地位。报刊内部实行改革，包括用人、分配制度，建立激励竞争机制。这样对外割断报刊对国家的经济依赖，对内加大报刊的自主权。在管理上亦可减少行政干预，有效地依法行政。

第二，定期核验，评优分级，以便优胜劣汰。长期以来报刊实际上是终身制，一旦获准登记，便“只生不死”。这成了管理上最头痛的问题。去年报纸已制定了可操作的质量管理标准，具体分成政治、文化、信息、出版、广告、发行等六个方面的质量。期刊也正在制定。每年核验一次，不够格的将被自然淘汰。去年试行以来效果很好，全国有数十种公开报刊和千余种内部报刊在核验中已被淘汰，第一次改变了“只生不死”的局面。

第三，建立集团，鼓励兼并。我国新时期的报刊业现在正经历一个转折阶段，就是从以数量增长为主的繁荣迈向全面提高质量的繁荣。1978 年十一届三中全会以来，党和国家政治生活中的两次大转折，即中心工作由政治转入经济，经济工作由计划转入市场，带动了报刊为经济服务，面向读者，平等竞争，产生了数量上的大增长、大繁荣。这种增长必然带有迅猛发展中的不精细、不完善性，而对市场也有一定的盲目性。就像洪水骤起，先是四处横溢，然后必然慢慢归入江河。水的归流，一是靠天然地势走向，二是靠人工筑渠打坝，才能各得其所，为人所用。对报刊业说，就是一靠市场规律，二靠法律规范。在市场中通过竞争必然会相对集中，小沟小溪必然要汇成大河。我们鼓励这种兼并。这首先是宣传和舆论导向的需要，如果报刊形成集团，更有利于发挥优势。其次也是管理方面的需要，便于集中管理。一份报刊能不能形成集团，取决于它在五个方面的实力，即传媒实力、经济实力、人才实力、技术实力和发行实力。事实上这种由平等竞争而产生兼并的苗头已经出现。既然创办一种报刊，就要有这种思想准备：或者有志办成一个大的集团，去兼并别人，称雄市场；或者自认实力不济被兼并，或者在夹缝中求生存，保有自己的一片绿洲，过个小康日子。市场就是战场，要有生死搏斗般的准备。关于集团和兼并问题，我们已开过一次研讨会，并发过一个文件。这方面的工作还处于调研阶段。

第四，加强立法，完善法制。新闻出版署和各地新闻出版局成立已到第 8 个年头，在报刊管理方面已积累了不少经验。这几年公布的报刊方面的法规文件有 30 多个，最主要的有《报纸管理暂行规定》和《期刊管理暂行规定》，以后还将继续加强立法。市场经济是法制经济，没有法律规范，便会洪水横溢，便不能平等竞争，不能发挥市场经济自身的优势。特别是报刊作为精神产品，没有法律保障就会受到冲击，偏离方向，也得不到发展的机会。所以下一步仍将加强立法。目前首先考虑的是报刊的法人地位、质量标准、评优分级办法等，目的是使管理具有可操作性。

现在的主要问题还不是没有法，而是我们许多办报办刊人不知法，不熟悉法，往往“犯法才知法”，有时又不知借法规保护报刊的权益。所以我们决定，以后新批报刊，先办总编辑培训班。别的业务知识可以慢慢来，但基本法规要先知道，要先遵守出版、经营方面的起码规定。今天这个班，在报纸方面是第三期，期刊是第一期，以后要不断办下去。

祝同志们学有所获，把自己主办的报刊办好，共同争取我国报刊业的新繁荣。

（1994 年）

关于报刊市场运作的七个问题

一、报刊的市场属性和市场规定

我们党在新中国成立后经过四十多年的痛苦摸索，终于从计划经济体制的模式里走出来而选择了社会主义市场经济，这是中国革命和建设的一次大飞跃，建设有中国特色的社会主义上了一个新的台阶。这一新体制及其理论确立的标志就是党的十四大。在十四大前，国家90％以上的工业消费品价格和70％的生产资料价格已经放开，虽然还没有宣布体制转换，事实上已经在实行市场调节为主了。

十四大报告中关于市场经济有两段著名的论述。一段是市场经济的作用："我们要建立的社会主义市场经济体制，就是要使市场在社会主义国家宏观调控下对资源配置起基础性作用，使经济活动遵循价值规律的要求，适应供求关系的变化；通过价格杠杆和竞争机制的功能，把资源配置到效益较好的环节中去，并给企业以压力和动力，实现优胜劣汰；运用市场对各种经济信号反应比较灵敏的优点，促进生产和需求的及时协调。"另一段是讲我们推进市场经济体制的决心和方法："建立和完善社会主义市场经济体制，是一个长期发展的过程，是一项艰巨复杂的社会系统工程。既要做持久的努力，又要有紧迫感；既要坚定方向，又要从实际出发，区别不同情况，积极推进。在建立社会主义市场经济体制的过程中，计划与市场两种手段相结合的范围、程度和形式，在不同时期、不同领域、不同地区可以有所不同。要大胆探索，敢于实验，及时总结经验，促进体制转换的健康进行。"

上面的论述为我们的报刊管理提出了两个问题。一是市场经济的这些规律与报刊出版有没有关系，我们能不能利用？二是在市场经济体制这个大的社会系统工程中报刊处于什么地位，怎么运作？要回答这两个问题，我们先得弄清楚报刊的属性：报刊出版是不是经济活动？报刊社是不是企业？因为市场经济讲的是"使经济活动遵循价值规律的要求，适应供求关系的变化”，如果报刊出版是经济活动，它就要受这个规律的左右。另外，市场经济“是一项艰巨复杂的社会系统工程”，抛开报刊自身经济活动的一面不说，在这个大系统中它又该如何适存？

全面地说，报刊应该有四个方面的属性，即：政治属性，它是喉舌，要讲社会效果；文化属性，它表现为文化形式，要讲文化质量；信息属性，它的主要功能是传播信息；商品属性，它生产出来后要参与流通进行交换。商品属性也即市场属性。我们对这四个属性的全面认识是经过几十年的实践摸索之后才得出的。在以往的报刊管理中，曾出现过或左或右，都是因为对这几个属性把握得不够全面，常常是某一个时期过分地强调了这一点，却又忽略了另一点。全党在十一届三中全会之后实现了工作重心由政治到经济的转移，在经济工作中又逐渐实现了由计划经济体制到市场经济体制的过渡。随着这个过程的推移，报刊的市场属性也就逐渐显露并突出出来，所以才有我们今天的专门研究。可以这样简要地概括：从某种角度说，报刊是商品，报刊社是企业，报刊的出版是经济活动，是市场行为。这里所以要加“某种角度”，是因为报刊还有其他的属性，我们还可以得出另外的几种结论。

报刊有市场属性，就要顺从市场规律，遵守市场规定。所以随着国家经济体制从计划向市场的转换，对报刊也就有了不同的要求。**简单地说，计划经济要求于报刊的是只管宣传，不管赚钱；市场经济体制是既要宣传，又要赚钱。计划经济体制下，报刊与读者是一种单向的供给（灌输）关系；在市场经济体制下，则是双向的供求关系。这两组关系说明进入市场经济后报刊的出版已经是一种经济行为，要受市场供求关系的左右。这就是它的市场规定。**

二、法人制度——报刊市场主体身份的确定

要搞市场经济，进行市场运作，先要确定市场的主体。市场经济学告诉我们，现代发达市场的主体是企业。这之前还有许多不发达的

阶段，如小农经济的市场，其主体便是个体的农民。现代企业在市场中已经是主要的产品生产者和购买者，是市场的主体，所以研究市场经济又特别离不开研究现代企业制度。只有发挥了主体的作用，市场才能搞活，市场的作用才能显示出来。因此，近年来经济界十分关注对大中型企业的研究，关于这方面的政策也已出台不少。我们还特别做出了搞活大中型企业的具体规定。依此道理，报刊社就是报刊市场中的主体，它向市场提供自己的产品——报刊，同时向市场交换自己所需要的生产资料和生活资料。

在计划经济体制下没有充分的市场，因此报刊也就没有必要去做什么主体，它向来是处于一种从属地位，很长时期就只剩下了一个属性——政治，报刊成了阶级斗争的工具，报刊社等同于一个政治机关。那时报刊社在经济上有充足的保证，用不着要求独立的经济身份，相反它更愿意躺在国家身上，享受这种全包起来的优惠。后来，随着国家逐步减少不必要的负担和报刊的大量增加，报刊社变成了事业单位，并且又大都实行了事业单位企业化管理的办法，报刊从享受全包的待遇变成了享受部分补贴的优惠。国家对报刊逐步减少补贴的过程即是它的主体身份逐渐成熟的过程。当一个报刊社完全经济独立时它才敢也才有权在市场上作出进退决策，以适应复杂激烈的竞争，并在这种竞争中找到机会发展自己。**我们看，从政治机关到事业单位，再从事业单位到企业，报刊就这样逐步成长为一个市场的主体，国家将它推出了怀抱，它将要去实现马克思所说的“惊险的一跳”。**面对市场经济的大海，到对岸去开辟新大陆的自由与呛水甚至被淹没的可能同在。当它确立了这个主体身份后它才有权在市场上竞争。

事实上这几年我们已在不知不觉地培育和完善报刊市场，在加强报刊社这个主体。正像给大中型企业放权一样，也给报刊社放了一些权，主要有：（1）报刊定价权。1988 年下发文件，规定除国家仍然包经费的少数几家中央大报外，报刊定价一律放开。（2）广告刊登权。十一届三中全会以前，报刊的政治属性十分突出，报刊等同政治机关，因此绝不允许刊登广告。到 1983 年才逐步恢复广告，开始还有广告版面比例的限制，到现在已经完全放开。1983 年全国报纸广告收入只有 0.7 个亿，到 1993 年已达 37.7 亿元。（3）发行权。自新中国成立以来我们的报刊发行就是邮发合一，由邮局一家垄断。1985 年中国出现第一批自办发行的报纸，到现在自发与邮发已是平分天下。

以上这些权放了以后给报刊经营增加了活力，这是近几年来报刊业繁荣的一个重要原因。但是要使报刊社能够真正成为市场的主体，使报刊出版活动更符合市场规则，还需要做一件基本的事情，就是建立报刊社的法人制度。和过去相比，现在报刊是争得了一部分经营自主权，但是却没有负担起应负的责任，于是出现了两种怪现象：一方面是报刊社旱涝保收。从国家身上拿补贴，从市场上拿奖金；增值的部分报刊社得，亏空的部分国家贴；干得好报刊得利，犯了规国家付罚款。另一方面是报刊社仍被捆着手脚。只有上缴利润的权，没有决定发展投资的权；干得好国家多得利，干得不好也能活下去。这两种怪现象其实不怪，它是从计划经济体制向市场经济体制过渡中的正常的必然现象。但是这个现象和这个过渡不能停留太久。可以看出，和计划经济体制下相比，报刊已经有了部分的自主权和一定的活力，但是它的手脚还没有全部放开，还需要进一步明确它在市场上的主体身份，首先是它该有的权、责、利都应该有，而且要能有机地统一，这就是要建立法人制度。规定的权责利应该包括：（1）报刊社承担的国家管理部门为报刊所规定的法律责任；（2）报刊社独立负责的经济责任；（3）报刊社所享有的企业经营权，即对国家批准并授予其经营的报刊社的财产享有占有、使用和依法处置的权力。（4）报刊社享有对自己出版的报纸、杂志的销售权，并对这些产品的质量负责。这样报刊社在市场上才算取得了主体身份，才有资格和条件去参与竞争，才能谈到市场运作。

三、分工与结构——报刊的市场定位

市场交换的前提一是交换者要有自主身份，拥有产品的所有权，二是交换者之间要有不同的分工。如果大家都手持同一样产品，也就

无所谓什么交换。具体到报刊市场来说就是各报刊要有一个基本的分工，宏观上全国要有一个合理的结构，微观上各报刊要有自己的市场定位。

现代经济的特点是更加一体化和专业化，今天的报刊市场已经是一个全国性的大市场。在这个大市场中报刊所以能够交换出去，是因为读者（买方）有其他的分工，他自己不办报刊，才来花钱买你的报刊。他从其他地方（比如政府部门、学校课堂、社会传闻）得到的信息不能满足他的需求，才要买你的报刊，才到市场上来交换。于是报刊的市场分工就有了两个层次：第一，报刊与其主管部门的分工，以区别市场行为与政府行为；第二，报刊社之间的分工，以划定各自的市场范围和主攻方向。

这两点本是很简单的道理，但是由于我们过去从来不从市场的角度来审视报刊的生产，其中的关系并没有理清。因为过去的报刊大都从属于某个机关，侧重发挥单向的灌输作用，它的功能也就是这个机关的功能，如果有分工也是所属机关的事，它不靠市场交换，也没有必要从市场角度来思考分工问题。现在一下让报刊置身于市场中，它就需要重新审视一下自己的功能，以确定市场定位。我们现在的报刊市场发育很不完善，一个主要的标志就是报刊的市场属性不明显。刚从机关迈向市场，一方面还有点架子，一方面又有点怯生。当企业刚迈向市场，表现为政企不分时，在报刊管理方面也常常表现出政刊不分。

所以谈适应市场经济体制，对报刊来说还得从启蒙开始。它要完成二次分工才能完善自身的报刊属性。第一次是先将它从机关的怀抱里分出来。要明确，同样是一种工作，机关是通过行政权力，以行使管理的方式来完成；报刊是通过市场交换，以出卖信息的方式来完成。《法门寺》里的贾桂站惯了不敢坐，我们的报刊当机关的喉舌当惯了，单向灌输的方法用惯了，总不敢以独立的市场主体身份去交易。尤其是各级机关报刊，这个弱点表现得更为明显。

第二次分工是各报刊之间的分工。在计划经济体制下办报刊，宣传任务上面定，经费上面给，不必管销路，就像工厂，只要完成计划，哪怕产品压在库房里也会受表扬。而现在，从微观上讲，每一个报刊心中都要装一个大市场，要明确自己的分工和市场定位，既不能撞车，也不能踩人家的旧路走。从宏观上讲，这个大市场要有秩序地运行，就是要根据分工规划出一个科学的结构。比如，现在我国的报纸共分九大类，分别是：综合性大报、党政机关报、群体报、行业报、晚报、生活类报、文摘报、企业报、军队报。这不是人为的划分，是几年来市场运行、筛选与组合的结果，基本上反映了市场需求。

第一次分工是将报刊从机关中分出来，确立自己的市场属性和市场主体地位；第二次分工是大步走向市场，找到自己的位置。

四、报刊的市场竞争机制

报刊的市场主体身份和市场分工确定之后，它就披挂上阵，在金鼓声中开始了激烈的市场竞争。市场竞争就是优胜劣汰，通过看不见的手“把资源配置到效益较好的环节中去，给企业以压力和动力”。通过竞争使报刊的质量、品种、结构、价格都调节到最佳状态，这是我们的理想目标。但问题不是那么简单，因为报刊市场还在发育中，还有许多与市场经济法则相悖的计划经济法则在起作用。所以在报刊市场运作中要尽量缩短这个交叉过程，引导市场向完全竞争的方向发展。计划经济体制对报刊作用的残余影响主要体现在两方面，一是经济干预，二是行政干预，所以我们完善市场机制的运作也要从这两方面入手。

第一，在经济上断奶，逐步取消政府对报刊的补贴，以促使其尽快完善自己的市场主体身份。市场对企业的作用是产生一种追求利润的动力和竞争求存的压力。现在有一部分报刊自恃有国家可靠的补贴，并不想利用这两种力。市场经济就是通过市场的供求关系来调节的经济。政府一天不断奶，市场一天不会介入调节。现在流传一句话“企业找市长还是找市场”，市长一天不放手，企业就一天不会去找市场。计划经济是陆地，市场经济是大海，报刊总不下海，或者留恋两栖状态，怎能学会在风浪里游泳？更重要的是市场经济的大潮不可阻挡，以为站在一块礁石上就可以躲避这个大潮，是不现实的。

第二，在行政管理上制定强制性的淘汰标准，对质量很低，但受非市场因素保护，无法经过竞争淘汰的报刊，要强行停办。去年新闻出版署已经制定并试行了一年报纸质量管理标准，反映很好。它对报纸质量从内容、信息量、印制、广告、发行、综合效果等六个方面都给出了量的标准。本来，在正常竞争下，当一张报纸在这几方面都已达不到最低标准时，它早应该被市场法则挤出市场。但这时主管单位常会出于部门利益进行行政干预保护。这时就要用这个规定，以维护正常竞争。从这一点也可以看出，比起物质产品市场来，报刊市场发育得多么迟缓，当物质产品市场已经在反暴利、防垄断时，这里却还在防止行政干预。

现在报刊市场不是竞争过分，而是竞争太少。目前应该在保证政治质量的前提下，放手鼓励报刊的竞争，使大家逐步适应这种优胜劣汰的新机制。

五、市场兼并与报刊集团

市场竞争的结果必然出现兼并，出现集团。兼并和集团是市场经济发展到高级阶段的产物，是社会分工专业化、市场一体化、管理现代化后，对小而全、封闭式经营的淘汰与改进。现有的报刊市场上有一批发行量少、质量低的报刊，勉强靠拉广告、搞活动维持。对这一现状的改进，除用行政手段外，一个有效的办法就是借助兼并和组建集团的办法，提高报刊的整体素质。报刊集团是通过集中人、财、物形成一个有竞争实力的经济集团。所以它必须具备六个方面的实力：(1) 传媒实力，必须包括有五个以上的传媒机构；(2) 人才实力，要求有一定比例的中高级专业人才；(3) 技术实力，要求有较先进的照排印刷设备；(4) 发行实力，要求有一定的发行量和覆盖面，并自己有组织发行的能力；(5) 管理实力，要求有先进的管理手段和较高的管理水平；(6) 经济实力，比如一定的人均利润。

集团是市场竞争中自然的产物，在市场运行中要防止揠苗助长，去人为地拼凑集团。企业在市场活动中单个地与四面八方进行交易，会有许多的支出，为了节约开支便组成联合体。可以说，集团是将一部分社会交易行为转化为内部的行政管理行为。当这种结合的规模、管理的方式掌握在一个适当的度时，集团的支出和效率就正好处于最佳状态。如果这个联合体的内部管理费用已经超过了集团各成员单独交易时支出的和，或者因联合而产生的行政协调反而影响了在单个进行市场活动时的效率，那么这个集团的成立已经没有意义。

报刊集团又与一般的企业集团不同，它还担负有政治宣传的任务，因此它同时还是一个政治性很强的传媒集团。如果说一般的企业集团就是为了追求经济利润，那么报刊集团则首先是要追求社会效果，同时还要有相当的经济效果。所以在现阶段组建报刊集团时应先以党报为龙头进行试点，以保证正确的政治导向和较强的组织领导能力。

六、市场负效应与产品负效应

从计划经济体制到市场经济体制是一个大的进步，但市场经济体制不是万能的。它的优点是能刺激企业的活力，及时反馈信息，最优化配置资源，对产品优胜劣汰。缺点是它只以经济效益为目标，而且这种调节带有暂时性、盲目性和微观性。这种缺点会产生市场负效应，就是刺激有害的或者剩余产品的生产。比如某项农产品赚钱，市场便会刺激农民大量种植；某项工业品虽有公害，但有利可图，仍然会有人大量生产。而在书报刊市场上就是刺激不健康的甚至黄色读物的出版。市场经济体制是以市场引导企业，这种负作用的引导会导致生产的恶性循环。

在市场经济体制下还有另一种负效应，就是产品负效应。这一点研究不多。市场负效应是市场刺激有害产品或剩余产品的生产，产品负效应是产品刺激有害需求或过剩需求的增长。物质产品的负效应相对来讲还不大，因为它所产生的负作用很快就会被发现，比如一种产品有污染，只要人们意识到这一点，就会自觉地去抑制这种有害需求。

精神产品却不一样，它对市场的负刺激比物质产品要大得多（当然正刺激也是一样），这是因为它的负效应有更大的诱导性和隐蔽性：一是不易发现，二是即使发现了又不能自拔。比如一些青少年开始不能鉴定坏书，读进去后却又拔不出来，这有点像鸦片的作用。人可以创造物质，物质却不容易掌握人；人可以创造精神，精神却可以掌握人。无论正反，精神产品对人都会有超常规的作用。市场经济体制是以经济利益为目的运用经济规律来运作的，因此对报刊的产品负效应只能加剧，而不可能自行抑制这一点我们在市场运作中必须时刻警惕。

七、国家对报刊市场的宏观调控

市场经济体制为报刊管理带来了新的机制，国家对报刊的管理将建立在这个体制之下。它无疑是市场经济这个系统工程的一部分。但是，一开始我们就谈到报刊除了商品属性外还有政治属性、信息属性和文化属性。也就是说，在整个报刊管理中，依据经济规律的管理充其量也不过是全部工作量的四分之一。所以国家还要站在更高的高度来对报刊进行宏观调控。这是因为：第一，报刊有很强的政治指导作用；第二，两种体制的管理正处于转轨之中；第三，市场调节还有它自身不可避免的缺点。因此国家必须对报刊市场进行宏观调控，其手段可以用行政的、经济的和市场的。其指导思想主要有这样几点：

第一，确立社会效益第一的报刊质量管理标准，并以此为准，决定对报刊的取舍、抑扬，决定政府对它支持或限制的程度，亦即调节度。这主要是用行政的方法。报刊在市场运作中是为了最大地发挥经济效益，但是这个效益一旦有碍社会效益，就要坚决限制。目前表现最突出的就是坚决打击非法和黄色的出版物。

第二，国家通过税收政策对精神产品的生产给予支持。现在已决定新闻出版业实行退税，由管理部门或主管部门再分别优劣、轻重，重新进行二次分配。这是国家直接运用经济手段（不是市场的）来调控干预。这一条必不可少，也是近几年来宏观调控政策的大建树。

第三，区分两个市场。现在事实上存在着两个报刊市场，即公费市场和自费市场。公费市场主要是各级党政机关报刊，担负着指导工作和舆论导向的任务，国家对其有经费补贴，并可用公款来订阅。自费市场主要是直接服务于群众经济文化生活的报刊，由消费者自费订阅。两个市场的形成与并存正反映了我国从计划经济向市场经济的过渡。在公费市场上，市场法则并没有充分展开，政府的干预和保护还起着基本的作用。在自费市场上，市场法则才对资源的配置起决定作用，在这里国家可以用市场的手段来发挥调控作用。

第四，把握一个合理的总量和科学结构。近几年我国报刊发展速度太快，造成了一些不平衡。应根据我国的政治、经济、文化发展水平和与报刊业相关的物质生产、人才培养情况确定报刊的总量。同时，还要照顾到各行各业、各阶层的读者，确立一个科学的比例结构。近一两年内要坚决地控制报刊的发展总量。

第五，逐步建立起一批政治上坚定、经济实力强、管理有方的报刊业集团，以此来引导市场，并通过行政和市场的手段逐步将一些质量低的报刊挤出市场，达到优胜劣汰的目的。

(1995 年)

报刊市场发育的三个阶段

——在 1995 年全国报刊管理工作会议上的讲话

自从党的十四大确立了社会主义市场经济体制之后，我国的出版市场就开始了依据社会主义市场经济规律进行培育、发展、完善的过程。与之相适应的是，管理部门依据社会主义物质文明和精神文明建设的大目标，依据市场经济的规律，实行新型的科学管理。这是我们研究报刊管理的大思路。

一、我国报刊市场发展的三个阶段

从市场的角度来审视报刊业的发展，我国的报刊市场大致经历了三个阶段。

第一阶段，十一届三中全会以前，是有限的狭窄的市场。这个时期市场发育很不成熟，甚至于还没有“报刊市场”这个说法。报纸的出版只被看作一种政治行为或者从属于政治的生产行为。

其主要特点是：

(1) 报刊品种少，但编辑质量较高。十一届三中全会召开的 1978 年，全国只有报纸 186 种，期刊 930 种。这对一个 10 亿人口的大国来说基本上算不得什么市场。而且从结构上讲，又以政治性的机关报刊为主，也没有形成适应多层次消费的多品种结构。

(2) 公费市场为主。报纸绝大部分是靠公费订阅，刊物也有很大一部分是公费订阅。靠公费办报刊，又靠公费订报刊，严格来讲并没有形成市场循环，没有在生产者和消费者之间形成流通交换，只是一种特殊的配给方式。从这个意义上讲，我们可以说这一阶段是“无市场”。

(3) 报刊内容突出政治，以自上而下的灌输为主。报刊的四个属性即政治属性、信息属性、文化属性和商品属性，本来是有机的统一，这个时期却是突出政治一个属性而完全抹杀了其他属性，特别是抹杀了市场属性。

（4）在经营上吃大锅饭，是被动的派购式的经营，也可以看作"无经营"。报刊主要是一种生产行为，而且还是计划指导下的生产，你给钱我出报，而不是市场引导下的生产。

（5）在管理上只是政治、政策的指导，全国没有新闻行政管理机构，既然无市场，当然也就没有市场管理。

所以从市场角度来说，第一阶段的报刊市场是"无市场、无经营、无管理，无法规"，当然也谈不上什么违法。因为"无"，倒也清静，报刊市场干净，市场负效应没有出现。

第二阶段，从 1978 年十一届三中全会以来，特别是 1992 年十四大之后到 1994 年 1 月中共中央召开全国宣传工作会议，这一阶段是原始的无序的市场。十一届三中全会之后，我国经济生活中就在探寻市场经济体制，到十四大才正式确认。报刊市场比其他物质产品市场发展要迟一拍，但仍然跟上了发展市场经济的节拍。这一时期，由于社会主义市场经济概念的确立和市场经济所带来的巨大活力，报刊迅猛发展。市场负效应也同时共生，许多天生不完备的东西也伴随出现。

其主要特点有：

（1）品种大量增加，质量却明显下降。报刊已经形成了多品种、多层次的结构。在十四大召开前后到 1993 年年底，报纸已过 2 000 种大关，达2 040 种，期刊 7 595 种，到 1994 年年底报纸达 2 108 种，期刊 7 919 种。

（2）自费市场的开拓。消费者开始按照自己的意愿选购报刊，报刊也在研究怎样扩大自己的消费者群，真正意义的市场这时才开始形成。主要靠自费来订阅的晚报、文摘报、生活类、对象性报等品种，已占全部报纸的 40%以上。

（3）报刊的商品属性开始显示出来，办报办刊，开始有市场运作。报刊的总编已开始懂得计算成本、利润，研究促销手段。

（4）在经营上由于市场效应，经济利益的驱动及市场发育的不成熟性，表现出野蛮经营，短期行为，无序竞争。这个阶段像资本主义的原始积累时期一样，一些报刊在经济利益的刺激下，采取了野蛮经营的手段，主要有：非法买卖刊号，内容上专登黄色、凶杀等刺激性题材，借报经商，大搞以敛财为主的活动，大搞虚假广告、刊登有偿新闻等等。

（5）在管理上开始确立行政规范。针对数量剧增和非法出版活动严重，新闻出版署制定了一系列的法规文件。这时期的法规文件初创法规化管理，其特点是以定性为主，主要是大致划出合法与非法的界线。

从第一阶段到第二阶段转移的特点是从无到有，从无市场、无经营、无法规，到有市场、有经营、有法规。

第三阶段，从 1994 年 1 月全国宣传工作会议之后，报刊市场进入了一个开始发育的有序市场。这次会议确定了出版工作从数量增长到质量提高的阶段性转移。一年来全国报刊市场情况有了明显改善，主要特点有：

（1）数量相对稳定，质量明显提高。

（2）已经形成了自费市场和公费市场相结合的较完备的市场体系。

（3）报刊的四个属性有机结合，均衡发展。被商品属性和市场效应牵着报刊鼻子走的现象开始扭转。

（4）在经营上，办报人、办刊人开始研究市场的深层规律，注重长期行为和以质量为主要内容的公平竞争，讲究市场营销手段。各报刊注意研究自己的市场定位，个性和精品意识在逐渐增强。一批既不靠政府补贴，也不靠恶性刺激和非法、投机经营的报刊，取得了很可观的经济效益和社会效益。

（5）在管理上开始确立以政治为导向，以市场经济规律为依据，以质量为目标的管理体系。

从第二阶段向第三阶段转移的特点是从有到好，从无序到有序，从定性到定量。

二、现阶段的特点和管理对策

我们现在正处于第二阶段向第三阶段的转移之中，即从原始的无序的市场转向开始培育有序的市场。这是一个艰苦的过程。这个交替时期的特点是混乱仍然存在，秩序已开始出现；野蛮经营仍然有用，文明经营也开始见效；投机仍然有效，但人们已开始懂得照章办事；非市场因素仍然起作用，但市场因素已开始稳步发挥作用。总的趋势是正在走向遵纪守法，按规律办事。

这一时期在报刊市场上出现的问题是“擦边不犯规，合法低质量”，因为是在交替期，非法、合法手段都还有效，有序、无序都能行得通。于是办报人、办刊人常常会采取两者兼而用之的办法，既达到迎合市场、刺激读者的经济效果，又能得到合法的生存。这时公然买卖刊号、刊登黄色等非法违规东西明显减少。存在的问题主要表现为：

（1）文章内容擦边，或者刊登一些小有刺激的东西，或者披露隐私，甚至泄露机密，或者在政治上打擦边球。

（2）文章格调偏低，内容媚俗，迎合读者，缺少创造。

（3）在标题和封面上做文章。内容并不犯规，但通过标题和封面放大阴暗面，导向错误。

（4）虚假报道。

（5）报刊发行量低，达不到作为大众传媒的起码要求。

（6）编辑和印制质量低。

这些现象归结起来就是报刊的综合质量差。报刊多而滥，已经成了社会上一致关注的问题。在犯法违规问题基本解决之后，解决质量问题已属当务之急。这是直接关系到报刊业发展和市场培育的大问题，也是现阶段管理的主题。这有点像工业生产中，高能耗、低效益企业在市场竞争中必然会被淘汰，而作为管理部门就要研究怎样对它进行改造，也就是十四大报告中讲的，使市场对资源配置起基础作用，运用价值规律、价格杠杆、竞争机制调节供求，优胜劣汰。

对办报办刊人来讲，这两个市场的交替期是一种再生或者崛起的

机遇，但也可能被淘汰出局。因此必须研究市场经济的深层规律，研究市场运作的基本原理和方法，扎扎实实地开拓市场，培育市场。大致讲来要做好四个方面的转变，即：从办报办刊来讲，变单向灌输为双向交流；从报刊的市场定位来讲，变共性为主为个性为主；从市场开拓来讲，变单一的公费市场为公费、自费相结合的完全的市场；从报刊社的经营来说，变单一经营为集团经营。总之，一要出精品，二要出效益，这样才能使自己在竞争中立于不败之地。

对管理部门来讲，解决这种不好不坏、又多又快、量少质低的问题，只靠法律、法规一道防线不行，还得再有一个档次，这就是制定一个“质量管理标准”。报刊不能满足于“不犯法”，因为它担负着舆论导向、教育人民、提高国民素养、匡正社会风气的作用。针对这种情况，总结近几年来各地的管理实践，我们把现阶段的管理方针确定为十六个字：围绕质量，定量管理，评比分等，优胜劣汰。为了贯彻这一方针，使报刊在市场竞争中能有一个统一的法则，新闻出版署已经制定了《报纸质量管理标准》《社会科学期刊质量管理标准》。这两个法规性文件与以往的最大不同就是它强调定量管理，就是要解决“大错不犯，小错不断”“数多量低”“擦边不犯规，合法低质量”的问题。**从现在开始要实行管理目标的新转移，即从过去以“遵规守法”为目标的行政规范管理转向以“达标上等”为目标的质量规范管理。**要变过去当对手为当裁判，让报刊面对市场，面对读者，裁决判定哪些报刊不合市场规律，不合质量标准，不合乎广大读者的利益，通过市场运作，把质低量少的报刊挤出市场。要充分运用价值规律，价格杠杆，读者反馈，四两拨千斤，顺风来行船。不是打少林拳，而是打太极拳，因势利导，把握市场。把过去常使用的突击整顿、查处等手段，逐步转变为日常性的正规化管理，把定性管理转化为定量管理。其中最主要的一个方法就是建立年检制度，开展评优评劣。所以 1995 年报刊管理工作的指导思想是：以贯彻《报纸质量管理标准》为中心，以考核评比为主要手段，落实量化管理，实现优胜劣汰，实现报刊从“遵规守法”到“达标上等”的新转移。

（1995 年）

政治建设　市场运作

——在全国城镇阅报栏经验交流会上的讲话

今天我们几十家报纸和一些广告公司文化部门的同志自动聚集在一起讨论城镇阅报栏建设问题，很有意义。这是一个老题目，也是一个新问题。50年代我们国家的阅报栏就曾遍布城乡，但是后来有一段时间渐渐减少，甚至消失。在政治斗争为工作中心的那段时间内，报纸是政治斗争的工具，阅报栏是政治阵地，很容易被人重视，也好巩固。以后工作中心转到了经济建设上来，此事便有所忽略，在等到实行市场经济体制后，什么东西都有个市场效益、市场核算，阅报栏建设就更感困难。今天我们探讨这个问题就是要研究在新条件下怎么继续做好这篇老文章。

老题目，新文章，概括起来就是八个字：政治建设，市场运作。

首先，我们还是要从政治上看问题。在大街上竖一个报栏，就是建一块精神文明阵地。这是一项政治建设，是政治建设中的硬件建设。现在搞经济建设，搞市场经济，我们更需要做好政治工作。现在碰到的实际问题、思想问题都比过去多了，所以工作要做得更细一些，更入情入理一些。比如群众更关心政策的变化，要随时告诉他们；改革开放，信息需求量大，要及时报道；市场导向引起了人们价值观的变化，要随时引导；社会上一些好典型要宣传，坏倾向要批评。一句话，报纸的导向作用显得更重要了。报栏是报纸版面的延伸。我们现在拼命地扩版，八版、十六版、几十版，报纸本身的信息是增加了，但还有另外一个问题值得注意，就是它的覆盖面怎么样。这几年许多报纸的发行量都在下降，你的版面再多，没有人看又有什么用？如果我们在闹市区设一个报栏，一张报就变成了十张、一百张，就可以及时进行政治教育、舆论引导。现在，在市场经济体制下每个人都在忙着个人的事，大家的生活节奏都很紧张，如果我们在城镇的各个角落设立许多报栏，就相当于在茫茫人海中竖起许多航标，大家一抬头就可以知道中央的声音，知道最新的信息。这对我们在现代化建设中统一步伐、增强团结会有很大的作用。

其次，这虽然是个政治问题，但并不能像过去一样，简单地下一道政治命令就可以解决。现在和 50 年代相比国情也发生了很大的变化。不要看一个小小的报栏，具体一办则涉及城建、市容、交通、邮政、绿化等部门。各部门都有它的权限和职责，当然也有它的利益，这都需要协调。还有一个更具体的问题，就是谁来出钱建设、维护报栏，这里有一个经济利益、成本核算。这虽然是一件事关政治建设的大事，但在今天，在市场经济条件下，却是需要通过市场运作才能实现的，因此要学会用市场经济的新方法来解决这个老问题。这次与会代表就带来了许多很新鲜的经验，比如广告公司参与报栏建设，在报栏上方同时设灯箱广告，把报栏当作一个经济实体来经营。公司义务贴报，却又创造了收入，这样报栏就越办越好。还有的报社自己和商场、医院等公众较多的单位合作办报栏，这些单位在市场经济运作中也想改变自己的形象，提高企业的文化素质，两厢情愿，效果很好。有的地方还引进竞争机制，在同一个地区批准报社、邮局还有其他单位各办几个报栏，看谁家办得好，谁家能坚持下去。这些都没有花国家一分钱，每个报栏都义务张贴《人民日报》等各级党报。这说明一个简单的道理，就是党的十四大报告中讲的，社会主义市场经济是一个系统工程，我们要学会用市场经济的观点、市场经济的规律来处理问题，同时也说明在市场经济条件下，政治效果和经济效果是完全可以统一的。

积多年的管理经验，我们认识到报纸有很强的政治属性，另外还有信息属性、文化属性和商品属性，这四个方面缺一不可。报纸的政治导向和舆论导向是我们国家政治生活的一部分，办好报纸就是加强政治建设。但是报纸发挥政治作用有别于开会、讲话、发文件等其他形式，它是通过用一定的文字形式传达信息（文化属性和信息属性）来实现的，并且在市场经济条件下，它的这种作用又还要通过物化的载体交换才能实现（商品属性）。所以在新时期，有关办报方面的事——不只是设一个报栏，还有其他方面的事——我们既要从政治的高度来看问题，又要能娴熟地运用市场规律，通过市场运作既增强报纸的经营实力，又达到政治教育和舆论导向的目的。

（1996年）

关于党刊与市场的几个问题

——答《党风》杂志记者问

首先，我们要理直气壮地说，党刊是有市场的。

在党刊与市场的关系上过去存在一种偏见，好像党刊与市场是对立的。市场是什么？市场就是读者对刊物的消费。作为物质产品的市场，就是我们平常的吃穿用，是直接的物质消费；作为精神产品的市场，就是读者的读、看、听、玩，这是精神消费。这是两个概念。十五大报告中讲过，当前社会的基本矛盾仍然是人民日益增长的物质文化需要同落后的社会生产之间的矛盾。只要有这个基本矛盾存在，就会有供有求，就会有市场。

党刊和市场的关系，说到底就是一个党刊存在的必要性。党刊自然有它的市场，党刊的消费群就是喜欢读党刊的广大读者，只要有这一批读者，党刊就有市场。我们有 5 800 多万党员，还有党领导的广大群众。党员和群众关心党的政策，关心党的政策在实践中执行的结果，关心党风，关心党的命运，自然就会关心党刊，就会有人读党刊。你们《党风》杂志发行近 37 万份，《求是》杂志发行 100 多万份，也充分说明了这一点。所以先肯定这一点：党刊有市场。全国百强期刊中党刊就占了十几种，发行 100 多万份以上的期刊中党刊也有十几种，这就说明党刊是有市场的。这里面可能有利用行政权力订阅的，但这只占一部分，不能说全部都是靠行政命令订阅的。

其次，为什么会有人说党刊没市场，或者说市场不大？这有三个方面的问题。

第一个方面，我们的办刊人员往往将我们的党刊与一些发行量大的生活类刊物作比较，认为那些卖得多的像《家庭》《知音》《女友》，还有时装、美发美容，甚至花鸟鱼虫类等等刊物才叫有市场，而认为党刊没市场。可党刊发行不是也有 100 万的吗？事实证明，你有你的市场，我有我的市场。不要这山望着那山高，不要没进入人家那块市场，就说自己没市场。如果这样，反过来，生活类刊物也可以说自己没有市场呢，会说他那个刊物怎么就不能到党的会议上去发一发，为什么不能用公费来订呢。市场是以固定的对象来分割的，各人有各人的市场，各个刊物有各个刊物的市场。党刊所面对的是党的教育、党的政策、党的大事、党员的形象、党风的变化、党群关系等等。相当大的一批读者，包括党员和广大群众关心这些问题，这就是一个很大的市场。当然在这个市场之外还有其他市场，如生活类、文化类读物的市场等。任何一个刊物都不可能囊括天下，不可能占领所有的市场，也不应该提这样的问题，更不应该面对其他的市场感到自卑。

第二个方面，我们应该检查一下自己的刊物办得好不好，内容上是不是忠实地宣传贯彻了党的方针、政策和党的中心任务；是不是摸准了党员和群众的脉搏，说出了他们想说的话，有没有沟通党与群众，沟通中央与基层；是不是找到了切实生动的材料，是在联系实际还是空发议论。就社会性、政治性报刊而言，人们喜欢看它，一定是它符合了三点一线，即既能沟通上面，又能沟通下面，中间还要找到适当的典型的事实。这三点形成一线，人们才爱看，这三点哪一点不准，这个杂志就是松松垮垮的。一个刊物既没有很准确地阐述中央的政策，又没有摸清党员群众的脉搏，不知道他们想什么要什么，另外又没有找到切实生动的典型材料，这样的刊物当然没有市场。领导不愿拿这样的刊物指导工作；群众觉得不解渴，不愿意买。

第三个方面，是关于文风问题。应该研究一下，我们自己这块市场充分占领了没有，饱和了没有。现在的情况是潜力还很大，还有一大批读者可以订而没有订我们的刊物。这其中很大一个原因是文风造成的，文风不好，人家不爱看。党刊应该是把党的政策用刊物语言来重新表述，使之更形象、生动、贴近，而不是用文件语言。现在我们有些党刊还是像写文件一样写稿子，像编文件一样编稿子，没有实现从文件语言到期刊语言的转化，这样人们怎么会爱看呢？一定要下功夫在文风上做文章。文风不好，谁来看呢？一是办刊的自己看，二是同行互相交换看一看，还有的领导把它作为文件来看。除了这些人外，一般的读者就不愿意看了。就像人家讽刺新诗越来越衰弱一样，说是写诗的人比看诗的人还多。文风不正的文章就是这样，写文章的人比看文章的人还多。这就在很大程度上限制了刊物的市场半径。

文风不好表现在三个方面。一是说套话、空话、应景的话。为什么会有人说套话、空话呢？因为他不想有什么新创造，日子就这么打发着过。凡是这样的干部绝对不是创造型的干部。他们自我感觉良好，不愁吃，不愁穿，无压力，不上进。这样的人当编辑、当总编，不会想到让刊物上一个新台阶，办出水平，办得出众，总在他们所办的报刊上重复一些空话、套话，应付着过日子。第二种不好的文风就是旧话、老话、书面的话。旧话和老话与前面的空话有所区别，是本本主义。这种人小心谨慎，只怕出什么错，而不敢有所创造。第三种是假话、虚话、好听的话。社会上有光明面也有阴暗面，我们的刊物既要表扬先进，也要揭露阴暗、鞭挞罪恶，鼓励人上进，如果一个刊物光是说好话，甚至说点假话，而不敢揭露矛盾，不能反映群众的呼声，这个刊物就不会有人爱看。如果一份刊物里面既有空话套话，又有旧话老话，还说些假话，这样的刊物是谁也不会看的。

最后，怎么求得突破？

第一条，党的刊物要讲政治，讲政治就是抓大事，就是党中央这个时期领导大家干的大事、广大群众心里想的大事，以及最大多数党员干部所关心的大事。毛泽东同志在解放战争时期曾讲过，要站在最大多数人一边。这是共产党最朴素、最简单的一个出发点，任何时候都应这样。如果一个党刊所登的东西不是党中央这段时期战略部署的，不是大家心里所想的，不是最大多数人所关心的，你这个刊物怎么能抓住人呢？有些作者喜欢写一些小事、小情、小景的文章，然后又埋怨读者少。作者和编辑部希望自己的文章、自己的刊物能引起轰动，但是一个作者或编辑发表一百篇、一千篇、一万篇自认为写得最好的、绞尽脑汁的文章，也不及一件政治性的大事在读者中产生的影响大。群众还是关心政治、关心大事的。这么看来，党刊怎么会没有读者呢？

《党风》的读者，党刊的读者，应该说比那些生活类的读者影响还大。我相信大家对这些政治大事的关心是超出对自己的一件衣服、一顿饭、一间房子的，这肯定是一条基本道理，问题是我们自己抓住没有。

第二条，要办好党刊，一定要创造刊物的个性的语言，用刊物的个性语言去阐述政治问题，去讲述老百姓所关心的事情，架起沟通党和群众的桥梁，这是最最重要的。你的文风里面，应该既有党的严肃的方针、政策、政治原则，这些思想、知识等等又生动活泼，转化成了群众所喜闻乐见的形式。就像列宁说的：笑谈真理。真理并非一定要板着面孔谈。到现在，我们有些作家、作者、编辑、总编还学不会语言转换的功夫。我们的有些科普作品为什么总没人看，也是这个问题，不会把科学的语言转换成文学的语言；我们的有些政治读物为什么没人看，作者不会把政治的语言转换为文学的语言。一个在政治上能打动人心的题材，为什么让人一读又觉得没意思呢？这就是语言转换的功夫不到家。就像隔岸观景，看到对岸的风景很好，人们想过去，没有桥，只好远远地望一眼。这样的刊物只能让人敬而远之。比如，讲社会主义、共产主义，如果只送给读者一部《共产党宣言》，这是一种很简单的做法。但是如果你把当时的背景、德国人怎么看马克思、西方人怎么看马克思、中国人怎么走过曲折的路等全揉在一起，加上作者的理解，有形象、有感情，写成文章，这就既遵循了《共产党宣言》的原意，又不是宣言了。就像一个厨师给客人的不是各种原料，而是这些原料在一定的调料和火候的加工下产生的色香味俱佳的菜。我们有些刊物光是传达了文件，发了材料，或者只是讲了一件事，没有做成菜，没有升华成一种新东西。当白菜、萝卜、肉放在案板上时，它是几种冰凉的东西，只有变成菜才有色香味，才能给人带来食欲。这种转化的功夫是每个办刊人员都必须要下大力气学的，文学刊物尚且要讲究技巧打动读者，我们的政治刊物、我们的党刊又比文学刊物多了一层难度。第一，要掌握党的政策，把政策学透、吃透；第二，还要把它转化为一种读者所喜欢的语言、刊物的个性语言。一份刊物，别人拿到之后，不看封面，随便翻阅其中一篇文章，就知道是什么刊物，这样的刊物就有个性了。

最后再说一点，我们的每个办刊人员都应该有个雄心壮志：刊不惊人死不休。什么叫惊人呢？一个记者抓到一条惊人的信息，有一种爆炸性的效果，这叫惊人。一份党的刊物，或者是一份偏重于理论的刊物，要能发表一些有思想性的、有新见解的文章，能让人读了后心里一亮；在思想上有惊人之喜，在语言上有惊人之美，看了后觉得是一种享受；在编排艺术上要有个性，像在羊群中见到骆驼，或者在草地上见到一朵红花，让人感到一阵惊喜。没有这三个惊人之处，这个刊物给人感觉就是平的。我国现在有 8 000 多种刊物，党刊也有 200 多种，如果没有惊人之处，人家看你干什么。真正说到争夺市场的话，倒是在党刊市场内，有一个同类竞争的问题，你办得不好，就存在不下去。另外，党刊面对的市场是党员以及广大人民群众，这么大的市场决定了党刊不应该吃公款，应该有人来订，要扩大自费市场。党刊在自己这块固有的市场内确实有个充分占领、争取更多读者的问题。

（1998 年 11 月 12 日）

都市报的意义

由于都市报的崛起，我国的报业结构从根本上改变了，由单一的党委机关报结构变为以机关报为主的多元多层的报业结构。这是新中国成立以来的一次根本性的结构改变，其意义不可小估。

都市报作为改革开放后出现的一个报纸新品种，不觉间已经 20 年了，而且已成为报业中的一个支柱。如果写报史，不该忘记这一段历史。

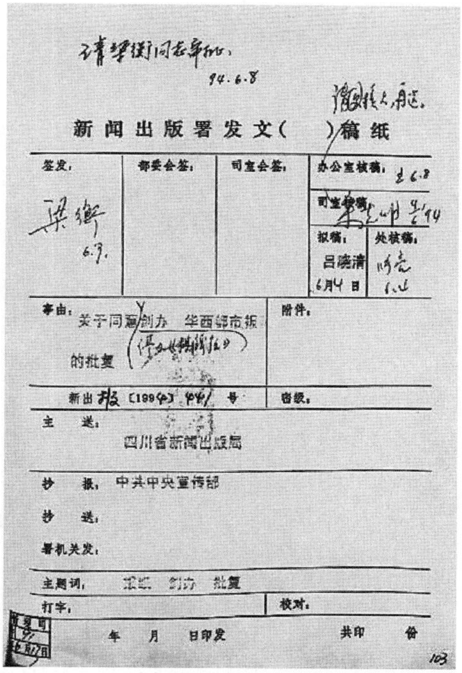
94.6.8
新闻出版署发文（　　）稿纸
签发：
部委会签：
司室会签：
办公室核稿：
司室核稿：
拟稿：
吕晓清
6月4日
处核稿：
事由：关于同意创办　华西都市报的批复
附件：
新出报〔1994〕
号
密级：
主　送：四川省新闻出版局
抄　报：中共中央宣传部
抄　送：
署机关发：
主题词：报纸　创办　批复
打字：
校对：
年　月　日印发
共印　份
103

1994 年作者时任国家新闻出版署副署长，签批中国第一张都市报《华西都市报》的批文档案。

“都市报”这个名字现在听起来响当当，其实当初是无奈之选择。20 世纪 90 年代，城市经济、市民文化大发展，许多城市纷纷要求增办晚报。但当时思想解放程度还不高，规定一个城市不能办两张晚报。于是就想出了这样一个名字，其实还是晚报的内容。不想口子一开，倒出现了一个新报种，给报业带来新的繁荣。

都市报产生的意义有两点：一是冲破了计划经济体制，是报纸走向市场的标志。1992 年党的十四大召开，确立了市场经济的指导思想。十四大报告中关于市场经济有两段著名的论述，一段是讲市场经济的作用：“我们要建立的社会主义市场经济体制，就是要使市场在社会主义国家宏观调控下对资源配置起基础性作用，使经济活动遵循价值规律的要求，适应供求关系的变化；通过价格杠杆和竞争机制的功能，把资源配置到效益较好的环节中去，并给企业以压力和动力，实现优胜劣汰；运用市场对各种经济信号反应比较灵敏的优点，促进生产和需求的及时协调。”另一段是讲推进市场经济体制的决心和方法：“在建立社会主义市场经济体制的过程中，计划与市场两种手段相结合的范围、程度和形式，在不同时期、不同领域、不同地区可以有所不同。要大胆探索，敢于实验，及时总结经验，促进体制转换的健康进行。”都市报就是适应当时“供求关系的变化”，是“生产和需求的及时协调”，是“大胆探索，敢于实验，及时总结经验，促进体制转换”的结果。

二是突破了报纸的机关报体制。我国的报业结构在“文化大革命”前是单一的各级党委机关报体制，全国只有 186 种报纸。新闻出版署成立后，20 世纪 90 年代初批准出版了一批新报，但主要是各部委、行业所办，仍然是机关报，一方面是公款办、公款订，浪费公共资源，一方面是没人看，自费市场形不成，公费市场却在继续萎缩，当时叫“机关报危机”。据 1996 年 1 月的发行量统计，各省机关报与历史最高量相比普遍下滑 40％左右，如《河南日报》下滑 51.4％、《四川日报》44.4％、《陕西日报》33％、《广西日报》57.4％等。形势要求党报转型，更灵活地适应市场，服务群众。实际上是实行“一报两制”，仍然是党报的政治管理，但走自费、市场的路子。在这种背景下批准一些省报办了都市报，当年就见到成效，无论是内容宣传，还是经济收入都让人大吃一惊。河南日报社办的《大河报》最为明显，几年即起了一座大楼。后来，中央级大报社也办了都市报，如人民日报社的《京华时报》，光明日报社的《新京报》。它们从内容、市场占有到经济收入都对主报有重要的“反哺”作用，这也为后来办报业集团打下了基础。由于都市报的崛起，我国的报业结构从根本上改变了，由单一的党委机关报结构变为以机关报为主的多元多层的报业结构。这是新中国成立以来的一次根本性的结构改变，其意义不可小估，是中国特色社会主义、中国经济体制改革在报业、在新闻界的体现。

回望这 20 年，值得欣慰。

（2014 年）

第六章

新闻事业与新闻行政管理

谈谈报纸行政管理

一、从无到有

我们国家由政府管理部门来对报纸进行管理工作，基本上是从1987年设立新闻出版署开始的。

1949年成立过新闻总署，但到1952年2月就撤销了。在1952—1987年这么长的时间内，报纸都是由党的各级宣传部门来管，这种管理思路与我们的工作重心是一致的。过去我们以阶级斗争为纲，报纸的主要功能就是搞政治宣传，抓阶级斗争。在十一届三中全会以前，全国报纸只有186种，基本上是机关报。这之后我们党和人民政治生活中的两次转折带来了报纸的两次繁荣。第一次是党的中心工作由政治转到经济，各行各业都有了大发展，信息量增加，在1984、1985年左右，报纸种数上升到1 500多种，突破一千大关。新增加的主要是经济类报，国务院各部委的报纸大多是这时创办的。第二次是从小平同志南方谈话到党的十四大、十四届三中全会，这时我们的政治生活、经济生活出现了第二次转折，由计划经济转到社会主义市场经济，不仅给报纸带来了新信息，还提出了报纸本身转换机制的问题。这时期新创办的报纸有财政、金融、证券、高新技术之类。第一次繁荣的特点是内容的变化，由政治到经济；第二次繁荣的特点是出现了办报机制的转换。两次都伴随着数量的大增长，到1993年年底已增长到2 040种。

报纸不仅数量增加了，品种也由过去单一的党委机关报发展为综合报、机关报、群体报、行业报、企业报、晚报、文摘报、生活报、军队报九大类。这时只是由党委宣传部门的政策思想指导显然是不够了，报纸的行政管理便从无到有产生了。

首先是建立了专门的从中央到地方的行政管理机构。国家有新闻出版署，各省有新闻出版局，有的省在地市一级也设立了新闻出版局，如山东省、湖北省。

其次是建立了一套报纸行政管理的制度，包括报纸的审批、审读、处罚等。审批分两级：有国家统一发刊号的报纸，习惯称公开报纸；由各省批的报纸，一般称内部报纸，只限于内部工作交流。公开报纸的审批程序是，先由主办单位、主管单位向所在地的新闻出版局提出申请，然后再向国家新闻出版署申请批准。内部报纸只要主办单位、主管单位向省一级新闻出版局申请审批就可以了。报纸审批制度的建立一改过去多头管理的混乱局面，这是国家有了专门的报纸行政管理机构后的一大成绩。

为了了解报纸出版情况，把握总的形势，对出版后的报纸，还要经常审读。对于审读，外界有误会，以为我们是搞新闻检查。我们国家没有新闻检查制度，新闻检查是报纸发稿之前的审查，决定稿件可发不可发。这种情况全世界也不多，只有在法西斯统治下或者是战争等特殊情况下才有。建立审读制度是本着对人民负责、对读者负责的精神，对报纸一个时期报道内容总势态的掌握，了解舆情，便于进行导向。例如对周末版的管理，就是通过审读来加强的。周末版活跃了群众生活，但前一时期周末版出现了一些不适当的热点，如炒歌星，还有打擦边球的、性题材的东西太多。有一个时期领袖题材的东西太多，并且捕风捉影、胡编乱造，不够严肃。更严重的是出现了假新闻，影响读者对报纸的信任。要进行管理，必须通过审读这个环节才能完成。报纸在审批时就有固定的宗旨，青年报是为青年人服务的，农民报是为农民服务的，文化报是为丰富人民生活服务的……判断报纸宗旨实现了没有，有没有超宗旨，这些都靠审读。比如吉林省有一家文化报纸，满篇都是“性”，不是一天两天，长期这样。对于这种违反宗旨的报纸，就要实行处罚。处罚手段有警告、罚款、停刊整顿，直至吊销刊号。一般情况下，如果发现了问题，是发个通知，开小会、年会通报情况，提出批评，或依靠各级主管部门共同管理。

以上谈的是针对报纸内容的管理。除此之外，还有报纸经营这一大块。报纸经营这一块也有管理规定，如广告，就不能登虚假广告蒙骗读者。报纸要搞经营必须办理经营手续，否则不能经营。报纸经营这块是我们与工商行政管理局合管。

第三是从无到有，逐步建立完善了报纸管理法规。这几年我们一共颁布了十五六个法规，最重要的是《报纸管理暂行规定》。它是在 1990 年颁布的，它的颁布实施标志着我国报纸管理体制的根本改革，由过去只靠党委部门政策指导转入在党委部门的领导下由专门的行政部门科学管理的法制化轨道。我们的管理是依法行政、分级管理。

报纸的行政管理不同于物质部门的行政管理。它面对的是一个特殊的对象，一个具有意识形态性质的软东西。对软东西又必须用硬管理，即又必须是可操作的管理，这就是报纸行政管理的特点，也是难点。我们的管理又不同于宣传部门的管理。宣传部门是意识形态的领导部门，它主要不是采用行政手段，而是政策指导，比如根据形势需要，各个时期召开通气会，提请注意该时期报道重点是什么；而行政管理则是要把党的政策转化成具体的行政手段。

二、把握导向，转换机制

社会主义市场经济的理论提出后，我们也在思考报纸与市场的关系问题。报纸有四个属性：政治属性、信息属性、文化属性、商品属性。过去我们讳言报纸的商品属性，现在搞社会主义市场经济了，人们看到报纸有纸张、油墨、印刷等的成本投入，还有发行的费用、编采人员的工资等，报纸通过商品交换才能到读者手中，这一切都表明报纸具有商品属性。除此之外，报纸当然要坚持政治方向；它的主体是新闻，要传播信息；它又属文化范畴，要讲究文化品位。报纸的这四个属性不可偏废。现在，面对市场经济，报纸要摆正四者关系，不能只剩下一个商品属性。江泽民同志说，社会主义市场经济是个系统工程。在社会主义市场经济条件下，报纸行政管理工作要“把握导向，转换机制”。报纸应该参与市场竞争，应该转换经营机制，由张口等饭吃到自己找饭吃。全国报纸广告经营额由 1983 年刚恢复时的 7 000 万元，到1993年年底已达到大约37.7亿元，可见转换机制给报纸带来了多大的活力。全国已有将近二分之一的报纸自负盈亏。许多报纸自办发行，降低费用，增加收入，全国自办发行的报纸已达三分之一。报纸自办发行省下的钱相当于又多了一份自身的广告收入。《徐州日报》自办发行6年，省下来的钱盖起了两座漂漂亮亮的大楼。市场经济必须转换机制，但经济效益并不是衡量报纸的唯一标准。一些黄色的东西也会有市场，正如鸦片也有市场一样，但我们不能让这些东西在市场流通。在报纸管理中，我们的口号是“社会效益第一，经济效益第二”。与物质部门不同，报纸的经济效益并不总是与社会效益同步的，有时甚至是相背离的。所以面对市场经济，我们的报纸行政管理工作仍然要牢牢地把握导向。

1994年是报纸行政管理工作质量年，质量是今年报纸管理工作的主题。首先抓审批环节，解决报纸只生不灭的问题。报纸不能无限制地增加，过去是报上来合条件就批，今年要实行新的原则：第一是“先调后批”，即先把现有报纸中办得不好的优化掉再审批新的。第二是结构上的倾斜原则。报业结构要合理，适应市场经济发展又为人民生活所需要的报纸，就鼓励办。实行定向倾斜原则，目的是使报业结构趋向合理。第三是“以管定批”，就是参考管理基础，管理得好的可多批一些，管理得不好的就少批些，甚至不批。用这三条新措施来保证报纸的总体质量。

另外，我们正在探索一些新的管理方向。如全国性报纸地方版的尝试，准备先在《人民日报》试点。还有集团经营的问题，即发展报业集团，鼓励报纸搞集团经营，别总是一家一家小报，一个山头一个山头地搞。还要解决独立法人问题。确立独立法人便于实施管理，比如说破产，要是没有独立法人，罚了钱，破了产，掏的还是国家的腰包。还有协办的问题。有些工厂、公司愿意掏钱，怎么发挥积极性……总之，要探讨新的管理政策，更好地适应社会主义市场经济的大环境。

三、高级行政管理人员“六字经”——胆、识、方、权、责、效

胆：即要大胆管理，就是我们平常所说的魄力。有的人是适合搞管理的，有的人则是不适合的，就像当警察一样，有的人往马路中间一站就十分威严，有的人站那儿像姑娘一样，没有威慑力，起不到这个社会角色的作用。1993 年有一家报纸，安徽的《轻工导报》将刊号卖给湖北的一个书商，出了张非法报纸《大哥大》，内容一团糟。安徽这家报纸是一张堂堂国家厅局办的报纸，出了这事之后，省里犹犹豫豫，不敢下手管，国家新闻出版署的态度很明确——吊销，这是国内第一家被吊销的报纸，我们特地召开新闻发布会，大造舆论。这也是法制宣传，是依法办事。你违背了报纸宗旨，不遵照报纸管理规定，转卖刊号，当然应依法予以吊销。这事在海外引起很大反响，也有歪曲报道，说“大陆极左回潮”，“控制加严”。但我们顶住压力，该怎么管就怎么管，这就是胆，是魄力。

识：有胆你不能胡拍板，需要有理论素养和决策能力。对党的重要的政治思想和经济理论必须有研究，才能把握正确的导向，并对形势作出预见。1992 年的全国报纸管理工作会议是在十四大闭幕后三天开的，在会上发的会前十几天就打印好的文件中就提出了报纸管理要适应市场的观点，与会同志对此十分吃惊。其实十四大前四个月，中央已经提出了社会主义市场经济的问题。我们结合报纸管理的实际进行了认真研究。在胆、识、方三者中，“识”对高级行政管理人员来说最重要。

方：即方法。**有了方法才能使胆、识化为行动，有胆无识是一介勇夫，有识无胆是一介书生，有胆有识而无“方”，则你只能当战略家，当不了战术家。**我们这几年出台了十几个政策法规新文件，其中最重要的是《报纸管理暂行规定》，其他是一些小的法规，如有关周末版、有关报纸增刊的。当然还有更小的方法，面对一件具体事时该怎么处理，这也是方法。而且行政管理人员遇到的大量问题是如何处理具体的事情，看你是不是应对有方，是不是机敏，是不是干练。要不

辱使命，事在必成。制定法规是我们国家新闻出版署的事，下面主要是遵照执行。

权：即权力。最重要的是用人的权力。你让他当司长，就应让他有权来调动处长。但实际上现在这点很难做到，机关内部总有扯皮现象，要照顾到人际关系，不好么谈谈话，不行么先留下，人事权很难落到实处，在人的问题上效率很低，常耗掉百分之七十左右的精力。应给权、放权，扎扎实实地实现管理权。当然，应该用责来制约权。

责：责任，与权力相应的责任。管理人员要有明确的责任，比如说新闻事业的行政管理人员，有一个自始至终不变的责任——要永远保证我们的报刊为党服务，为人民服务，做好党和人民的喉舌，这个责任不能丢。

效：即考察管理效果。如考察一个省的报纸管理工作的效果，第一，要看有没有代表本省水平的好的报刊；第二，要看有没有影响较大的坏报刊，如果有坏报刊，说明你没管好；第三，有没有形成一套规范的、可操作的管理方法；第四，有没有创造出管理的新经验、新典型；第五，能否大胆管理，有没有综合效果。

高级行政管理人员的“六字经”，一言以蔽之，就是要造就一批有胆、有识、有方之士，授其权、督其责、验其效，这样的管理才能算是规范化、科学化也是高效化的。

（1994年）

要研究报刊的质量管理

——在 1994 年全国报刊管理工作会议上的讲话

一、为什么要强调报刊质量管理

全国宣传思想工作会议对当前的宣传工作规定了“一个根本指针、四项主要任务”，就是以小平同志建设有中国特色社会主义理论为指针，做好理论、舆论、思想教育、文化繁荣四方面的工作。可以说这四方面的任务都与报纸、期刊有密切的关系。这四个任务的完成有很大一部分工作量是要通过报刊这个阵地、这个媒介来实现的。因此，对照党中央的要求，认真研究一下报刊的现状，很有必要。

十一届三中全会前的 1978 年，全国只有报纸 186 种、期刊 930 种。到 1993 年年底，我国有报纸 2 040 种、期刊 7 596 种。可以看出这个发展速度是惊人的。这近万种报刊是我们建设社会主义精神文明的重要武器，正是这支万乘大军终日在紧张地为人民输送精神食粮。自十一届三中全会以来，小平同志建设有中国特色社会主义的思想，改革开放的理论、政策，大量的经济建设信息和新思想、新知识，都通过这些载体，如水润大地、风吹柳绿一般传遍祖国的四面八方，形成了一种正确的舆论导向和舆论环境，为四化建设提供了智力支持。这是我们报刊工作的主流，功不可没。

在肯定成绩的同时，我们也应该看到报刊出版中的质量问题，亟须进一步加强质量管理。存在的问题主要有三个方面。

一是信息质量下降。突出的是假、错、少。报刊的假报道明显增多，其中还有不少是有重大错误的不负责任的报道。“四人帮”时期有过假报道，那是当时政治的需要。现在的假报道却大多是为了刺激发行，为了经济利益。不少报纸扩版后，相对信息量减少，出现了杂志化倾向，大特写、大扫描、大纪实之类的大块文章充斥版面。

二是思想政治导向有误。盲目追热点、炒明星、炒热题，使读者的注意力偏离“一个中心、两个基本点”，甚至对四化建设不帮忙，倒添乱，分散精力，影响安定团结。比如，大量未经报批的写领袖人物的文章，其中有不少是杜撰的故事，其他还有民族问题、宗教问题等等。

三是格调偏低。报纸，特别是杂志，总是热衷于打擦边球，刊登一些刺激性的、低级趣味的、阴暗的东西。许多或明或暗的色情描写和大量的暴力描写充斥版面，被人们称为黄色文化和黑色文化的抬头，不能不引起我们的警惕。

二、当前报刊管理要实现两个观念的转变

（一）把管理的注意力从增加数量转移到提高质量上来

全国新闻出版局局长会议上提出新闻出版工作要实现以发展数量为主到以提高质量为主的阶段性转移。我们现在已经有了近万种报刊，当然我们还可以讨论这一万种够不够，事实上以后也还会再发展。但是目前最迫切要研究的问题是这万种报刊的质量怎么样，结构合理不合理，效益怎么样。前一时期主管部门的注意力都放在申办新报上，不少地区和单位所辖报刊出了问题不闻不问，或管理不力，却还在一个劲地要办新报刊，形成“只生不死”“优劣并存”的被动局面，这个情况必须扭转。首先要从思想上入手，把管理的注意力从增加数量转移到提高质量上来。先管好、办好现有的报刊，再申办新的。至少在目前一个时期内基本上不再新批报刊。

（二）把管理标准从不犯大错提高到万无一失，好上加好

报刊的管理有两个标准。一个是最低标准，就是说可以达到出版的标准，它在内容上不违反国家法律，在出版程序上又不违反出版规定。在已达到这个标准的报刊中，有不少是“不好不坏，又多又快”，甚至打擦边球的，类似工业企业中的高能耗、低效益企业。如果只把管理停留在这个水平上是不行的，还必须有一个高标准，就是要求出版物到读者手中时，各方面都是最好的，每一期都是最好的。在几个

基本方面，一个方面出问题也不行；一年 365 期或 12 期，有一期出问题也不行；每期数十篇、上百篇文章，一篇出问题也不行；还有一个单位、一个地区所辖的几十种、上百种报刊，有一种出问题也不行。这叫全方位的高标准。

这个要求是由报刊的性质决定的。报刊是舆论阵地，具有对读者理论指导、舆论导向、精神鼓舞和形象感召的作用，即江泽民同志所说的四个方面的任务。我们办报刊发表一文，读者上亿，责任重大。报刊是连续出版物，连续性决定了它的不许有断点、有漏洞。精神产品的行政管理比物质部门的行政管理更难一些，标准也更高一些。**如果说对物质产品的行政管理是用筐子装砖头，这个筐子筐眼稀一点、密一点都不要紧；对精神产品的行政管理就是用桶盛水，绝不能有一点漏洞。如果说对物质产品的行政管理是修公路，路面上有一个洞，车辆还可以绕行；对精神产品的行政管理则是修水渠，堤破一处就会漏水决口。这样做不是为了别的，就是对人民、对读者、对下一代负责。作为管理者一方面要如履薄冰，慎之又慎；另一面又要勇敢坚定，务求最好。**所以我们管理工作一定要转变观念，不是只求数量，更重要的是要求质量；不是只求不犯大错，而是要万无一失，好上加好。

观念上转过来之后，就要出效果，要有目标。对一个地区、一个部门来说，管理得好不好，靠实践经验，具体一点讲，就看能不能做到这**五个“有没有”：**

（1）有没有代表本省水平的好报刊；

（2）有没有杜绝那些影响较大、较坏的报刊或文章，特别是有没有杜绝在全国和首都报刊市场上造成坏影响的报刊和文章；

（3）有没有形成一套科学的又可操作的管理制度和办法；

（4）有没有创造出管理的新经验、新典型；

（5）在管理实践上，有没有优胜劣汰、奖罚分明、大胆管理而出现的实效。

三、关于报刊的质量标准

一种报刊办得好不好，总的来说，就是看它能不能完成江泽民总书记提出的当前宣传思想工作的主要任务，即牢牢把握建设有中国特色社会主义理论这一根本指针，以科学的理论武装人，以正确的舆论引导人，以高尚的精神塑造人，以优秀的作品鼓舞人。而就版面上所能看到的而言（版面后面还有诸如人员素质、经营状况等）大致有六个方面。

（1）政治质量。无论报纸还是刊物在政治上都要求正确、坚定，这无疑是第一位的。一方面因为报刊是精神食粮，不能以霉坏之物害人，报刊是舆论工具，不能因导向之误误国；另一方面报刊本身又有商品属性，由于商业动机对政治目的的排斥，报刊的政治质量本来就时时处于一种逆水行舟的状态，稍一疏忽便会滑坡。把报刊单纯作为政治斗争的工具不对，但是见利忘义把它作为赚钱的工具，或者由于政治上的糊涂被别人利用去做工具更不对。

（2）信息质量。报刊作为大众传媒，有一定的信息量是起码的要求，特别是报纸更要求信息的多、快和真实。十一届三中全会以前，那时突出政治，这一条曾被忽略，信息传播被政治说教所掩盖。现在以经济建设为中心，又发展社会主义市场经济，自然要特别强调信息，这是报刊为四化服务的主要功能。对期刊来说只有信息还不够，还要加一条学术质量。

（3）文化质量。报刊属文化范畴，具有文化属性。文化质量常常表现为文化品位的高低和格调的高下，而这直接影响到对读者的塑造，而报刊特别是杂志很容易为了迎合市场而降低自身的品位。报刊的文化质量直接关系到国民文化修养的培养。

（4）出版质量，是指编、校、排版、印刷、装订等在出版物形式上所表现出的质量。

（5）广告质量。社会主义市场经济的发展带来了广告业的大发展。报刊作为大众传媒，刊登广告已成了它为社会服务的另一主要功能。

特别是在报纸上，广告已经占有相当多的版面。广告的真实与虚假、粗糙与精美直接影响到报刊的质量。

（6）发行质量。报刊的各种功能最终是要发送到读者手中才能实现的。所以不管你有多少内容，报刊必须有一定的量才能成立，而量的多少实际上是读者对报纸的检验，自然也就反映了报刊的质量。由于我们过去公款办报、公款订报体制的弊病，发行量往往并不能反映市场的实际要求，因此这一质量因素常常被掩盖。在讲究效率和效益的新的市场经济体制下，发行量应该作为报刊质量的一个基本因素，被列为必须考核的指标。

能够在社会上公开发行的报刊，这六个方面的质量缺一不可。

四、当前报刊管理的对策

要实现在报刊管理方面从数量发展阶段到质量效益阶段的转移，必须调整管理对策。首要的是要控制住数量，提高质量。主要抓好审批和日常管理两个程序。

（一）审批管理“三原则”

审批一环是报刊管理的大门，是第一道关，直接控制报刊的总量和宏观结构。管理思想确定之后，就要先从这里执行。过去我们的各级管理机构大量的工作都消耗在审批新办报刊上。今年报刊审批拟实行三原则：**“基本不批、先调后批、以管定批。”**

经过前几年的大发展以后，报纸已经达到 2 000 多种，刊物达到 7 500多种。这个规模应该说已经基本适应了经济建设和人民群众的文化需求。因此今年基本上暂停审批，而把重点放在调整上。各省、各单位如要新办报刊应对原有报刊进行调整，调掉多少就新批多少，不调不批，以促进优胜劣汰。同时，还要按照各单位和地区的管理情况，管理不善者不批新刊。这要作为一个条件，以促进管理水平的全面提高。各地、各单位对自己所辖的报刊质量状况要心里有底，首先要知道最好的和最差的几种报刊，抓住两头，对最差的要有处理办法。一个地区的最差报刊是这个地区报刊管理的下限，作为管理部门要掌握这个下限，并且设法让它回升，如果长期下限太低，不能回升，就说明管理软弱，当然再不能发展新报刊。

另外，长期形成的内部报刊过多过滥，已经严重地干扰了报刊的结构及其正常审批。管不住内部报刊，就管不好公开报刊，因此先要对内部报刊进行一次必要的清理。为此，新闻出版署已经专门发了文件。从现在开始，内部报刊暂停审批。以后，在内部报刊的审批上，仍然执行以上的三原则，并要做到总量不但不再增加而且还要有计划有目标地逐年减少。内部报刊和公开报刊是一个有机的整体结构，在宏观上要统一考虑。特别不能因为公开报刊的从严审批而放松内部报刊的审批，按下葫芦起来瓢。

（二）日常管理“三措施”

把住审批关以后，在日常管理上要逐步实现程序化、科学化，以建立起一个正常的、有效的机制。因此应该抓三条措施：

第一，抓考核。每年要定期对报刊进行一次考核，对报纸的质量状况在执行管理规定方面来一次检查评定。考核是解决最低标准问题，看报刊是否符合出版标准，目的是对那些不合格的报刊心中有数，并设法优化，亦即上面提到的使下限回升。对那些质量低劣的报刊和发行量很低的报刊在考核后应予坚决淘汰，并且每年要力争淘汰掉一些。报纸已经制定并下发有关这方面的标准，要在考核中进一步完善。期刊也要摸索制定考核标准。

第二，抓评优。评优是解决实现最高标准的问题。这方面期刊已经有较成功的经验，可以按地区、按类别开展各种形式的评比，目的是通过评优产生出本地区、本类别中的最佳报刊，以树起样板，从而带动全面的质量管理。在一个地区、一个系统内，必须培养起几个有影响的报刊，并以此去带动其他，这样工作才能提前。

第三，抓分级。以上通过考核和评优抓了两头之后要逐步过渡到对所有的报刊给予科学分级，以便形成一个合理的管理机制。分级之后，在广告、发行、经营、职称等方面将按照不同级别施以不同的管理。有些政策也将按级别而给予不同的待遇，比如，报刊的集团经营就可以优先从一级报刊做起。每年根据考核和评优情况，将自动调整级别，从而建立起一种正常的自我约束和激励的机制。

从前一段以主要精力来抓报刊数量的发展，现在转到抓质量上来，这是一个艰难的转折。总的来说，要做好两个观念的转变，确立六个方面的质量标准，执行新的审批三原则，实施三条新的措施。

（1994年）

报业结构——1996

一、结构的失衡

1996 年来临之际，我们惊奇地发现全国的大报发行量在急速下滑，这不能不使人想到全国的报业结构及结构方面的宏观调整等问题。

我国的报业结构向来有一个好的传统，很早就形成了以党中央机关报《人民日报》为首的各级党的机关报系列，特别是《人民日报》和各省省委机关报，在人民的政治生活中占有特殊重要的位置，习惯上所说的大报即指这些报纸和少数历史较久在全国有一定影响的报纸。这是党指导工作、引导舆论和保持社会稳定的重要力量。但是近几年来这些大报的发行量却在令人担忧地下降，而地方各局办的小机关报却从无到有猛增到 628 种。几家全国性大报发行量下降情况如下表：

	1996 年年初发行量（万份）	历史最高发行量（万份）	下降率（%）
《人民日报》	209	619（1978）	66.23
《光明日报》	32	147（1978）	78.23
《工人日报》	95	250（1984）	62
《中国青年报》	84	340.47（1983）	75.32
《经济日报》	71.8	162（1985）	55.67
《文汇报》	49.5	174（1982）	71.55

10 家省委机关的发行量下降情况和本省小机关报发行量如下表：

	1996 年发行量（万份）	历史最高发行量（万份）	下降率（%）	省小机关报发行量（万份）
《北京日报》	41	65	36.9	12
《天津日报》	41	43	0.5	13
《河北日报》	23	41	44.0	15
《山西日报》	22	34	35.3	18

续前表

	1996 年发行量（万份）	历史最高发行量（万份）	下降率（%）	省小机关报发行量（万份）
《内蒙古日报》	9	15	40.0	12
《辽宁日报》	20.2	42.3（1992）	52.7	26
《吉林日报》	14.7	23	34.8	11
《黑龙江日报》	18.9	31	38.7	18
《解放日报	54	93（1980）	41.9	27
《新华日报》	38	72（1982）	47.2	13
《浙江日报》	39	57.6	32.3	30
《安徽日报》	21	52.3（1990）	59.8	12
《福建日报》	22.9	39（1981）	41.0	19
《江西日报》	21.4	35	38.9	17
《大众日报》	38.4	70（1988）	45.1	38
《河南日报》	34	70（1990）	51.4	56
《湖北日报》	31.7	58	45.3	18
《湖南日报》	32	50（1988）	36.0	28
《南方日报》	80.2	86.4（1986）	7.2	18
《广西日报》	20	47（1992）	57.4	34
《海南日报》	15	18（1988）	16.7	12
《四川日报》	40	72	44.4	40
《贵州日报》	14.5	36（1976）	59.7	19
《云南日报》	17	23（1990）	26.1	23
《陕西日报》	23	33	30.3	16
《甘肃日报》	19	32	40.6	30
《青海日报》	6	9	33.3	9
《宁夏日报》	6.2	7.5	17.3	6
《新疆日报》	11.2	12	6.7	18
《西藏日报》	（发行量暂缺）		10	

二、小报用什么手段挤大报

本来除小机关报外还有其他一些小报，比如文化生活类报，但主要威胁到大机关报的是这些小机关报。因为我国的报纸市场大致可分为公费市场和自费市场，两个市场所争夺的读者、消费基金不同。和《人民日报》等党委机关报抢读者、抢市场的主要是上述小机关报。它们同处在一个以公费为主的消费市场中，《人民日报》等大报在这个小报的汪洋大海中被迫做着艰苦的不平等竞争。

小报用什么手段来挤大报呢？一是利用国家的钱，二是利用政府给的权。

这些报的主管单位都是国家的某一级机关，都在花国家的财政经费。严格讲，这些经费并不含办报经费，只是用于行政管理。财政部在 1987 年 5 月 18 日公布的《关于节约事业费开支的几项规定》之第八条指出："各部门办的报纸刊物要进行清理和整顿。除少数政策性亏损的报刊，经省以上人民政府批准，由财政给予一定补贴外，各部门、各单位自己办的其他报纸、刊物，都要实行独立核算，自负盈亏，财政一律不予补贴。"但实际上各单位都在挪用挤占其他财政经费办自己的小机关报。**"据调查，全国各省厅局办报共 628 种，据逐省统计，每年全国要花掉公款 3 300 万元。但这是一个很保守的数字，没有包括人头费，还有不少单位不愿说真话，估计实际在 1 个亿以上。"**而另一方面，国家却早已取消了对《人民日报》等大报的年度固定补贴，只在特殊情况时才有基建、设备补助。问题的危险之处在于，这些小报动用国库在国家财政开支上反映不出来，是一种隐性的补贴，国家万万想不到拿出这笔钱来是冲击自己的主报市场。于是，这些小报因为有公款支持，无论质量如何都不会垮掉，有的发行量只有几百份、几千份也照样出报。各地小系统内办报重复性严重。

第二，对大报的威胁还不只是小机关报不断有钱输血，更大的麻烦是其主管单位利用就近掌握的权力摊派订报，这种摊派已经远远超出自己所辖的业务群众，而强加给一般公民。虽然《人民日报》等党报每年也由宣传部门发文号召订阅，但那也只好是"号召"，由于地方保护政策，在实际竞争中远道劳师而来的大报根本敌不过以逸待劳、深沟壁垒的小报。因为在同一个公费市场中，订报费是一个恒定数，订了小报就必然挤了大报。

一有钱，二有权，小报成了市场上的不倒翁。而且不少小报还有一个特殊的生存机制，就是财政给人头费，用公款发工资、保成本。为什么在实际管理中，小报一犯错误，主管部门就出来说情？表面上是工作需要，背后却有经济利益千丝万缕扭结在一起。

三、这些小机关报有没有必要办

问题在于这些小机关报有没有必要办，特别是有没有必要挤占国家财政的钱来办。报纸是一种大众传媒，它的功能是向读者传递社会信息，同时还要担负舆论导向的任务。这种小报在执行这两种基本功能方面都不理想。它们大体可分为两类：一是为小机关服务，主要登工作文件、领导讲话，其实这完全可以通过内部文件解决；二是为求销路，超出本行的业务范围，“炒”社会新闻，而且新闻价值大多不高，已经名副其实地沦为“社会小报”，导向效果不佳。而且在这一级又很难找到合格的新闻人才，所以在省厅局或者更低级别设机关报实在没有必要，既起不到传播和引导社会舆论的作用，又徒费国家资财，还有碍大报发展。这种现象类似经济部门的高能耗、低效益企业太多，自然对国有大中型企业很不利。在实际管理中这些小报以“挂靠”的名义贴在一个机关上，找到了一把保护伞，机关并不认真去管，到出了问题时又出面说情。

四、“小报挤大报”的实质是什么

其实质有三点。

第一，是投了两种体制转换的机，现在正当计划经济体制向市场经济体制转轨时期，计划已经打破，但还没有完全取消，市场开始形成，但又不能完全按市场规律办。于是就会出现不平等竞争。这时物质生产部门的大中型企业和精神生产部门的大型报刊，因其身负的国家利益和“船大难掉头”的内部体制，在竞争中既不允许它采取非法手段，又不能立时完全转换机制，所以处于一种暂时的不利地位。就像一只小狗在追着戏咬一头身负重载的黄牛，非力不敌也，是势所然也。但是我们管理部门的责任是要采取对策，尽快缩短这个过程。

第二，地方保护主义。是地方用手中的“计划”来挤中央的“市场”，是地方用它手中的权力、财力筑起一道道“计划”的屏障，来对付大报远道而来开辟市场，争夺和保护自己的经济利益。但这个由经济利益而引起的问题已经产生了不好的政治效果，就是削弱了中央的声音。

第三，国家资金的投向，也即是一个投资调节问题。小报挤大报用的是国家的钱来挤国家的事。就像把国家资金转到集体企业，反过来又挤国家企业一样。这种长期在投资管理上的失控并没有引起注意。

五、用什么办法来调整

为了减少对大报的压力，过去对这类小报不是没有调整过，但效果不大。因为这些报在批办之时有各种“条子”开路，遇事要处罚时又有“条子”说情，平时经营上有公费保驾，市场竞争时又有行政权保护。因此，只靠新闻出版行政管理部门用行政权来调整很难奏效，现在看来必须引入市场杠杆和经济杠杆，综合治理。建议：

（1）由中宣部和新闻出版署审定一个允许财政经费补贴办报的名单，这个名单只包括《人民日报》及省、市、县各级党委机关报、部委机关报，并要规定开支的项目内容。

（2）由中宣部、财政部、新闻出版署联合发一个文，对上述名单以外的报纸一律实行经济上“断奶”，不得以任何方式动用公款补贴办报，并要有相应的严厉措施，一经发现即核减行政经费。这些小报和机关脱钩，按独立事业单位设置。

（3）制订一个反行政摊派订报的文件。这个文件政策上的依据是四中全会精神，讲民主集中制，全党服从中央。**它的法理依据是国家已公布的反暴利、反不正当竞争法。**文件在政策和法理上都要能站住脚，要分清机关报、负有管理职能的报刊与一般消费性报刊的区别，要划定报刊公费市场和自费市场的范围。要有可操作性，要既能保护大报又能限制小报；要既能控制住国家的资金投向，又不影响报刊市场的繁荣。

本来，有区别地“断奶”，财政部在 1988 年就有意实行。当时新闻出版署不大同意，主要是怕没有经费来源，报纸质量无保证（当时流行一种说法叫“逼良为娼”），又怕有报纸破产会影响社会安定。8 年来的事实证明，只靠钱买不来质量；把钱拿来乱投放，反而自乱方寸。而且现在时间已过了 8 年，形势也有了变化。一是国家实行市场经济体制，“断奶”之后，一部分报仍可活下去，只是不再在公费市场里东冲西突挤大报，也不会因没饭吃影响社会安定。二是报纸管理和 8 年前比初步实现了法制化管理。

这三条，第二条是釜底抽薪，第一、第三条是筑堤拦洪，如能认真实行，目前这种小报挤大报的混乱局面可望河清海晏。

当然这一问题的彻底解决还得有其他方面的措施。所谓小报也不只是上述这一类，但先解决小机关报问题是当务之急。什么时候“小报挤大报”变成“大报吃小报”，开始了集约化、集团化经营，中国的报业就有希望了。这就是先进国家的报业走过的由分散到兼并而后集团化的过程。

（1995 年 12 月）

论新闻出版业从粗放经营到集约经营的转变

一、从计划到市场——新闻出版业已迈出了第一步

（一）市场经济体制的由来及与新闻出版业的关系

自从 1992 年党的十四大以来，我们在社会主义市场经济理论和实践方面都有很大的进步。十四大之前，全党为这一理论和体制曾经过长期艰苦的摸索。在十四大报告中对这个摸索过程作了简要的概括：十一届三中全会以来我们逐步摆脱了市场经济是资本主义的旧观念；十二大提出计划经济为主，市场调节为辅；十二届三中全会提出有计划商品经济；十三大提出计划与市场内在统一的体制；十三届四中全会提出计划经济与市场调节相统一的体制和机制；十四大明确提出，“我国经济体制改革的目标是建立社会主义市场经济体制”。报告还指出：“建立完善社会主义市场经济体制，是一个长期发展的过程，是一个艰巨复杂的社会系统工程。既要做持久的努力，又要有紧迫感；既要坚定方向又要从实际出发，区别不同情况，积极推进。”到 1995 年 10 月，这个伟大的系统工程已进行了三年，十四届五中全会指出“建立和完善社会主义市场经济是今后十五年的战略任务”。为完成这十五年内的战略目标“关键是实行两个具有全局意义的根本性转变，一是经济体制从传统的计划经济体制向社会主义市场经济体制转变，二是经济增长方式从粗放型向集约型转变”。江泽民同志所指出的这个伟大系统工程的蓝图又更清楚了一步。毋庸置疑，新闻出版业是这个大系统中的一部分，也要讨论它的体制，也要研究它的增长方式。怎样结合十四大和五中全会精神，研究问题，发现规律，改进管理，是摆在每一个新闻出版工作者和管理工作者面前的迫切课题。尤其是精神产品的生产和物质产品又不同，有其特殊的个性，要求我们结合小平同志的思想，深刻理解十四大精神，创造性地开展工作。

可以说从十一届三中全会以来，特别是1987年国家成立专门的新闻出版管理机构以来，中国的新闻出版业在发展管理方面已经艰难但成功地迈出了第一步，这就是原来遵循计划经济体制转到适应市场经济体制。这是一个非常深刻的转变。

（二）市场经济给出版业带来的新问题

社会主义市场经济体制给新闻出版业带来了许多新问题，概括起来有这样四个大的方面。

1. 两个效益的矛盾：是社会效益第一还是经济效益第一

在计划经济体制下，出版物是宣传工具，只讲政治效果、社会效益。在生产环节不计成本，在流通环节公费市场占很大比例，是靠钱来保证绝对的社会效益。在市场经济条件下则要求出版物能够自己扩大再生产，要求它能在市场上实现自身的价值。这样就会有一些报刊见利忘义，造成经济效益排挤社会效益。这一点是市场对报刊业带来的副作用。

2. 数量与质量的矛盾：是放任发展还是宏观调控

在市场经济条件下办出版成了一种产业，成了一种可以盈利的手段，于是出版物就猛烈地发展。十一届三中全会那一年全国只有报纸186种，到1996年已增至2 202种，增长近12倍；期刊则从900多种发展到8 135种，增长了9倍。在90年代初的几年间，报刊每年都以10%到12%的速度在增长。数量的猛增带来了人力、物力上的不平衡，直接造成了报刊质量的下降。这一点也是市场经济给报刊带来的副作用。

3. 两种机制的转换：从计划机制到市场机制的过渡

全社会实行市场经济体制后，报刊在这个大系统中，要立即作出相应的调整，首先是学会运用市场规律在市场中求生存。这表现在发行、广告、用人、工资、奖惩等等方面的改革。比如，广告过去曾认为是资本主义的东西被长期排斥，1983年我国新闻业刚恢复广告时全年收入才7 000万，而到1995年年末却增至57个亿。又比如发行制度的改革，目前全国有约一半的报纸实现了自办发行。总之新机制为报刊业带来了充分的活力。这一点是市场经济给报刊带来的正作用。

4. 内部规律的显现：忽左忽右与有机平衡

关于报纸的属性问题过去一直没有认真地研究，主要是外部条件不成熟。实行市场经济体制后报纸的政治属性、信息属性、文化属性和商品属性全面显示出来。我们在管理上就可以综合地从政治上把握导向，运用信息规律，提高文化品位和依据市场规律办事，改正以往那种忽左忽右的错误。这一点也是市场经济给我们带来的正作用。

这四个问题对我们的管理来说大致是前两个负效应大一些，后两个正效应大一些。为了扬长避短，适应新条件，我们在管理中主要抓了两个方面，一是改革，二是立法，尽快适应新的机制，并建立起法制管理的体系。这一点过去已谈了很多，不是本文的重点。这四个问题的出现已经逼迫我们在法制建设和机制改革上做了许多工作，但还有一个问题没有解决好，这就是整个出版物的生产在初步发展后还处在一种粗放经营的阶段。这也是市场经济初期必然存在的现象。

二、从粗放到集约——新闻出版业怎样迈出第二步

（一）新闻出版业粗放不精的种种表现

集约经营一要产品质量优良，让消费者满意；二要生产有规模效益，让生产者有利。对作为精神产品的出版物来说，就是一要社会效益，二要经济效益。但是目前出版物的现状并不令人乐观。

近年来，新闻出版业改革开放的大势就像黄河之水冲出了上游岩石壁立的峡谷，泻到了广阔无垠的黄土平原上，其势由收到放，浩浩渺渺，洋洋壮观，但其质则由清到浊，决堤冲堰，泥沙俱下。试看满街的书报刊音像制品，既多又滥，这正好合了两个字：“粗放”。粗放并不完全是贬义，至少本身已经含有发展的意思，只是需要在此基础上行否定之否定，再求发展，收束集约，提高质量。新闻出版业粗放不精的表现主要有以下几个方面：

1. 数量庞大，结构散滥

国家实行开放搞活的政策，实行社会主义市场经济体制，自由竞争，带来的第一个直接结果就是百业齐举，各行各业通过市场来发展，各人都想乘机发达。于是到处铺摊子，公司林立。这时前程未卜，大家都刚刚起跑，人人都想成功，都觉得自己能够成功。这就必然造成一个时期、一个阶段的粗放经营。以报纸为例，改革开放前，即 1978 年，全国只有 186 种，到 1995 年年底，经 17 年发展到2 202 种。期刊由 900 多种发展到 8 135 种，出版社由 100 多家发展到 500 多家，这还不包括以内部报刊形式出版的 15 000 家报刊。报刊社和出版社真可谓山头林立。这是出版业繁荣的表现，但同时又是出版市场还不完善、出版业还不发达的表现。新闻出版部门山头林立，大量低层次的重复就如同工业部门的高能耗、低效率企业太多一样，严重制约着出版生产力的发展。以报纸为例，全国有 2 202 种，而发行 100 万以上的日报、晚报仅有 5 种，占 0.227%。全国有期刊 8 135 种，而发行 100 万以上的只有 21 种，占 0.258%。只此一斑就可见我国报刊业的规模经营还远远没有形成。数量是很大的，但结构很不合理，表现得比较散和滥。

2. 贪大求多，华而不实

书报刊音像出版单位比改革前已有数十倍的增长。这一方面是因经济利益的驱动，一方面是在一些人眼里出版物已经成了一种招牌、一种门面，成了有文化、有档次的标志。既然是招牌和门面，就会向华而不实发展。报纸争着出大开、多版，期刊争着出豪华本，图书则争着出精装、套装、系列丛书。我曾有幸得到一本惠赠之书，宽一尺，长尺半，重 15 斤。架上插不进，桌上不敢压，更不用说翻读了。现在出的画报有一张小桌面那么大，读时像抱一块案板一样吃力，内容版面又松松垮垮。贪大是出版业不成熟的表现，好比经济建设上的盲目上项目，引进外资。我们如果只停留在这个层次，不但得不到真发展，还会浪费掉许多人力财力。报纸版面是多了，但信息没有多，是杯掺了水的奶；书是装潢得精致了，但内容不精，是束塑料花。

3. 摘编旧籍多，新著少，主旋律不高，精品较少

现在全国文摘类报刊大量增加，已有专门的文摘报31种，社科类的文摘期刊30多种。各报刊又都辟有文摘专版、专栏。这些报刊除少数几种能坚持精选新知识、新思想、新信息外，大都在“炒”奇闻逸事、旧闻秘史，以达到商业目的。图书则将旧版翻出，拍拍灰尘，变换角度，重组为新。一个情字，就拆成爱情、亲情、友情，号称系列；一个老皇后，就延展出内传、外传、野史、秘史，自称大全。这仍然反映了急功近利，家底浅薄，像一个商店，没有时装只好卖估衣。

出版方面，既少有像60年代的《红岩》那样曾影响了一代人的大作，也没有如钱钟书、沈从文那样在艺术上可以立起来的高峰。本来新闻出版的功能在现时是高鸣的号角，在历史则为记事的丰碑，以此标准来衡量，则我们的作品还差之有距。

4. 文化质量下降，文字粗糙

书报刊作为文化积累，要讲求品位，讲求艺术。但近年来不少作品热心打擦边球，在不犯法的边缘上宣扬低级趣味，非但不能将读者引领到较高的思想境界，反而降低了读者的审美能力。特别是一些小报、杂志在选发图片时，专找有刺激性的、变态的作品，不堪入目。已故著名老作家冯牧先生曾批评有人甚至提出什么“审丑说”，荒唐之极。另一方面文字质量下降，错字、漏字、不规范用语无时不见。为追求广告效应，任意篡改成语更是连篇累牍，以至于许多中小学生的作文都受到影响。新闻出版署曾对1994年出版的23种古文今译类作品进行抽查，结果有21种编校质量不合格。1995年新闻出版署首次组织全国四类期刊评奖，得奖的21种期刊中，只有学术类的7种没有一个差错，其余尽管号称优秀，差错率也都在万分之三左右。作品格调和文字质量的下滑直接影响到一代读者的文化素质。

（二）实现集约化转变的六项措施

从粗放经营到集约经营，实际上就是抓两点，一是抓提高质量，二是抓规模经营。

1. 首先是要确立质量意识，确立质量管理新概念

在过去的十几年中，我们已逐步补上了商品意识和市场意识这一课，使物质产品和精神产品都出现了前所未有的新繁荣。现在轮到补质量意识这一课了。不要以为意识是空的东西，它是思想，是我们行事定规的基础。试想在计划经济体制下我们只有生产意识，产品卖得出卖不出是不管的。**在市场经济的初期，我们有了流通、交换的意识，但质量意识还很淡薄，甚至还没有。直到市场体制初步形成，产品数量增加，在市场上出现了竞争，这时才呼唤质量意识。质量意识和市场意识是同时或者比市场意识稍慢半拍而产生的，它是市场竞争的产物，又是市场进一步繁荣的前提。一个报刊社，一个出版社，它的产品要能在社会上站住脚，能造成影响，既有社会效益，又有经济效益，那么它必须过两道关，一个是市场关，一个是质量关。只讲市场意识不讲质量意识，它可能只有经济效益而没有社会效益；只讲质量意识不讲市场意识，它可能只有社会效益而没有经济效益。**

质量管理是法规管理的发展和延续。出版物一进入市场，伴随着就会立即出现野蛮经营、唯利是图、疯狂积累，这是经济利益的驱动。出版物在市场经济体制下遇到的第一个迫切问题就是法制化管理，要赶快立法，要有法可依。但法是以不危害他人、不危害社会来作为行为的最低标准的。而出版物的任务则是以把人引领到最高思想境界为目标的。法律标准并不是出版物的质量标准，法制管理不能代替质量管理，出版物也绝不能只满足于不犯法。我们的许多出版物总是在不犯法的边缘上打擦边球，以为这样就符合了质量要求。这是一个误会，是一个概念错误。所以我们在管理中适时地提出了工作重点的转移，即对出版物的管理要从“遵纪守法”进而做到“达标上等”，也就是解决出版物进入市场后的第二个迫切问题——质量问题。从另一方面看，也只有出版物质量的普遍提高，才可能杜绝擦边现象，建立起一个守法安全带。所以说反过来质量管理又是对法制管理的支持。

2. 从政治的高度来抓质量问题

政治是国家民族的大事，是一个时期内全国人民所关心的焦点，

是历史前进的方向。出版物的质量，在任何时候都要紧紧服从这个大局，这是对国家民族负责。因为精神可以变物质，精神产品可以焕发出无穷的力量，也可以涣散人心。质量失之毫厘，效果差之千里，甚至有极大的副作用。对担负有导向作用和教育作用的出版物来说，质量问题就是政治问题。过去许多人都能举出是因为读了哪一本书参加了革命；是读了哪一本书爱上了哪个工作，不避艰辛，终生奉献；是哪一种报纸、杂志伴他成长的。但现在我们常忧虑地听到某些少年犯是因为看了黄色书刊、录像而沦为罪犯！还有大量的低俗出版物，培养了一批读者的不健康情趣，以至于造成整个社会一代人审美水平、文化素质的下降。出版物的质量必须万无一失，就像战士站岗，机要员管文件，一年十年不出事是功，一分钟内出事，就前功尽弃，就危及政治，危及读者。精神产品和物质产品不一样，它是有灵魂的，这就是它的主题，它的思想、格调，而这个灵魂是可以附到读者身上的，所以我们说要“以优秀的作品鼓舞人”，反过来坏作品也可以腐蚀人。人和精神产品是互动互补的。我们用泥捏一个黄牛，吹口气，它活了，就能为人干活；要是捏一个老虎呢，它就要吃人。

3. 质量管理要有可操作性，即要有具体的质量标准和检测办法

人们对出版物主要是关心它的内容，注意它的导向，习惯上说这本书、这张报好还是不好，还只能是一个大致的轮廓，说到管理也只能是一种定性管理，还未达到定量。这也是为什么擦边现象多的一个原因。对精神产品在量的把握上是不如对物质产品那样容易，但是我们搞管理就必须朝这方面去做，必须给出标准，尽量量化，这也就是宣传工作中常说的“度”。新闻出版署经过 8 年的行政管理已经逐渐摸索出了一点量化的标准，比如可以把报刊的质量分解成政治、信息、文化、自身业务、编校、广告、发行、印制、守法管理等等，每一项再给出具体的标准，尽量量化。1995 年新闻出版署公布了《报纸质量管理标准》和《社会科学期刊质量管理标准》。**这是新中国成立以来我们第一次制定并公布精神产品的质量标准。**去年各地、各部门都开始用这个标准对报刊进行年检、分级、评优，取得了很好的奖优罚劣的

效果。

4. 要下决心从结构和品种上解决“散”和“滥”的问题

出版物的生产在从粗放到集约的转变过程中，除质量问题外就是规模问题了。现在大家都说报刊太多了，小报小刊满天飞，传统的质量高的大报大刊都被小报小刊挤掉了。这确实是报刊粗放经营的一种表现，我们不妨从结构、市场入手来研究这个问题。

先说报纸结构。我国报纸现在的结构分别由两组大小报纸构成。一组是大机关报和小机关报。1978 年以前，全国只有 186 种报纸，基本上是各级党委机关报。长期以来党的机关报在指导工作、舆论导向方面发挥了独特的、强大的作用，在数量上和覆盖面上也曾占绝对优势。但近年来这种情况有了变化。这主要是党的中心工作转移之后，经济工作上得很快，各方面的信息需求量很大。另外各地区、部门、单位也都想宣传自己，树立自己的形象；各省的厅局，甚至地市业务局、公司都在办报，于是一批小机关报便满山遍野。据统计，从中央到地方机关报共 669 种，其中《人民日报》和各省、自治区、直辖市、计划单列市的机关报只有 139 种，占五分之一；如果和全国2 202 种报纸比则只占 6.3%。这些小机关报直接与《人民日报》、省报等争夺读者。

还有另一组是大文化生活报和小文化生活报。这方面我们也有一些传统的作为骨干的大报，比如《光明日报》《文汇报》《羊城晚报》，曾经是对群众进行文化教育和生活指导的主要工具。这几年由于经济生活富裕，随之而来的是文化生活的活跃、人们需求的多样化，各种文化生活类小报也大量出现。这些报纸直接排挤那些传统的大文化报，分割读者，占领市场。以《光明日报》为例，在 1978 年时发行量达 147 万份，1996 年只有 32 万份。《文汇报》十一届三中全会以后的历史最高发行量是 174 万份（1982 年），而 1996 年年初只有 49.5 万份。期刊也是这样，到 1996 年已发展到 8 135 种，但是发行量超过 100 万册的只有 21 种，占总数的 0.258%。

从以上两类报纸结构、期刊结构中可以看出，报刊的“散”和

“滥”已经到了多么严重的程度。报刊业还没有形成集团规模，也没有形成一个主次分明的网络，满天星斗，一盘散沙。而且小报小刊仍然在继续排挤大报大刊，这种局面发展下去将直接影响我们的舆论导向和文化建设的质量。

再说市场。小报挤大报的问题，实质上是一个市场竞争问题，或者就是一个不平等竞争的问题。我们可以把现有的报纸市场分成两大块：一是公费市场，主要是各级机关报。这类报纸大部分是公款办报，公款订报；二是自费市场，主要是各种文化、生活类报，包括常见的晚报、文摘报。这类报纸大部分是报社自负盈亏办报，消费者自己掏钱订报。

这样我们就可以清楚地看出，在第一组结构组成的公费市场中，主要是一大批由各级小机关办的行业报挤占了大报的订报经费，亦即那五分之四的小报挤了五分之一的大报。由于这些小报有直接的机关作近距离的后台，有动用公款办报权，有向所属的读者摊派订报权，所以那些远距离而来的大报就会轻易地被挤掉，这就是为什么大报的发行量总在下降的主要原因。而在第二组结构所组成的自费市场中，情况又不一样。这些小报虽没有政府机关作后台，但它也是用两个手段：一是内容尽量生动活泼，贴近读者；二是经营上充分利用市场机制，更机动灵活。但它们在运用这两个手段时常常又多迈出一步：一是内容上降格以求，甚至打擦边球，招徕读者；二是经营手段上的高奖励、高回扣，形成不平等竞争甚至非法经营，这些都加剧了“散”和“滥”的局面。

对这个问题的解决，一是要实行经济上“断奶”，国家除保少数必要的机关报外，其他一律不允许用公费办报、订报。二是完善法制化管理，实行公平竞争。三是利用行政手段宏观调控。

5. 在组织上要有计划地组建报刊集团，形成规模经营

市场竞争的结果必然形成一些经营上的大户，中国的报刊业必须走竞争、兼并、集团化的路子，这样才能提高生产率。而精神产品的生产集团比物质产品的生产集团又更特殊一些，它包括两层意思：一

是通过这个集团在政治上、舆论上形成一个拳头，能较集中地引导舆论，教育和动员群众。二是在经济上形成优势，以保证其在市场上能独立运作，服务于两个文明的建设。我国目前这种连公开带内部共有25 000多种报刊的局面并不正常，它是报刊业处于发展初期的表现，说明市场发育还不完善。报刊业要转向集约经营，第一抓质量，第二上规模，因此我们要有计划地试点组建报刊集团。目前组建集团有这样几个原则：一是先以党报为龙头，暂不批党委机关报以外的其他集团；二是这个集团要具备六个方面的条件，即拥有传媒数量、人才质量、经济实力、技术条件、发行能力和管理能力。**这个集团在舆论上应该具有旗帜的作用，在读者中有很高的威信。在经营管理上能够充分发挥市场经济规律的优势，有超出一般独个报刊的经济效益，并能以强大的实力兼并一些政治效益和经济效益都不好的报刊。**这样还可以借助市场杠杆帮助行政管理部门优化市场结构。集团本身是管理部门的好助手，而管理部门在政策上也要对集团倾斜。1996年1月新闻出版署已经批准了全国第一个报业集团的试点单位，这就是广州日报社，以后视试点情况还将在其他报刊中逐步推开。如果每个省或地区有一个这样的报刊集团，这个省或地区的报刊结构就基本上分清主次了。

6. 要创名牌，出精品

从粗放经营转到集约经营的第一个标志是报刊质量的大幅度提高。为了带动全面质量的提高，必须有计划地培养出一批精品报刊。正像集团是报刊在经营方面的旗帜一样，精品是报刊在质量方面的大旗。**在物质产品方面，精品是社会生产能力、科技水平的标志；在精神产品方面，精品是思想水平、艺术水平的标志。同时我们还应该看到社会上有什么样的精品名牌，就有什么样的消费层，所以精品和名牌又是社会消费水平和文明水平的标志。**在物质享受方面，当我们穿补丁衣服、吃窝头时，是一种消费水平；当我们住五星级宾馆，出门乘飞机时，又是一种消费水平。在精神享受方面，当我们只能看武打片、言情小说时，是一种消费水平；当我们看世界名著、古典名著，听交响乐时，又是一种消费水平。**精品不但是一个社会生产力、科技水平、文化艺术水平的标志，还是这个社会物质文明、精神文明、人的素质等水平的标志。**

应该看到，经过几十年的努力，我们在全国范围内已有了一大批报纸精品，如《人民日报》《文汇报》等，刊物方面虽还不大稳定，但也有了如《半月谈》等这样的刊物。各省、各地区也都有了一些本地的代表报刊。但这无论从数量还是质量上都还远远不够。我们的报刊在思想性、艺术性，文字、版面、格调等方面都还不够精。一个精品，就要精到无论从哪一方面都无懈可击，令人爱不释手，永生难忘。我们每一个人都能回想起自己所喜欢的、对自己的一生产生过影响的一本书、一篇文章、一首诗或者一部电影、一出戏，这就是精品的力量。作为精神产品的精品，又和物质产品不同，它本身就是一粒种子，能够种在读者的心里，一代一代地繁殖下去，开出无数美丽的精神之花，结出无穷的精神之果。就以文学作品论，像《正气歌》这样的诗，像《出师表》《岳阳楼记》这样的文，像《史记》《三国演义》《红楼梦》这样的书，已经影响了一代又一代人，并且已经成为我们民族文化遗产、精神道德的一部分。社会这架大机器每日每时都在生产出大量的作品，我们所能记住的只是那些林中秀木；历史在行进，典籍浩如烟海，我们所能记住的只是那些少数代表着时代高峰的精品。我在一篇文章里曾谈道："再大的书也只能把精髓集中于一点，就像关公的大刀再重，刀刃也是薄薄一线；张飞的蛇矛再长，矛锋也是尖尖一点。精髓不存，大书无魂；精髓所在，片言万代。"**作为管理部门来说，一个地区要下决心培养出一两种精品报刊；作为办报办刊人来说，要有志于办出一种为读者领路，能与读者为伴的好报刊；作为作者来说，要有志于写出一篇在读者心中永远留存下来的好文章，要有志于记录下一件历史上永不磨灭的事，讲出一段读者永生不忘的理或者永生难忘的情。这才是精品。**

可见出版物向集约化经营方面的转型还任重而道远。

（1996 年）

改革报刊行政部门所有体制

党的十四届六中全会指出，目前我国新闻出版业有“总量过多，结构失衡，重复建设，忽视质量等散滥问题”，对新闻出版业要“加强宏观调控，努力实现从扩大规模数量为主向提高质量效益为主的转变”。十五大再次指出，对新闻出版业要“加强管理，优化结构，提高质量”，并提出要“深化文化体制改革”，这也是对我国报刊业发展的总要求。过去我们也曾对我国的报刊进行多次整顿，但总是效果不明显，究其原因，病根就在于报刊的政府部门所有。各级政府行政管理部门层层办报刊，许多报刊实际上成为国家行政机关的附属。办报办刊一方面为工作，一方面收缴管理费，收入颇丰，又成了变相经商。为巩固三年整顿成果，改革政府行政部门层层办刊，政事不分，已成当务之急。

一、行政机关“部门所有”管理体制的由来

我国目前报刊出版管理的体制和格局是在计划经济体制下按照小而全的模式形成的。政府各部委、各厅局为了自己指导工作、宣传政策的方便纷纷办自己的报刊。“部门所有”成了我国报刊出版的一大特征，也成了我国政府部门的一个怪现象。

应该承认，部门办报刊对推动社会发展、支持国家建设、繁荣我国报刊业、规范报刊的出版行为等曾起了不可替代的作用。然而，随着社会主义市场经济体制在我国的逐步确立，报刊也正逐步面向市场，而部门所办报刊市场化程度较低，许多报刊不得不依靠政府财政支持和部门行政干预摊派来支撑，这与追求社会效益和经济效益两个效益并重的社会主义出版规律和社会主义市场经济的要求相矛盾。因此“部门所有”的负面影响日益显著，并已成为我国报刊进一步发展壮大的最大障碍。

二、政府行政机关报刊“部门所有”的弊端

部门办报刊的后果主要表现在以下几个方面。

一是结构、内容重复，质量偏低。各部门都争着办报刊。中央部委已办有机关报、机关刊，各省厅局还要办，甚至地市都要办。层层办的结果是报刊的部门信息多、社会信息量少，一份报或刊几乎成了会议和文件的公告，而群众想了解的东西却很少，报刊没有人看，造成人力物力的很大浪费。

二是公款办报刊，公款订报刊，挤占大量国家钱财。由于报刊是部门所办，主管部门或主办单位拿国家的钱来办报刊，行业和系统又用公款来订阅，实际上是通过办报把系统内的公款又收为报社部门所有。

三是强制摊派订阅。由于利益的驱动，一些主管部门利用自己手中的行政权力层层强行摊派订阅，甚至有些部门把下级单位是否订阅自己办的报刊列入了考核指标。结果一方面冲击党报党刊的发行，影响党报主阵地的宣传；另一方面又加重了群众的负担，影响党群、政群关系，危害甚大。现在出现了这样一个怪现象，各部门领导亲自为本部门跑关系、争刊号，到发行季节又亲自动员摊派发行，甚至将订数作为工作考核指标。大家都从部门利益出发，你争一点，我压一点，他再加一点，无人考虑大局，一点一点都加在群众身上，汇成沉重负担，加剧矛盾，形成社会问题。河南省有一个地市级的文化局，一年只有事业经费 5 万元，就订有数十种报纸，用款 1.3 万元。中纪委抽查一个自然村，用公共提留订报，平均每人达 34 元。

四是变相设“小金库”，造成国有资产大量流失。现在我国的报刊业都是国有所有制，国家对报刊业实施了优惠的财税政策以扶持报刊业发展。而公款办报刊，公款订报刊的最大受益者是报刊社及其主管部门。“部门”利用报刊社的国有经营权和优惠的财税政策，通过国家投资出版的报刊获得了大量利润。这些来自出版业的利润，相当一部分既没有被用在对报刊业的追加投资和扩大再生产上，也没有进入国

库，而是被截流进了部门的小金库。如某省一个部门办的一种杂志一年利润达 3 000 万元，按利润 15%的管理费上缴其主管部门，每年达 450 万。另外不少报刊每年还要给主管部门承担一部分会议经费、实物等方面的负担。这样既削弱了报刊发展的后劲，又变税为费，减少了国家税收，造成国有财产的大量流失，还腐蚀干部队伍，败坏机关作风。不少刊物在本系统发行中实行层层回扣，这样办刊人、发行人都有利可图，联合起来吃读者。比如有的学生刊物在学校摊派，帮助发行的校方可留 13%左右的回扣。这也是一些报刊越滚越大、越办越多，难以精减的原因。指导工作，服务读者背后有本部门和部分人的巨大利益。办报刊实际成了经商。

五是影响报道的客观公正性，并可能造成政令不畅。报刊作为大众传媒，应为最大多数人的利益服务，而非仅是为一个部门。但由于部门权力越来越深地介入报刊出版中，权力与利益紧紧捆在了一起。报刊往往站在本系统本部门的立场上说话，报道内容会失去客观公正性，从而失去其舆论监督的功能。而当报刊社出现违规行为后，报刊社的主管部门纷纷出面说情，增加了管理的阻力，影响了国家专门行政管理部门的政令畅通和执法权威。

六是影响报刊的集约化经营程度。由于报刊成为部门的附属，部门往往实行行业壁垒和地区保护来维护既得利益，以至于形不成一个统一的报刊市场，无法进行集约化经营，限制了出版生产力。同时也不利于党和政府政策的贯彻执行。

七是报刊的部门所有极有可能演变为在国有幌子掩盖下的部门首长专有，助长部门领导浮夸骄傲的作风。这种部门所有还有可能以承包、挂靠等形式转化为私人所有，造成国有资产的流失。而它们还享受国家的优惠政策，同样造成了国家税收的流失。

三、打破部门所有，是报刊体制改革的出路所在

报刊的出版具有两重性，它既是一种精神产品，又是一种物质产品。作为精神产品的一面，报刊对人们的思想及行为方式有重大影响，

必须讲政治，讲文化含量，讲信息含量，满足广大人民群众的文化生活需要，按新闻规律办。作为物质产品的一面，要求报刊出版活动必须按物质产品的生产来运作，遵循社会主义市场经济的规律。这两方面是我国报刊出版不可或缺的要求。《出版管理条例》明确规定，报刊等出版单位“经核准登记后，取得法人资格，以其全部财产独立承担民事责任”。因此目前部门所有的体制必须改革。那么，如何打破部门所有呢？简单说来就是实行“四不三定一公开”。

“四不”也就是“四个分离”：

（1）不用公款办报刊，财政补贴与办报经费分离。除少数政策性亏损的报刊经批准外，其他报刊社都要实行独立核算，自负盈亏，财政一律不予补贴。这方面财政部门早有规定，但因报刊归各政府部门所有，权在部门，所以一直未能认真落实。

（2）不摊派，出版行为和行政行为分离。报刊社应有更多自主经营、自我发展的权利。政府行为主要在于规范报刊的出版行为，而非介入具体的出版行为。要减少政府行政行为对报刊出版尤其是发行的干预，不得通过行政发文或其他强制手段摊派订报，使行政权力退出发行竞争，使报刊发行遵从出版规律和市场规律，让读者选择，靠质量取胜。这样可减少行业不正之风，有利于打破行业壁垒和地域界限，形成公平竞争的市场环境。

（3）不占行政编制，出版部门和行政部门分离。现在报刊社大多实行事业单位企业化管理，报刊社的机构、待遇应与行政部门分离开来，其采编人员不应具有公务员身份，不能享受公务员的待遇。国家公务员不能参与办报刊，出版部门也应逐步改革定行政级别的做法。报刊应由报刊社、出版社来办，行业报刊可逐步向出版集团靠拢。

（4）不收管理费，税和费分离。报刊社通过自身参与市场竞争获取的收入按国家规定依法纳税，不向上级主管部门缴纳“管理费”。这样既可增加国家税收，又能减少“小金库”，并使报刊社获得持续发展的后劲。

“三定”即国家通过三个方面来加强对报刊的管理：一是报刊社和

党的宣传部门签订确保宣传导向的合同；二是报刊社和政府行政管理部门签订遵规守法出版经营的合同；三是报刊社和财政或其他国有资产授权部门签订确保国有资产保值增值的合同。

“一公开”即由政府新闻出版管理部门向全社会公布报刊的发行量，公平竞争，维护读者和广告客户的正当权益，同时淘汰发行量过低的报纸。

只有在体制上打破部门所有，实行“四不三定一公开”，政府各业务行政部门对报刊干预减少，政府的专门报刊行政管理部门才能政令畅通，报刊“总量过多、结构失衡、重复建设、忽视质量等散滥现象”才能得到根治，报刊出版才能既服从自身的规律又服从市场规律，才能打破束缚报刊发展的各种障碍，使我国报刊业步上健康发展的轨道。

最近，中央发出通知，要求军队、武警及党政机关与所办企业脱钩。这一指示精神也为我们进行报刊业管理体制的改革提供了依据。最近各地几大报业集团的成立，整顿后党报力量的加强，也为这种改革提供了条件。如“四不三定一公开”的思路可行，为稳妥我们可以先进行局部试点。事实上按 37 号文件，这次整顿中大批厅局所办机关报刊已经停办或脱钩，可以考虑脱钩后的报刊改由报业集团、党报来办。同时管理部门要进一步加强管理的力度，以确保报纸的正确导向和质量。

（1998 年 11 月 19 日）

中国报业 50 年

研究中国报业 50 年的发展离不开两条线索。一是新中国 50 年来的政治经济；二是报业自身的规律，即它的本质、功能。50 年来报纸的功能如何与政治经济的大背景相互作用、相互影响、交相辉映，在不同时期发挥出不同的作用，报纸的本质属性如何因时代因素此消彼长，发展变化，报业怎样曲曲折折，最终走向空前繁荣，这就是本文所要回顾和阐述的内容。

一、报纸的基本属性和基本功能

报纸的基本属性有四，即信息属性、政治属性、文化属性和商品属性。

报纸起源于 16 世纪的欧洲，当时资本主义正在发生发展，工业特别是商业的发达需要传播商品信息和其他社会信息。据说最早是威尼斯商人贴在电线杆上的一张到货消息，后有专人为之，渐渐发展成为报纸。可见它是应经济信息的传播之运而生的，以后社会发达，又有政治、经济、文化、军事等各方面的信息，终于成了人们一日不可或缺的工具，如马克思所说，已成为工人阶级生活资料的一部分。所以信息是报纸诸种属性中最本质的一种，传播信息也就成了它诸种功能中最基本的一种功能。报纸的其他属性还有政治属性，即它有一定的立场，有强烈的倾向性和指导性；有文化属性，它本身是一种文化积累，要有文化品位；有商品属性，它要受商品生产规律制约。报纸的功能除传播信息外还有宣传教育、指导工作、普及知识、提供娱乐、批评监督等共六大项。

二、中国报业 50 年历程的三个阶段

中国报业所走过的艰难而光荣的 50 年历程大致分为三个阶段：第

一阶段，从无到有，艰难曲折，走向辉煌。第二阶段，“文化大革命”，跌入谷底，近于毁灭。第三阶段，改革开放，重建繁荣，走向辉煌。

在新中国报业所走过的50年三个阶段的全过程中，报纸的属性和功能，亦即新闻业的自身规律始终在默默地发挥着作用。不过因时势的变化，因我们政策的正误与政治经济形势的好坏，我们对这规律的顺应、利用也时好时坏，报业的发展也就曲曲折折，到近20年才真正开始走向繁荣。

（一）从无到有，艰难曲折，走向辉煌（1949—1966）

新中国的报纸事业是随人民政权的诞生而生长发展起来的。它来源于两个方面，一是中国共产党自己创办的报纸事业。我们党自建党以来就非常重视发展自己的新闻宣传事业，利用报纸来宣传革命思想，团结进步力量，指导反帝反封建的斗争。1922年，处于地下斗争的中国共产党创办了第一份机关报《向导》周报。1931年12月我党在江西苏区创办了《红色中华报》。革命大本营转到陕北后，1941年我党创办了《解放日报》。为了开展国统区工作，1938年我党创办了《新华日报》。另外还有各解放区的报纸。对这些报纸的继承构成了新中国报业的一个重要组成部分。另一个方面，随着解放战争的胜利进行，1948年我们规定了对新解放城市原有中外报刊的处理办法，即对国民党反动派的新闻事业一律予以没收和封闭，对进步的新闻事业予以保护，对中间性质的新闻事业则不禁止其依靠自己的力量继续出版。这种对旧中国报纸的接收改造，构成了新中国报业的另一个重要方面。可以说新中国的报业是在旧中国报业和解放区报业的基础上发展起来的，分别吸收融合了它们的长处，开始了自己的道路，并逐步形成了一定的规模和特点。

第一阶段又可细分为新中国成立初期和“文化大革命”前的十年两个时期。

1. 新中国成立初期

新中国成立初期的报业特点主要表现在以下几个方面。

（1）报纸的结构发生了显著变化。主要是完成了私营报纸的接收、改造、重组。1950 年我国有铅印报纸 382 种，总印张数 6.51 亿。与新民主主义革命时期的社会政治经济特征相适应，当时的报纸种类繁多，有党报、工会和青年团等人民团体报纸，也有民主党派报纸，甚至还有一些私人和外国人办的报纸，报纸既有公营，还有公私合营、私营，但以党报、工会和青年团等国营报纸为主体。

（2）报纸内容和宣传报道手法的变化。保持了党的新闻工作的优良作风和传统，特别是党管报纸，坚持政治导向，服从党的中心工作的好传统，以及我们党在延安时期形成的新闻工作作风——实事求是、密切联系群众、批评自我批评的作风和新鲜生动、平易务实的文风等等。当然由于战争时期条件有限，我们的报纸还很不正规，对报纸自身的规律及一些业务理论探讨还很不够。报纸摒弃了资产阶级的新闻价值观，紧紧围绕生产建设这个党的中心任务进行宣传报道。

（3）确立了新的报纸管理体制。中央人民政府在 1949 年 12 月成立了新闻总署，1952 年撤销，报纸归党委宣传部门管理，负责解决处理报业发展中的问题。1950 年制定了《全国报纸杂志登记办法草案》及其他一些管理条例，使管理有章可循。

（4）通过改造，吸收保留了旧中国报业的一些优点。如现代报纸的生产方式、管理经验、人才资源、技术水平和生产设备等。《大公报》《文汇报》《新民晚报》等一批旧中国有影响的报纸都加入了新中国报业大军。

（5）实行企业化经营。为解决物质匮乏问题，1949 年 12 月全国报纸经理会议确定报纸的经营必须采取企业化方针，必须把报纸真正作为生产事业来经营，逐步实行经济核算制。报社一方面裁减冗员，一方面又努力发展广告业务。同时决定参照苏联和我国东北、山东解放区报纸发行的经验，在全国推行邮局发行体制，把报纸逐步交邮局发行。邮发至今仍为报纸发行的主要方式。可以说，初创时期的新中国报纸发挥了报纸的宣传教育、指导工作和传播信息等方面的功能。

报纸的政治属性、信息属性、文化属性和商品属性均得到一定程度的体现。正像当时的经济建设工作一样，这一时期的报业，无论是业务还是管理方面都遵循和体现了无为而治，按新闻和报业自身规律办，所以发展较好。它奠定了新中国报业的基础，并使之走向了初步繁荣。

随着新民主主义革命和三年恢复阶段的结束，1953年第一个五年计划开始实行，我国进入了社会、经济的大发展时期，开始用计划经济的模式来搞经济建设。新中国报业也进入发展时期。这个时期，由于社会、经济的迅速发展，人民迫切需要了解党的方针、政策，需要了解社会日新月异的变化。党为了指导社会主义革命和社会主义建设，也更加强了对报纸的领导。报纸的政治属性、信息属性和它的宣传、指导功能都得到了充分表现。

2. 从1956年中共八大到1966年“文化大革命”

这一阶段新中国报业有如下几个特点。

（1）这时报纸完成了社会主义改造，私营和公私合营的报纸已经没有了。从所有制上，报纸已经全部归国家来办，都属国有。此外，适应计划经济体制，报纸基本上由国家提供经费，公款办报，公款订报模式逐渐形成。报纸的商品属性已逐渐萎缩，到后来几乎不复存在。

（2）报纸事业有了很大发展。这可从报纸发行量的大幅提高看出。1960年我国报纸有392种，比1950年只增加了10种，但其总印张却由6.51亿增加到了47.84亿，这说明报纸的社会影响大大扩大了。同时，在党的号召下，新老报人紧紧围绕党的中心任务，积极投身社会主义建设事业，出现了一大批知名的社会主义新报人，新中国报纸事业群星灿烂。

（3）报纸传播大量的经济建设信息和建设成果。新中国在经济建设、科学技术、文化等方面的成就，通过报纸的传播极大地鼓舞了全国人民的斗志，提高了新中国的国际地位。诸如武汉长江大桥通车、第一颗原子弹爆炸等，永远载入史册，并成为民族的骄傲。

（4）宣传了大批社会主义新人，树立了一批典型。如雷锋、焦裕禄建设了中华精神文明。

(5) 在服务政治运动中，报纸在宣传方面也曾有失误，帮倒忙，并产生过坏文风。50 年代我们党由于在指导思想上出现了“左”的错误，在实际工作中出现了反右扩大化、“大跃进”、“人民公社”等严重失误，这不可能不影响到报纸。在这些重大失误中，报纸实际上也起了推波助澜的作用。对此，李锐同志曾回忆说，“大跃进”失败之后，1961 年少奇同志曾批评《人民日报》说这几年提倡了一些错误的东西，这责任中央领导一半，《人民日报》一半。从新闻业自身的工作来反省，在五六十年代，尤其是 50 年代末期，我们过多地突出了报纸的政治属性，而忽视了报纸的信息属性，过于强调了报纸宣传教育和指导工作的功能，而弱化、忽视了信息传播、舆论监督的功能。在传播信息方面，报道了“放卫星”“过长江”等许多虚假信息，文风浮夸，出现了中国新闻史上少有的一次假、大、空现象，新闻真实性原则受到严重破坏。这使报纸的繁荣一度受到严重的损害，并对后来报纸的发展带来了不良影响。

这 17 年中有两点经验教训值得深思：

(1) 新中国成立之初实行党政分开的管理体制，旋即撤销，直到 1987 年时隔 35 年后才恢复。

(2) 新中国成立之初出于恢复经济的实际需要，1949 年年底就确定了报纸企业化方针，大力发展广告业，但后来未能执行，直到 1983 年，时隔 33 年，改革开放之后才恢复广告。

现在我们又重新讨论党政分开的管理体制，重新讨论报社企业化问题。历史绕了一个大圈子。

总的说来，“文化大革命”前 17 年，我国社会主义报纸事业从无到有，经过曲折反复，从初步繁荣走向了空前辉煌。

(二)“文化大革命”，跌入谷底，近于毁灭 (1966—1977)

1966 年，我国发生了史无前例的“文化大革命”。“文化大革命”使党和国家的工作、社会正常秩序受到巨大的破坏，我国的社会主义事业遭到新中国成立以来最严重的挫折和损失。这个时期，我们党在思想路线上极左思潮泛滥，并占据了主导地位。政治上，党的民主集中制、批评与自我批评等优良传统遭破坏，经济逐步走到了崩溃的边缘。

社会政治、经济、文化生活中的这种不正常情况同样影响到了报业的发展，报纸事业遭到空前浩劫，近于毁灭。当时报纸大量停办，到1970年，全国报纸仅剩42种，多是机关报或机关报性质的报纸，在发行方式上基本上是派送。在内容和宣传报道手法上单调雷同，除了社论和大批判文章外，基本没有其他社会、经济、文化等方面的信息。“文化大革命”对报业最大的破坏有两点：一是破坏了报业自身的规律，特别是抹杀了报纸的信息本质属性和信息传播这个基本功能，报纸不再作为大众传媒而存在。二是破坏了报纸事业的工作队伍，一大批党的优秀新闻工作者惨遭迫害，甚至含冤死去，如邓拓、范长江等，致使后来报业发展出现了严重的人才断层。这个时期，报纸已失去了自己的个性，降低到了和文件、政治传单等同的位置。这个时期的报纸，从基本属性上讲，只剩下了政治属性，而且也是片面的；从功能上讲，只剩下了政治宣传功能，并且这种功能也被极端化了。报纸成了林彪、“四人帮”反党集团对人民实行专政的帮凶，成了少数人操纵的工具，成了政治的奴婢，在群众中威信空前降低，失去了广大读者。

（三）改革开放，重建繁荣，走向辉煌（1978—1999）

1976年“四人帮”反党集团被粉碎，但由于极左思潮的影响，1976年至1978年我国社会发展仍处在一种徘徊时期，报业发展也是如此。真正扭转这一局面的是1978年12月党的十一届三中全会的召开。这次会议，我们党总结了历史的经验教训，恢复了实事求是的优良传统，把党的工作重点和全国人民的注意力转移到了社会主义现代化建设上，并确定了改革开放的路线。从党的十二大至十五大及历届人代会，确定了一系列重大的改革开放措施，政治上加强了民主和法制建设，经济上启动了大刀阔斧的改革，开始由计划经济模式逐渐向有计划的商品经济过渡，直至最终确立了社会主义市场经济体制。这些改革开放的新举措给我们国家的社会生活带来了天翻地覆的变化，人们的物质生活和精神生活都有了很大改善，报纸的报道重点也转到宣传改革开放和支持国家经济建设上，报纸的政治、信息、文化和商品属性都得以发挥其长，使我国报纸真正有了用武之地。

1978 年以来，报纸在紧扣时代发展的主题，服从服务于党和国家的中心任务的同时，遵循报纸自身发展的规律，在“文化大革命”的废墟上重建繁荣，并带来了空前的辉煌。这种变化主要表现在以下几个方面。

1. 报纸内容的变化

报纸由原来为政治服务的舆论工具变成为经济建设这个中心服务的大众传播媒介。报纸在宣传党和国家的方针政策的同时，大量传播其他信息，为读者提供各方面、各层次的服务，彻底改变了过去内容单一、板着面孔说教的状况。随着政治民主化建设的推进，报纸报道内容不断拓宽、加深，舆论监督增强，读者参与增多。20 年来，作为党和人民的喉舌，报纸紧紧围绕经济建设这个中心，适应社会主义市场经济的新背景、新特点，改进宣传教育方式，积极宣传党和国家的路线、方针、政策，在重大的社会、政治、经济、文化等问题上坚持正确的舆论导向，创造性地发挥了报纸的政治属性和宣传教育功能。报纸版面也大大增加。改革开放前，我国报纸除《人民日报》外，其他几乎都是四个版，现在主要报纸都在 12 个版左右，多的达一百多版。报纸已成为人民群众日常生活中不可缺少的一部分。

2. 报纸数量结构的变化

1978 年全国报纸种数仅为 186 种，印张数 113.52 亿，至 1996 年种数已达 2 202 种，印张数达 400 亿左右。报纸由单一的机关报结构变为以机关报为主体的，几乎涵盖了经济、军事、科技、教育、文化、卫生等所有行业的多层次、多品种的多元化报业结构。报纸根据不同读者对象，在信息传播上出现了专业化趋势。比如金融证券报、计算机报、广播电视报、都市报都是改革开放后才出现的新品种。

3. 经营方式的变化

报纸的经营方式由计划经济的方式逐步转向市场经济的方式。随着我国由计划经济体制逐步转向社会主义市场经济体制，市场经济的法则逐渐为报社所接受，并给报社带来了很多变化。(1) 报社由过去依靠国家财政拨款的纯粹事业单位转为自收自支、企业化经营的事业单位，并逐步向企业转化。到 1998 年，过去全部要靠财政拨款的各省、市委机关报，都实现了自负盈亏。中共哈尔滨市委更是第一个明确决定《哈尔滨日报》转制为企业。一些报社也开始探讨进行企业法人登记的问题。(2) 在报纸的生产和经营管理上吸收市场运作的方式，确立市场意识、营销意识和质量意识，并把经济界先进的管理方法大量引入报业。(3) 恢复并迅速发展广告业。1983 年全国报纸广告仅为 0.7 亿元，1998 年已达 115 亿元，广告已成为报业的经济支柱。(4) 报纸发行逐步改变过去单一的邮发合一方式，以降低成本，扩大发行量。1985 年《洛阳日报》第一个冲破邮发旧体制，率先自办发行。1988 年首家省级党报《天津日报》自办发行。到 1998 年已有近千家报纸自办发行，并且已有 4 家省级党委机关报《天津日报》《宁夏日报》《南方日报》《重庆日报》加入自由发行队伍。报纸发行方式也越来越多样化，邮发、自办发行及两者并行的多渠道发行格局已初步形成。各报社纷纷增加分印点、零售点，以提高报纸的投递质量。(5) 报纸从单纯的公费市场转向公费、自费并行，自费订阅比重越来越大。全国多半以上的报纸实现了自费订阅，就是一向以公费为主的机关报，随着其内容更贴近读者，也开始扩大自费比例。《广州日报》到 1999 年自费订阅率达 80%。

4. 报业开始向规模化、集约化方向发展

1994 年，在新闻出版署主持下，我国报界在浙江举办了首届报业集团研讨会，1996 年新闻出版署批准成立第一个报业集团——广州日报报业集团，以后又先后批准了南方日报、羊城晚报、经济日报、光明日报报业集团和上海的文汇新民联合报业集团。从现在试行情况看，报业集团化已显示出其优势。这主要体现在对内互补，对外竞争。以广州日报报业集团为例，对内实现了几个互补：(1) 信息互补。集团拥有十报一刊一个出版社，集团所属报纸占广州市公开出版的报纸总数三分之一以上，形成了一个立体交叉的各种信息互补的网络。(2) 人才互补。集团成立后，大胆培养和使用新干部与年轻干部，从办报实力雄厚的主报先后向子报子刊派送办报骨干 20 人，促进子报子刊的健康发展。(3) 财力互补。集团建立了以资产为纽带的集团内部经济关系，实行既集中又灵活的内部银行制度，由主报统一向子报子刊派驻财务主管，确保国有资产的保值增值；提高工作效率，增强集团整体的经济实力和市场竞争力。集团 1997 年总产值 16 亿，净资产为 11 亿，利润 3.8 亿，是广州市国有资产十强之一，1998 年的广告额近 7.2 亿。集团下属的广告公司、报刊发行公司、房地产公司、印务中心、连锁店公司、宾馆酒家及俱乐部等经济实体迅速发展，利润占集团总利润的 50%，初步具备了现代化报业集团的经济实力，在对外竞争中表现出较为雄厚的实力。

5. 报业科学技术的进步

随着科技进步和报社自身经济实力的提高，全国各报社都已告别铅与火，普遍采用先进的科技手段，计算机联网、激光照排、电脑分色等技术在报社得到进一步推广，我国报业在技术方面与国际先进水平的差距大大缩小。先进技术的采用大大提高了报纸的制作水平和质量，彩报越来越多。近年来一些报纸利用互联网，开始出版电子版网络版，进一步扩大了报纸的影响。

6. 报业管理体制的变化

自 1952 年中央人民政府新闻总署撤销后，我国报纸一直由宣传、文化等部门多头管理。1987 年国家成立了新闻出版署，作为国务院对报纸进行行政管理的专门行政机构，并先后颁布了《报纸管理暂行规定》《出版管理条例》等条例、规定共 40 个，报纸出版已逐步做到了有法可依。

回顾 20 余年来报纸发展的历程可以发现，这一时期，报纸的基本属性和各项功能都得到了淋漓尽致的发挥，已真正成为一种大众传播媒介。首先，它的信息本质和传播功能得到了承认。20 年来的最大变化就是报纸信息量的变化和内容的丰富，是版面信息的繁荣。其次，报纸的商品属性得到了承认，报纸的经营方式和经济效益有了飞跃。这可以用三个方面最简单的事实来说明：到 1998 年，我国报纸有四分之三实现了自负盈亏，而改革开放前基本是靠国家养活；全国报纸广告额达 115 亿元，是 1983 年恢复广告时的 16.4 倍；全国已有一半以上报纸自办发行，包括省、市、委机关报，打破了邮局一家发行的垄断局面。

在报纸的信息本质得到承认的同时，报纸的政治属性、政治教育功能在新形势下又被赋予了新的意义、新的任务。随着改革开放的进一步深入，政治生活民主化，生活利益多元化，给政治思想工作提出了新的要求，社会更需要报纸的宣传和导向作用。报纸的政治属性不仅不能削弱，而且要探求新的表现方法。即要学会驾驭市场经济规律，做到社会效益和经济效益的统一，以小平同志建设有中国特色社会主义理论和党的基本路线为指针，以科学的理论武装人，以正确的舆论引导人，以高尚的精神塑造人，以优秀的作品鼓舞人。

改革开放以来，报纸已成为向广大受众提供文化生活服务的主力军之一。这时期一方面报纸纷纷创办文化副刊，另一方面一大批以文化生活为主要内容的报纸，如体育、服饰、棋牌、旅游等方面的报纸相继涌现出来，这也是过去所没有的。报纸由四版扩到数十版，除信息扩大的需要外，很大一块是盛装文化内容。报纸的文化属性和普及知识、提供娱乐的功能得到了进一步发挥。

但是在这个大发展中也出现了一些问题。报纸的信息属性和传播功能逐渐为人所认识、所重视，这也为一些人提供了生财之道。在承认按商品经济、按市场规律办事的过程中，报纸上也出现了假新闻。这是继“大跃进”“文化大革命”之后，50 年间我国报纸出现的第三次虚假风。与前两次不同，这次造假者主要不是为了政治目的，而是为了经济目的。一些作者、编者借离奇新闻刺激、招徕读者以扩大发行，延揽广告。为此管理部门专门发了文件，社会方面广泛揭露，与之进行了不懈的斗争。

三、50 年来报纸理论的新认识

回顾 50 年来新中国报业发展的过程，今天我们在报纸理论上可以得出 10 点新的认识，或者是理论上的新突破。

（一）进一步认识到政治是报纸的灵魂，重提政治家办报

政治是灵魂，办报要讲政治，这不是新命题，但是却有新发展。早在 1959 年毛泽东同志就明确提出要政治家办报，1996 年江泽民同志又重申政治家办报，这中间的新突破主要是接受历史教训，不能讲空头政治。就是要服务中心，服务稳定，服从大局，紧紧围绕经济建设、围绕四化不放，不空、不偏，不受干扰。一心一意宣传国家民族的大事，报道最大多数群众关心的事。同时，要围绕中心工作，服务于经济工作，但不能迷失方向。市场经济条件下，又出现了重经济效益轻社会效益的倾向。所以江泽民同志重提政治家办报，要紧紧把握邓小平理论和党的基本路线这个根本指针，报纸的一切具体宣传报道都要回到这个根本上来。

（二）引导舆论是报纸的社会责任

过去我们强调报纸是大批判的武器、阵地和工具，强调灌输，现在进一步认识到要引导。从灌输论到引导论，是一个突破。报纸对引导舆论负有特殊的社会责任，同时按照新闻规律办事也有一套科学的引导方法。江泽民同志指出要以正确的舆论引导人，历史经验反复证明，舆论导向正确，对于我们党的成长、壮大，对于人民政权的建立、巩固，对于人民的团结和国家的繁荣富强，具有重要作用。舆论导向正确，是党和人民之福；舆论导向错误，是党和人民之祸。

以上两点使我们的报纸在政治宣传教育和指导工作方面适应新时期新形势，更有针对性、创造性，实际效果也更好。

（三）报纸的本质是信息

办报纸要讲政治，以政治为灵魂、为指导，但它的本质不是政治，

而是信息。正如文学也要讲政治，但它的本质是艺术。信息是报纸的个性，因此新闻报道构成了报纸的主体部分。承认这一点就是承认报纸要遵循新闻规律。

（四）报纸的基本功能是传播信息

由于过去我国的报纸主要是机关报，所以造成一种感觉，报纸的主要功能是指导工作。现在随着报纸品种增多、结构变化，机关报只是其中的一部分。对整个报业来说，传播信息是它最基本的、大量表现出来的功能，即使机关报也主要是通过传播信息来指导工作的。

（五）报纸是大众传媒

由于过去以各机关办报为主，形成一种错觉，报纸是为某一个部门服务的。到后来又出现一个极端化的分支，就是各个行政部门都办报，被称为小机关报，成了部门领导露面、体现部门利益的工具。经过1996—1999年三年整顿，这种情况大有改观。从总的方面来看，报纸广泛传播社会信息已为人所接受。因此正反两方面的实践都使人取得一个共识：报纸是社会大众传媒，要为大多数的读者服务。

承认报纸的信息本质，确认其传播的基本功能，承认它是大众传媒，这三点最终就确立了报纸的个性和独立主体成分，从而将它从机关附属机构中解放出来。

以上三条源于我们对于报纸新闻属性和新闻规律的进一步认识。

（六）报业是产业

报业已经由过去国家花钱养的一个行业变成向国家上缴利税的支柱产业。国家对于报业的要求，不只是政治宣传方面的社会效益，还要求其有足够的经济效益，它已成为国家经济繁荣的一部分。

（七）报社是企业

过去在计划经济体制下，报社有两个特点：第一，作为机关报社，是机关的延伸，思维和运作方式都是按工作需要，以机关方式进行。第二，报社纳入计划拨款、计划销售，简单讲就是公款办报，公款订报。进入新时期，实行市场经济体制后，报社身份发生变化，变成有独立生存能力和竞争能力的市场主体。因此它开始按企业来运作，并很快引进现代企业机制，比如组建集团等。这种对报社企业性质认识的新突破，并不影响报纸的政治导向和社会效果。这好比计算机的硬件部分和软件部分，它们各司其职，硬件不能替代软件，二者性质不同，要改进只能靠加强软件的运作。

（八）报纸是商品

过去我们一直讳言报纸的商品属性。在市场经济状态下，报纸要进入流通，它就是商品。它已经脱离了国家包起来的环境，必须自己独立生存，扩大再生产。因此就要遵循成本、利润、流通的规律，要采取常规商品的运作方式，如市场调查、售后服务等。说它是商品，是指它有商品属性，不是说只是商品而无其他属性，它还有政治、信息、文化属性，只不过它是以流通着的商品的形式来完成政治、信息、文化等方面的任务的。

以上三条是源于社会主义市场经济的发展和对报纸商品属性的认识。

（九）报纸是文化积累

报纸的主要功能是传播信息，它所传播的一部分信息将经过筛选而作为文化积淀下来，载入史册，融入民族文化的长河。报纸的功能实际是为现在传播信息，为历史积累文化。这就提出一个新要求，报纸信息除强调及时、导向、有用外，还要考虑到它的文化含量，不是随便什么信息都可以上报。报纸为现在读者所检验，还要为历史所检验。许多名稿、名报、名报人都是受这两条检验才成立的。所以说报纸有文化属性。

（十）关于新闻定义的新补充

既然实践和理论的发展已引申出上面所述许多处新突破，新闻的定义也可以做一些新的补充。

在许多定义中最简明而常用的是陆定一同志的定义：新闻是新近发生的事实的报道。我建议做这样的修订：新闻是受众所关心的新近发生的事实的信息传递。这里加了两个新概念：一是受众，强调新闻要有对象、有市场，要为最大多数读者服务，稿件和报纸的质量最终靠读者来检验。二是信息，这样就自然引进了信息的基本特点如真实、时效、新鲜，信息的三种状态如史态、现态和趋态，也就自然引进了信息的功能如向受众反映、预示、报知、调整等，从而也就揭示了新闻的本质，新闻工作的特点，如真实、快捷、导向等。同时，还引申出了自然信息与新闻信息的区别、不同新闻媒体信息的区别。这个新闻定义，比较贴近新闻工作的本质，并能调动新闻工作者的主观能动性。

（《新闻战线》1999 年第 10 期）

第七章

关于记者修养

记者工作的特点

我一直认为记者工作是一个很特殊的行业。这个行业所具有的特点，它的优势、劣势和我们对这势态的正确把握、利用，可以使一个人超越自我，在思想、业务上都迈上一个新台阶。一个人当过几年记者后（不要多，四年就行），无论他还干不干记者这一行，他都应该是一个成熟的人，甚至是有成就的人。记者工作是一个大学校，是综合训练人的最佳职业。我们研究记者工作的特点，它的优势、劣势，是为了因势利导提高业务能力，但还有更重要的，就是利用这个特殊学校提高我们做人的能力，提高自己的修养水平。

大致来说，记者工作的特点有三个。

一、记者担负有特别的责任

记者，就是将社会上各种有价值的信息记录并传播给读者的人。

社会越进步，越需要信息。社会要进步，就要时时注入新的思想、文化和经济信息、科学知识。这些东西要从四面八方吸收，就必须有人专门干这个行业，这个行业就是我们的新闻工作，具体从事这项工作的人就是记者。

现代社会的一大标志就是信息的交流越来越多，以至于出现一个阶层、一批专门的人来从事这一工作。五四运动时，我们讲科学、民主两面旗帜。所谓科学，就是输入新的文化科学知识，也即文化科学方面的信息。民主，就是输入新的先进的政治信息。社会的进步与信息传播的多少有密切关系。

报纸的功能，大概有五个方面。第一是宣传教育功能；第二是传播各种信息；第三是普及知识；第四是提供娱乐；第五是批评监督。不管是哪一种功能，我们都可以把它广义地理解为传播信息。

一条信息可以打垮一支军队，可以决定一个战场的胜败，甚至影响历史结局。李自成进北京后，吴三桂孤守山海关，观望时局，是战是降，举棋不定。他得到的第一个信息是义军得民心，于是准备投降李自成。还未出发，又得第二个信息是义军烧杀掠夺，特别是抢走了爱妾陈圆圆，他又改变了主意下决心投降清朝，引清兵入关。这信息对吴三桂的决策起了关键作用，对中国历史却是一个悲剧。

当年红军长征并无落脚之地。毛军东从敌方报纸上知道陕北还有刘志丹领导的一小块根据地，决定立足陕北发展。红军的事业长期不为外界所知，是斯诺的采访报道让世界了解了红军和中国共产党。一条信息助成一项事业。

现代社会人们紧张地生活，更要争分夺秒地获得政治、经济、文化知识、新科技等方面的信息，人们离不开信息，就如同离不开空气；而专门为人们提供信息则无异于提供空气。从事这个职业的人——记者，当然是在干着一件最伟大而又光彩的事。

二、记者处于特别的位置

我们经常在电视上看到：不管多么重要的活动，多么重要的场合，随便出入其中的，总有那么几个记者。

记者在社会上处于一种特别的位置。他处在一种超然于物外的、俯视社会的、宏观的、冷静旁观的位置，这是与他所担负的特别的责任相联系的。记者所担负的特殊的使命决定了必须给他提供两个方便：一是要便于观察，二是要便于传播。发现一条好的信息传播出去，就是表扬；发现一条坏的信息传播出去，就是批评。

因此，社会给记者两个有利位置：一是制高点，可以从宏观的高度俯视全局。记者的位置，站得高一点还是低一点，决定了稿件写得深一点还是浅一点，广一点还是窄一点。记者在社会上所处的位置就像炮兵观察员的位置，就像排球场上裁判员的位置。只有他这个居高临下的角度才能明察秋毫，才能以冷眼旁观的超然的态度来发现问题。

二是连接点。可以说，整个社会的信息交流，就是一个大的网络，记者就是大网络上的终端。不管你怎么孤立活动，你背后总是连接着一个大网络。就信息交流这个大网络和采访对象而言，记者就处在连接点的位置上。

连接点，连接什么？一是连接群众和政府。我们的报纸都是受党领导的，它的舆论导向总体上讲都是代表政府的，是按政府总的方针宣传的。新闻的功能是传播信息，包括将民间的一些信息传给政府，沟通政府和群众间的联系。二是连接人和社会。人离不开社会，要和社会产生交流联系，报纸就是一个联系的媒介，记者就是一个联系点。

由于使命的关系，社会给记者一个特殊的位置，他既处在制高点上俯视社会，又处在连接点上摸着事件和人物的脉搏。在前者时，他应表现出冷静、清醒，在后者时，就应热情、积极，他既有一副冷眼，又有一颗热心。

三、记者享有特殊的荣誉

因为记者在社会上担负特殊的任务，又有特殊的工作位置，所以记者也就享有特殊的荣誉。简单说有三个方面：在人们眼里，记者是消息灵通人士——代表着事实；记者是无冕之王——代表着正义；人们还把记者当作知心朋友——代表整个社会，给单个的人以后援和温暖。

但遗憾的是我们不少未当记者的青年人，常常是只见到记者的荣誉，而看不到他特殊的职责，徒慕其虚名。当然也有不少人当初是为虚名所引走上这条路，然后又经过锻炼，终于成为一个好记者的。

记者的优势有这样五个方面。

1. 舆论优势

舆论是什么？是社会上多数人就某一问题表达的大体一致的意见。舆论虽不是政府发布的法规命令，不是领导人的指示，但却表达了人们共同的意志，能规范人的行为。这种来自民间的力量大至影响国策，小至影响一个人的命运，实在不可低估。所以自古以来就有“防民之口，甚于防川”“众口铄金”“言可杀人”等说法。舆论，当它还未被传播媒介采用之前是崩裂前的雪山，是开闸前的洪水，是未点燃的干柴，是将解冻的河流，它表现为一种蓄满的能量，而新闻记者常常是有幸去充当这个启动能量之门的角色。

社会舆论有正作用，有反作用。反作用是暂时的逆流，但其破坏力也不可低估。如中国“四人帮”统治时期就造了许多反动舆论，新闻记者摇舌鼓唇为之助威者不乏其人。正作用指扶植正义，顺应民心，帮助政府建设国家。比如60年代新闻界关于雷锋和焦裕禄的宣传，就是倡导一种好的精神风气。这种新闻媒介表达的强大舆论使两个普通的人一跃为人们心目中的楷模，以至于二三十年后人们还感到他们如在目前，还对他们怀有深深的敬意。1984年6月7日新华社有一篇报道《一桩10年扯皮案》，是说一个工程10年间有13个单位参与，发了54种文件，资料摞了1米高，还是没有开工。这种官僚主义作风人们深恶痛绝，报上一发表群起攻之，在见报的第10天，经过1小时20分钟的协调会，即解决了问题。

舆论是记者身后的一支大军，记者虽不是大军的指挥，但却是盟友，他随时可以借用这支力量。舆论是一架调好的钢琴，记者的手指随时可以按下一个琴键，触发一种共鸣，引来一股洪流。**记者的舆论优势就是他凭借社会舆论而保有的一种无形的威慑力量。这力量是对邪恶的鞭挞，是对阴暗的揭露和对正义的支持。**自有新闻事业以来，无论中外，舆论监督都是一种无形的力量。我在1990年考察印度报业时曾碰到这样一件事：《印度快报》以抨击时政著称，政府多次制裁，包括派警察封锁报社大楼，也拿他们没有办法。政府一位副总理包庇儿子营私舞弊，主编苏里在报上著文揭露。这位副总理就打电话辱骂、威胁他。苏里第二天就将电话记录在报上公布。他说：“从此这位副总理再也不敢说一句话。”他谈此事时神情自若，胸中似有兵甲百万，显示出一个记者背靠舆论而特有的无形优势。记者作为他个人时，并没有什么了不起；要是代表社会、代表人民，就强大无比。他可以挥如椽之笔，挽舆论狂潮，横扫那些社会渣滓。正如坏人怕持枪的警察一样，邪恶之人也怕执正义之笔的记者。正是这种舆论优势，使记者有了一顶“无冕之王”的桂冠。

但是舆论这个优势必须正确利用。舆论的主人是人民，记者不过是代言一二，切不可以舆论的主人自居，妄图做一名左右舆论的方士。世界上的事就是这样，最大的优势会突然转化为最大的劣势。一些记者以为舆论在手，便想借机谋私，强奸舆论，最后身败名裂。1989 年《河南日报》有一名新参加工作的记者杨某，借社会上对逃税者的愤恨之情，敲诈书法家庞中华一万多元未遂，被判刑两年。这是新中国第一例记者因诈骗入狱案。记者与舆论的关系如唐太宗所说，是舟和水的关系，水可载舟，亦可覆舟。如果把舆论看作可任意捏的泥团，轻贱它、亵渎它、歪曲伪造它，必将玩火自焚。

时时记住自己的背后是强大的社会舆论，这对记者自身修养至关重要。这会使你变成一个很有社会责任心的人，铁肩担道义，妙手著文章，自激自励，敢于斗争。同时你又会感到责任重大，处理事情慎之又慎，如履薄冰，用严肃认真的态度去处事接物。

2. 调研优势

由于社会分工不同，人们常年被固定在各行各业中，又被固定在各种层次上，安分守己，各尽职守。唯有记者可以上天入地，走南闯北，调查研究，搜集和传播信息。社会对记者的开放超过了任何一种行业。可以说，除了国家机密和个人隐私外，记者都可以调查；除了涉及公务保密和个人权利的地方，记者都可以去。恐怕再也找不出第二种职业有这种调查研究的优势。

这种调研优势首先为工作提供了方便，保证记者可以及时获得真实的信息，可以全面把握事物的本质和趋势，同时也为记者个人成长带来了极大的方便。

一个人和社会接触的过程即是他成熟的过程，这个过程越短，就成熟得越快。怎样才算一个成熟的人，就是他既要有关于社会历史的书本知识，又要有丰富的社会阅历，有实践知识。有的人读了很多书，但和社会接触很少，如学校里的学生；有的人在上层工作，缺乏基层经验；有的人在社会上走南闯北，如一些走江湖的生意人，但他们又缺乏与上层的接触和文化理论修养。而记者既处社会的制高点，又处社会的联结点。**一个人要成熟，只有既积累了一定的文化知识，又熟悉社会各阶层，他对社会才能有一个全面深刻的认识，他的观察力才算过关。这个条件只有记者才具备，他可以从容不迫地将历史上的、书本上的知识，拿来与社会上的知识一一对照，确定吸收什么，修正什么，扎扎实实地改造自己的世界观，构筑自己的知识城堡。**社会因工作需要为记者准备的方便调查研究的条件，恰恰成了记者最方便的学习条件。正如一个图书管理员，随便出入书库是他为读者服务的必要条件，而同时又是他自学的最好条件。

记者的调研学习分社会和自然两个方面。一个人积累书本知识并不难，只要勤奋读书就行。但是另外还有两课是必须补上的，一是社会，二是大自然。而这就比较难了，因为除了要有主观学习的意愿外，更难的是还要有客观条件。

社会是一本大书，这书的字句就是一个个的人，它的篇章故事就是一件件的事。正如常用的三千多个汉字排列组合了几千年，总是能变幻出说不完的故事；社会上的人排列组合了几千年，总有演不完的悲剧、喜剧，而且内容从不重复。在这个大千世界里，最灿烂与最龌龊的思想，最高尚与最卑劣的人格，最平静与最离奇惊险的生活，一般的琐碎的小事与惊天动地的伟业，都杂然其间，犬牙交错。虽然有文字以来，作家们在不断地描写社会，但总不能尽其一角。社会这本书太大了，我们不能如平常读小册子一样，卷在口袋中随意去翻，也不能如查阅大辞典那样，放在桌上细细地去找。我们必须跳到这本大书里，围着一个个的字转着看，顺着字里行间探着路看，如在森林，如穿山谷，这样才能领略其中的味道，阅尽人情世态。但是由于我们各人工作条件所限，或处于一山之巅，或处于一谷之中，很难有机会去作这种调查研究，很难了解社会的全貌，我们的知识、精神也就很难升华到社会文化的最高峰。而记者却有这个条件。

大自然给人的是另一种启发，它提供的不是书本知识，也不是社会人情，是自然科学知识，和比科学知识更重要的一种精神的熏陶和气质的养成。**大自然比人类古老，是人类的摇篮，是自然创造了人，**

不是人创造了自然，所以大自然所蕴含的气质、风貌是人类至今无法复制的。而人类文化中又有很大一部分溶渗于自然之中，不可能以书本形式去保存流传。所以向自然调查学习是一个人向高级修养迈进时必不可少的手段。试想当年苏轼面对长江高歌“大江东去……”李白在泰山顶上狂呼“天门一长啸，万里清风来”，他们的胸中是怎样翻腾着大自然的风云，这种强劲的精神之力是书本上和都市生活中都找不到的。

记者终日奔波于山川田野，应该说他最有条件向自然学习，借天地浩然之气来充实自己。一个青年人当上几年记者，如果肯利用这个学习条件的话，他必然会用社会的风雨洗尽自己的稚气，用大自然的浩气扩充自己的胸怀。不管他以后做记者还是改行干其他工作，作为一个人，他就较为成熟了。

3. 广告优势

当一个记者每天在见报稿的稿头上署名“本报记者××”时，他实际上已经是在为自己做广告了。一篇消息、通讯当然是报道一件事、一个人，但无论报道的客体是什么，总有一个影子紧紧伴随，就是写这篇稿的人。你写了一百篇稿子，每篇稿中的人物只能见报一次，而你的名字却见报了一百次，就如前面谈到的，社会为记者提供工作条件的同时也为记者的学习提供了方便条件，记者在版面上宣传别人，同时也在宣传自己。记者名字的见报率高过社会上任何阶层，甚至超过国家领导人。我们可以把这种特权、这种优势称作“广告优势”。

广告优势实际上是成名优势。一个人要成名有两个条件：一是他要能干出一点超出常人的事来，为世人所瞩目、所承认。如世界冠军，一块金牌盖天下；如歌星，一曲高歌惊四座。二是他的名字要能通过媒体传播出去。有许多人不是没有干出事，是因为没有媒体传播，所以永不为人知。而有一些职业是不管事情干得好坏，先把名字摆在前头，如演员、播音员、主持人等。记者就是这样一种为数不多的行业，他先天地占有新闻媒介这个地利，上帝特赐他出风头的方便。

一个人在社会上立身有各种无形的资本，如出身、年龄、相貌，另外还有他的名气。美国大企业家哈默环球知名，十月革命后曾与列宁做过买卖，一生不知办过多少企业，但就是没有机会与中国人做买卖。当中美关系解冻、邓小平第一次访问美国时，美方并没有安排哈默与邓的会见，但他凭自己的知名度，竟连闯三道门到宴会厅与邓小平坐在了一起。也就是由这个起点，哈默开始了与中国人的合作。现代人在交往中常使用介绍信、名片，而一个记者是不需要这些有形物的。每天在报上多次出现的名字已经起到先声夺人的效果，读者对你的了解和信任使你无形中具有了朋友甚至师长一样的身份。这“名气”对你立身社会也带来了许多的方便。

名与利是人生修养中不可回避的两个问题。由于记者有天生的“广告优势”，所以在名的问题上并不太难，难的是要以实符名。读者已闻其名，我们就更要珍惜这名声。好记者不写次稿、轻稿，篇篇不负其名。每天都登名字，每天的稿子平淡如水，时间长了这名字就成了应景的称呼，有名也等于无名了。另外，切勿盗名。名和钱都是很有诱惑力的。君子爱财取之有道，君子爱名务求符实。有不少记者为了快点成名，常搞虚假报道，让文章花哨一些、内容引人一些，以此沽名。这样一旦被戳穿，必将身败名裂。

记者要十二分地珍惜这种广告优势，懂得怎样正确利用知名度这根撑竿去跳过新的人生高度。

4. 自主优势

自主优势就是自我支配的能力。社会是一个整体，在这个整体中有的人如螺丝钉被拧在某处，丝毫不得挪动，有的人是算盘珠被别人拨来拨去，有的人是一个指头可以自由拨动别人或拨划自己的工作。记者就属于这最后一种人。诚然，一个人总离不开社会这个大环境的影响，但他如果能尽量多一点相对自由，充分发挥自己的创造力，这总是一件好事。

这种自主优势包括两个方面：时间自主和空间自主。

一个人的幸福是能自由支配自己的生命。常有这样的人，官越当越大，支配自己时间的自由却越来越小。生活中也常有这种矛盾，你不得不干的工作恰恰是你不喜欢的工作，这时最为苦恼。记者没有这种苦恼，一周7天，一天24小时都是自己的囊中物，想怎样花销就怎样花销，只要你会精打细算，一定能买回金娃娃。一个人的时间由工作和休息两大块组成，工作部分又有社会工作和业余爱好的工作，还有读书学习。记者尽可以用很短的时间去完成社会工作，因为稿件是计件不计时的，然后留出更多的时间发展自己的特长。许多记者都是得这个时间之便著书立说而成学者、作家的。我自己曾长期驻基层记者站，一般一月的写稿任务一周就可完成，试想每月比别人延长三周的工作寿命，这是多少金钱也买不来的幸福。

空间自主是指自己对工作对象的相对选择自由。一个车工每天要加工某种零件多少个，他想换一种别的零件，不行，他没有这个自由。记者却完全有自由选择写这篇稿而不写那篇稿，同是一个地方可以报道这处而不去报道那处，同样是一个题材可以写甲而不写乙。而这些都可以在不妨碍完成采访任务的前提下很顺利地做到。

这种自由保证了一个人尽量发挥自己的特长。一个记者经过这种选择后可以表现出他的最高水平，而不至于因无用武之地而委屈。比如他善写通讯就可避而不写消息，他善写人物就不一定去搜集许多证据去写述评。另外，在一处采访吃了闭门羹后还可很从容地转移阵地，除非极特殊的情况下才非要强攻不可。这样工作起来心情也舒畅些。1983年我曾受命到新疆采访，在自治区首府受到冷遇，因为去的记者太多了，是卖方市场。“你不卖，我还不买呢”，记者就有这种自主优势。我立即驱车到石河子，一住十几天，完成了数篇通讯、报告文学、消息，还有几篇副产品散文。如果死守在首府可怜地乞求，不但怄气还会一字不成。

一个人能有充分的时间自由选择自己喜欢干和最擅长干的事，不但会心情舒畅还能成效卓著。这大概是记者中成功者较多的原因之一。

5. 选择优势

记者是一个十字路口的职业。人们常爱提这样的问题：记者像什么？因为记者是摇笔杆子的，有人回答：记者像作家。确实也有不少记者写出文学作品，成了作家。因为记者常要分工采访某个专题，学习研究某方面的问题，有人回答：记者像学者。确实有的专业记者提出的问题和他对形势的预测常和专家学者不谋而合。又因记者每天综观政治风云，还有人说他像政治家。总之，记者像什么可以有许多种答案，不一而足。答案越多，说明记者这个行业与其他行业的相似点越多。而一事物与他事物的相似点越多，演变为他事物的可能性就越大，就越不稳定。比如化学元素中的氦、氖、氩等惰性气体就从不与其他元素结合，总表现为独立稳定的存在。而氧与其他元素的相似点就很多，可以与其他元素组成氧化铁、氧化铜、氧化铝等等。**不稳定是个缺点，但也是优点，易变，可以通过变化产生最佳方案、最佳结果。记者既然像许多其他行业，就有潜在的变化可能，转而改为他业，发挥更大的作用。**这就是记者行业的选择优势。

人是一种宝贵的资源。资源有一个共同特点，就是它的多宜性。比如土地这种资源，可以种庄稼，可以盖楼房，可以修工厂，这时我们就要评估一下哪种用途最为合理。人也是这样，他在受过一定的教育后可以干各种工作，如当干部、教师、搞科研等，但由于各人的学历、气质、爱好等等的区别，一定只有一种是最适宜他干的。可惜我们中间的大部分人由于客观条件的局限，安排他干某种工作后便再无更改的可能，而且在这安排之前也没有机会充分地选择和多方地接触。因此有不少人干了一辈子工作，并不知道这行原本不该由他来干。有的人很高兴自己当了什么专家，却不知道他干另一行也许是更大的专家。记者这个十字路口的行业恰恰为我们提供了最充分的选择机会，让“人”这个多宜性的资源有最适宜的使用。

我并不主张一入记者这个行，就一定要干一辈子记者。一旦发现更能发挥自身作用的行业，就应立即改弦更张。有的人很会利用这个选择优势，由记者转而成政治家、作家、专家的大有人在，由记者而成发明家的也不少。邮票齿孔是一位英国记者在 1848 年发明的，当时的邮票无齿孔，他有一次寄稿，手边没有剪刀，就用身上的别针沿邮票边刺孔后撕下，以后别人受此启发设计了邮票打孔机。圆珠笔是匈牙利记者莱兹·比洛发明的。第二次世界大战时，他在战地采访，带墨水很不方便，就试用油性颜料，发明了“油溶笔”，以后将专利卖给美国而成圆珠笔。坦克是第一次世界大战时英国记者斯文顿发明的，他目睹英法联军被德军的子弹扫倒，便建议在拖拉机上装上铁甲，这就是以后的坦克。

由于记者的接触面广，其成才机会、成功之路也就比别人多。当记者的一生不知要走过多少桥头、路口，可惜不少人硬是见桥不过桥，到了路口不上路，总是不敢实现自己人生的新飞跃。记者是传播信息的人，但并不是一个机械的传播工具，他应该首先理解这些信息，这种理解很可能把他引向新的领域。有的人先知不先觉，总在做着二传手；有的人先知而先觉，及时调整自己的人生路。瞿秋白本是被派到俄国当记者的，俄国革命的信息首先感染了他，他转而做了中国革命的领袖。

上面谈到记者的五个优势。舆论优势是一种职务权利，其他四个都与工作有关，但与个人学习、修养更有关。调研优势使你更快成熟，广告优势使你很易成名，自主优势使你更快成才，选择优势使你能成就自己的事业。记者工作既然有这么多优势，我们如果干不出一点成绩，实在可惜了这个天时地利。

下面再谈谈记者工作的劣势。大致有三点：作品的易碎性、身份的被动性和工作的飘忽性。

1. 作品的易碎性

新闻作品常被戏称为“易碎品”，就是说它的生命力不强，譬若朝露晨花，时过即逝。这是新闻的特点，新闻既是信息就要讲时效，就要不断更新。对读者来讲这是好的一面，越新越好，越快越好，新消息一来，旧闻就弃之纸篓。但对记者来讲这却是沉重的负担，成了这一行工作的一种劣势。

作品的易碎性给记者带来三方面的麻烦。一是疲于奔命，总在不断地追寻新闻，像猎人行于山林，不但体力消耗大，神经也时时处于紧张状态。采访的对象瞬息万变，就容不得记者四平八稳地工作。急急忙忙地赶路，随随便便地吃饭，通宵达旦地加班是常有的事。所以年纪大的身体差的人干不了这一行。二是作品很难精雕细刻。不少消息是在采访途中草就，或报纸排版前赶写的，绝不可能如曹雪芹写《红楼梦》那样积十年才成一巨著。许多新闻作品还要刻意追求通俗明白，以让人看懂、听懂为第一目的。三是记者很难留下自己的作品。不是说这些东西不能留，是它很少有单独留存的必要。报纸记者还可留一套剪报，电台记者则随播随丢，稿件都付与了空气。一个记者能单独出作品集的毕竟不多，但如果把记者的稿子都出版成书，他比同样写作工龄的作家不知要多多少倍。这种狗熊掰棒子式的工作常教人忽生一丝的悲哀。

2. 身份的被动性

记者像个月亮，他自己并不能发光，如果有一点光亮，也只能是折射自他的写作对象。名记者先得有名作品，如果这名作品是写一个人，肯定是主人翁先出名，然后才轮到他，所以说记者有一定的被动性。另外，记者的工作岗位、采访对象也是有客观限定的，虽有一定的机动，但在特定条件和任务下常常要不得已而为之。就如一个战士被安排于阵地上的某个位置，哪怕这位置十分不利，也得坚守下去。记者可以在得到材料后发挥主观能动性加工提炼，但是他无力改变采访环境。就如一个画家可以在自己许多速写积累的基础上创作一幅画作，画一个最美最美的人物，而一个摄影师却不能因为摄影对象长得不好要求换人。记者只能据实加工自己的采访对象，却不能按照主观理解去塑造一个人物。虽然记者有选择的自由，但无论怎样选择，他不能超越写作对象。和文学家比，他是很被动的；就是和其他行业比，这种被动制约性也很明显。

3. 工作的飘忽性

记者像一只蜜蜂，终日在不停地忙碌，不停地迁徙，靠在众多的花朵上采来的一点一滴的蜜才能构筑起自己的成果。有许多行业只要抱定一种工作对象便可旬日数月，甚至终身不变。比如科学工作者抱定一个课题，教师抱定一门课程，工人抱定某个工种。记者总在不断变换采访对象，一个记者采写同一个人或同一件事超过两次的不多，超过三次就更少。虽然记者有大致的分工，但却无固定的对象。许多行业可以独处一隅，精于一事，渐高渐深地积功累业；记者却要东冲西突，寻找新闻，广种薄收地惨淡经营。这样的不利处是第一，记者总是随着对象飘忽，思维也在时时跳跃，水过地皮湿，很难深入内里，耗费精力很大，时间长了会有疲劳感。第二，记者很难成专家，肚子里像杂货铺，勤奋一点的还可能成杂家，满足于飘来飘去打浮油的就成了四不像，最终一事无成。

这三方面劣势，只要认识清楚，也不是不可克服和转化的。针对作品的易碎性，一是要以在鸡蛋里找骨头的意志，在铺天盖地的易碎品中寻找和铸炼永恒的稿件。新闻是明日的历史，历史总是将那些凡人琐事风吹雨打去，而在其折处留下闪光的坐标。新闻作品易碎，但总会有不碎的留下来，能抓住它是记者的大幸。二是不计一题一稿的得失而注重研究采写规律，形成总体优势。一个记者不可能每篇稿都是名作，但他可以在某方面的报道上逐渐建立权威，成为所谓的资深记者。著名体育解说员宋世雄，现在也未见他的哪一场球赛解说词可称不朽之作，但他已在听众中树起了高大的形象。**新闻作品的易碎易逝，正如流动的河水，我们虽不能使它静止于一瞬，但可以沿河泛舟，发现激湍险滩、垂天瀑布，总揽风光，并弄潮破浪成为一名老练的水手。**

针对身份的被动性，我们要逐渐实现反客为主。记者作品的好坏先取决于客观事实，是有点被动。正如一个商店，生意的好坏取决于工厂供给的商品，工厂是主动的，商店是被动的。但是商店也可以因经营得好建立起自己的声誉，如北京的王府井百货大楼，全国的厂家都以其产品能打入这个商店为荣。这时商店倒成了主动，工厂成了被动。记者也是这样，如果你写得一手好文章，成了名记者，许多地方会主动请你去采访。从信息学的观点来讲，客观事情是事实，新闻报道是信息，记者在采访中得到的是自然信息，传给读者的是经过加工的人工信息，在这个加工过程中，记者有充分发挥主观能动性的余地。

从美学观点来讲，记者的稿子虽不是文学作品但总有文字艺术，比之事实会有深一层的感染力。汉武帝时陈皇后失宠，就拿出一百两黄金请名作家司马相如写一篇赋，皇帝读后有悟而复宠陈皇后，其实客体并没有变，皇后并没有变得更漂亮。这说明文章（消息、通讯）对事实的反映、信息的传播是有一定主观能动作用的。**记者如果当到由你找人采访变成别人找你写稿，也就由被动变主动了。**

针对工作的飘忽性，记者要力求杂中求专。要在当了几年浮萍之后尽快寻找一个系根的所在。如果发挥选择优势，高就他业更好。如果继续当记者，也要力争成为某方面的候补专家、编外专家。要将自己的采访、调研目标尽量缩在一个有限范围内，并寓研究于采访，兼著述于报道，积以时日，必有所成。

以上我们分析了记者工作的优势和劣势，可知这是一个很可大有作为的行业。只要是一个有心人，有起码的文化水准，又有一定的刻苦精神，就一定能干出一番超凡脱俗的事业。

（1997 年）

记者的政治修养

我们在讨论记者的政治修养这个问题前，不妨先将记者与政治家做一比较。

记者是一个十字路口的行当。他可以像这，像那，他的素质中有作家、学者、采购，甚至侦探等成分，但有一条不可少，这就是政治家的素质。政治家，因为是要改造社会、领导民众，须有坚定的主见、宽大的胸怀、敏锐的目光以及于具体事务中的识别、应变、组织等各种能力。记者，因为他的工作是专门为社会传递信息，他穿梭各界之间，跳出各行之上，既冷眼旁观，客观公正，又铁肩道义，积极热忱，担有一种对社会对历史的特殊责任。无论记者还是政治家都在从事广泛的社会活动，他们都可以被称为社会活动家，所以他们之间便有许多相通之处。新华社老记者李普，总结其一生的新闻实践，这样来看记者与政治家的联系："新闻记者是在历史洪流向前冲进的最近处，观察和报道历史前进的每一个脚步，从而参与推动历史更快地前进。这样，新闻记者当然绝不是旁观者，不是打字机或照相机。他是这个前进大军的积极参加者之一，是一个战士，而且是最前线的一个哨兵。不用说这种活动是一种政治活动。正是在这个意义上，新闻记者被称为政治活动家。这种类型的政治活动家不是首长，不是官。许多人常把政治活动家和首长、官画等号，未免看得过于狭隘了。政治活动家，特别是无产阶级的政治活动家有别于别的行业的人们，我想最主要的是他们对有关人民命运的事、有关社会进步的事，都关心，都感兴趣。越是重大的事，当然关注越深，兴味越浓。"这就是说记者与政治家在本质上可以找到相通之处。

每个人都有改造社会、推动社会进步的责任，不过每个人执行自己的责任的方式、方法和效果不同。政治家以组织民众、改造社会为己任，所以他要十分忠诚于自己的事业（包括牺牲自己的生命），要十分坚定于自己的信念，并能灵活运用战略策略。记者以传播信息、推动社会进步为己任，所以他的政治修养主要体现在他每写一篇稿都能自觉地从人民群众的最高利益和推动历史进步的角度出发，在信息采写、编辑、发表的全过程中表现出忠诚老实、勇敢坚定和清醒灵活。

一、忠实负责

我们从政治的高度来看记者的职责，一是要对当时的社会负责，二是要对以后的历史负责。所以记者的政治修养中第一条就是老实，忠诚老实，忠于职守。一切偷奸耍滑、包藏私心、阿谀奉上、煽蒙哄骗、指鹿为马、沽名钓誉之徒，都是绝对不能当记者的。

（一）绝不造假

记者是一种特殊的职业。他肩负着为社会传递信息的责任，而信息是社会，特别是现代社会所不可缺少的纽带。记者也就成了社会各界、各行所不可少的纽结。记者所传递信息的真假，直接关系到人们所进行的各项社会活动的效果。说假话、谎话在平常生活中都被看作一种不光彩的行为，如果再利用新闻媒介来造假，那更是一种犯罪。

报纸每天以数万言发稿，记者年年月月地写稿，一点差错不出是不可能的。但是其中关键的地方、基本的事实不能错。报人要养成一个习惯，在事实的关键处要多留心、多琢磨，多掂量几下，就像机械师，每次检查飞机，总要特别对几个重要的螺丝多拧几扣。因为这一个小处的差错常会铸成大祸、影响全局，所以要慎之又慎。

虚假和失实还有区别。失实是指有其事，但事情的某个部分、某项内容有出入，一般主要是因为作者粗心大意，采写时不认真，或者有一点主观加工时夸大所致。虚假则完全是虚构、造假，其原因在于作者毫无社会责任感，出于个人目的造假以求一时轰动，甚至也不排斥一种有意为之的阴谋。这样做的结果可能骗过读者，有一时的效应，也达到了个人的目的，但事后给社会和报社造成了极大的危害，个人也名誉扫地。我们举几个造假的例子。

例一，假记者谎称采访国家领导人。

河北《企业家报》1992 年 4 月 2 日在头版位置刊登了署名“记者王××”采写的《万里委员长强调：深化企业改革，推进技术进步》的专访。这是一篇无中生有的报道。首先，报社就没有这样一个记者，王××是河北这家报纸远在湖南聘的一个没有受过任何新闻训练的通讯员，此人将万里同志的一篇公开讲话拿来作为自己采写的文章寄往报社。万里办公室见到此稿后立即给当时分管宣传工作的李瑞环同志办公室去电话，询问此事。而恰在这时，李瑞环办公室在《企业家报》上又看到一篇莫名其妙的稿子：《李瑞环：改革开放必须全心全意依靠工人阶级》，并注明是本报王××的专访。原来是这个王××在随湖南省一个代表团进京时，听了一场李瑞环同志的公开报告，这个已有造假经验的“记者”便又立即改写了这篇专稿。40 多天内一个地方小报连续两次借中央领导人的名义造假，实属罕见。后来这个通讯员在检查中说，他明知这是造假，之所以这样做，是为了“抓一篇大稿”以引起报社重视，好早日调入报社，做一名正式记者。问题是，这种连一般读者都一看就知的假稿却能一路骗过了编辑、部主任、总编，最后出现在报上，足可说明这家报社的业务和管理水平之低。因为按常规，这种国家领导人的谈话都是由国家通讯社或党中央机关报来发表的。实际上，这家报社也不是不知道这里有假，只不过抱投机心理想借此来扩大报纸影响。结果事发后报社受到新闻管理机关的通报批评，市委宣传部专门派工作组进驻整顿，通讯员王××被撤职，报社撤销了外联机构和 9 个不合格的通联站。更重要的是，原想借此扩大报纸影响，这一下却反使报纸名誉扫地。

例二，杖打屁股签合同。

《四川法制报》1990 年 9 月 22 日有这样一篇小通讯，说四川德阳市金山乡在计划生育工作中动员已怀孕夫妇签订手术合同。“到深夜 12 点钟，仍有人不愿签订手术合同。几位计划生育干部决定采取特别办法。他们叫当事者交代自己怀孕的天数，然后一个一个分别将男主角叫到隔壁房间，命脱光裤子，趴在地上，按照本人交代的怀孕天数打屁股。只听得一阵不紧不慢的板子声，当事者喊爹叫娘，一个个纷纷投降，签了手术合同。

最后一位当事者是21岁的少妇，因丈夫外出务工未到，这千斤重担便落到她的身上。他们对这一少妇是否也采取这一措施产生了犹豫。一阵沉默，有人说‘法律面前人人平等’，最后决定让她保留短裤。少妇来到隔壁，未领受到平等的滋味，便大哭起来，哪里还经得住一个半月孕期换算来的板子功夫，便‘主动’在‘手术合同’上签字了。”

这篇荒唐的报道为国家及各部门惹来了大麻烦。见报后国内《宁夏法制报》《上海法制报》《法制日报》等纷纷转载此文，并且由此还引起了国际上的风波，英国、加拿大、澳大利亚等国家和地区的一些新闻媒介，还有联合国的有关机构都借此在“人权”问题上大做文章，甚至还要求来华调查。这事惊动了国家计划生育部门，中央有关负责同志、四川省省委书记及省委宣传部、省计划生育委员会、省司法厅的负责人立即亲自抓这件事的调查。原来此稿纯属编造。德阳市根本就没有一个“金山乡”。作者谢××（署名谢尔）是四川省中江县广播电视局的一名助理记者，他将本县发生的一起干群纠纷移花接木，并肆意夸大渲染，然后张冠李戴给德阳县。在发稿前他又私盖公章，并注明情况属实，事发之后又扣压公函。后来他在检查中写道：“《杖打屁股签合同》是根本没有的事。……为了追求可读性、趣味性以引人发笑，编造的细节都是虚假的。……由于自己片面追求上稿率，严重忽视了新闻报道的真实性原则。”

例三，日本《朝日新闻》造假案。

日本冲绳县附近的海域生长着一株据说是全世界最大的珊瑚树。这棵树生长在水下15米深处，直径最大处8米，高4米，被视为日本的国宝，严加保护。1989年4月20日，《朝日新闻》刊出了一幅本报记者本田嘉郎拍摄的彩色照片，从照片上可看到，不知谁竟在这个国宝上刻了两个很大的英文字母“KP”。《朝日新闻》立即就此开始组织一场环境保护的大讨论，而且标题咄咄逼人：《是谁在珊瑚上刻了“KP”》。一时间读者纷纷来信，掀起了一个舆论热潮，《朝日新闻》也着实风光了一阵。议论中大家渐渐将注意力集中到追查肇事者上，最被怀疑的是在这一带工作的潜水员。但是追查的结果，潜水员们倒怀疑肇事者可能就是记者本人，因为他们那天陪记者下水时绕树三圈也没有看到有一点刻痕。追查的结果，果然是本田所为。那天在潜水员上船之后，他又潜入水中用灯光架刻了这两个字母，拍了这张照片，匆匆上岸。这一下，舆论又纷纷转为对《朝日新闻》的抗议，其他新闻单位都涌到报社来采访造假内幕，报社极其被动。在舆论的一片谴责声中，《朝日新闻》决定开除记者本田嘉郎，但是这样还不足以平“民愤”，于是社长只好引咎辞职。他在辞职声明中说：“记者以破坏珍贵珊瑚资源为代价的虚假报道，已超出单纯的误报范围，这是一种捏造事实、愚弄读者、欺骗世人的异常行为，为表达报社对此反省的诚意，决定引咎辞职，以恢复读者的信赖。”报社三次发表谢罪文告，并用三个整版的篇幅发表了这件事的详细调查报告。

上面的例子也从反面说明了新闻与政治的关系，说明记者身上不可缺少政治素质。我们从这几位“记者”身上看到的是不健康的政治素质——政客习气、政客手腕。

报纸上常见的假报道一般可分为两类：一是文学类，记者借文学手法，编故事，构情节，主要从艺术角度着眼，追求文章的奇巧，以吸引读者。这种人也许可以去当作家。二是政治类，“记者”已不满足于只靠故事的奇巧引人，他一切题就从政治入手，选政治上比较敏感、在社会上能引起轰动效应的大事。他不是靠制造情节，是靠所制造的事件本身的意义来取胜，透出强烈的从政治角度着眼的目的。这种人也许可以去当政治家，只是要小心在政治风浪中翻船。

前面我们谈到，**记者是社会各行各界的纽结。就他工作的社会性、他与社会各界的联系之广来说，是仅次于政治家的。他的工作、他的一举一动都连着社会。他是用传递信息来促进社会的合作与进步。这是一种天赋的职责，所以记者只要一动笔就应对社会有利，否则宁可不写稿。记者修养的第一步就是要懂得什么叫社会责任。**

前面提到的这几位写假稿的记者恰恰相反，他们把社会舆论、人心所向、社会给予记者的信任和名誉等，统统看作自己进身的资本。他们心里有一个强烈的只对自己负责的念头，他们的举动只服从这个念头，甚至将整个社会随随便便地玩于股掌之上。人常说记者是无冕之王，是指他代表社会正义而具有的无形的力量。因此他也就应有一种如王效国式的忠诚，勤勤勉勉，如履薄冰。但是上面这些记者却真的做起"王"来，指鹿为马，为所欲为，玩弄事实，欺骗读者，就像暴君糟蹋自己的河山，欺侮自己的百姓，这怎么行呢？他心里没有对社会的责任，社会就要抛弃他，这样的人怎能不垮台。

采写稿件这种事，就是我们小心翼翼地去做，还唯恐有什么失误，怎敢有意造假。凡当过几年记者的人都会有这样的经历，都曾因责任心不强或经验不足，造成工作失误而脸红过几次，这是每一个老记者的修养历程中永不会忘记的事，它时时鞭策记者在以后的采访中慎言敏行，小心谨慎。

（二）积极导向

对社会负责与对历史负责还有一点区别。如果说前者主要指的是事实的真实，后者就主要指的是历史的真实。我们讲辩证唯物主义又讲历史唯物主义，就是说要看清历史前进的方向，认清历史规律，把我们所报道的信息在历史这个大坐标系中定定位，看它能不能站得住，即我们发表的稿子是不是有助于历史的进步。也就是说我们写的稿子不但在事实上要真实，在本质上也应该是真实的，这是更高一层的要求。

社会上发生的事情是自然信息，记者写于稿上、发在报上就成了新闻信息，特别是我们的报纸长期以来负有宣传教育的功能，所以这新闻信息便不可能不带有一定的导向性。社会上发生各种各样的事，有好有坏，而且同一件事不同人也有不同的评价，众口铄金，舆论如潮。通过舆论工具启发、统一、引导人们的思想，其作用不可低估。特别是当客观情况和人们的思想处于复杂、犹豫的活动状态，这时导向作用就更为明显。国家大事常会因政治家的一念决策而导致成败、利弊，而作为有很强的政治属性的新闻，常常也能起到这种推波助澜的作用。大的问题当然有国家有关部门统管，有总编辑把关，但是作为记者，在写稿时就一定要先考虑到社会效果，考虑到舆论导向。

比如对困难是屈服还是斗争。对政府工作中的缺点是批评帮助还是全盘否定，甚至如生活、消费、读书、娱乐等，都可以通过信息的选择、传递来影响。1961 年中国人民遇到了空前的困难。国家外迫于苏联背信弃义后的压力，内遭天灾而歉收，人民连肚子也吃不饱。就当时社会客观所见的情况（自然信息）而言，我们真是经济崩溃，民有菜色。连北京城里的公共汽车都因没有汽油，车顶拖一个大煤气包。应该说这是真实的，就是报上喊几声苦也不能说是虚假。但当时报纸引导人们自力更生，咬紧牙关渡过困难，后来选发的一批如大庆王铁人这样的典型，给人以奋进、向上的力量，整整鼓舞教育了一代人。“石油工人一声吼，地球也要抖三抖”，这是何等的气势。民不畏死，天何亡我。中国终于从危险的边缘走出来，并且愈来愈强大。应该说这类稿子道出了历史的真实，记者是用一条信息推动了历史，功不可没。同时摆着许多情况、许多信息，记者选什么、不选什么，这就要看记者的政治水平了，看他把读者引到哪里去。当然因导向错误造成损失的事也不乏其例。

（三）分清美丑

记者应引导人们提高在真、善、美方面的修养，增强鉴别能力。教师教人是用知识和道理；记者不说教人，但他实际上每天还是在教人，而且是用无形的课堂、具体的事实。这里面当然也有个教人学好或学坏的问题，所以实际上记者是以自己的是非、道德、审美标准，选择事例来诱导读者。鲁迅先生曾经很深刻地谈到这个问题。当时上海曾发生这样一个案子。一个叫杨江生的泥瓦匠奸污了他场主 15 岁的女儿。因为比较惯熟，平时这孩子叫他叔叔。《大晚报》发消息时就做了这样一个吓人的标题：《拦路扭住捕房控诉，干叔奸侄女》。鲁迅批评作者说：“他在‘叔’上添一‘干’字，于是‘女’就化为‘侄女’，杨江生也因此成为'逆伦'或准'逆伦'的重犯了。中国之君子，叹人心之不古，憎匪人之逆伦，而唯恐人间没有逆伦的故事，偏要用笔铺张扬厉起来，以耸动低级趣味者的眼泪。"

同样是一个人，是打扮得美一点还是丑一点，这要看打扮者的审美观念，被打扮者只能提供一个打扮的基础。同样一件事，写不写、怎样写，这要看记者的眼光，作为事件只是提供了一个自然信息。有阴暗心理的人总是想把事情往灰的一面扭，煽动和迎合读者的低级趣味，当然这也是为了实现自己某种心理的满足。如鲁迅深刻剖析的：唯恐人间没有逆伦的故事，以耸动低级趣味者的眼泪。在报纸上打擦边球，看来早已有之，以后可能还要打下去。因为总有这样一部分编辑、记者，在政治上总往低处、俗处靠。周恩来是在政治上、个人品质上都很高大的人物，他去世后总有人怀疑他的个人品质是否真的无懈可击。1993 年中国新闻社《视点》杂志发表了一篇题为《周恩来与张若名》的文章，客观记述了张在早期革命活动中与周恩来的交往，及后来又颓废、动摇，在政治上又遭打击的悲剧。这本是一篇从政治、人生的角度客观记事的文章。但是此文一出，许多街头小报纷纷摘登，并另做标题，如《周恩来初恋女友的悲剧》《一个与周恩来擦肩而过的女人》等等，其导向心理可见一斑。此事一时弄得沸沸扬扬，以至于有读者专门写信到中国新闻社，反责问《视点》杂志当初何以做那么一个不起眼的标题。编辑专门在扉页上郑重回答："本刊所以拟一个很平实的标题，是出于对作者的尊重，作者要求我们从尊重历史事实出发，不搞臆测和无根据的推断，以审慎的态度处理标题。对此，张若名年迈的丈夫和儿子，都表示了赞赏之意。"

历史像一条清澈明亮的小河，记者是这河上的导游。河面难免有几片飘落的枯叶，河底也会有些许的沉污，导游的任务是帮助人们领略美好的风光，没有必要专门拈起枯叶，翻动沉渣，"以飨读者"。

二、勇敢坚定

记者面前是一个五花八门、各色杂陈的社会，但又要客观而有选择地将所得信息报道出去。就像一个人进了琳琅满目的百货店，选哪样东西主意得自己拿。所以记者政治素质中的第二个方面是：一定要有主见，并且敢于坚持自己的意见，实践到底。

主见何来？来源于对党的政策的理解，来源于对群众社会实践的总结。就是说要跟上时代的步伐，与历史同步前进。这里当然有一系列的政治、思想、理论、方法修养等等的问题。但是一般来说只做到这一点并不难，故意与上面的政策顶牛，与时代潮流逆行，这样的记者是极少数。在平常情况下，执行政策，随着大流，一般人都能做到。难的是当历史出现转折时，当具体问题尖锐地摆在面前时，而这时又常常涉及个人利益和安危，你是否能心口如一，勇于坚持。这是一种最后的考验，考验你在记者这个岗位上是否尽职，你身上是否有几块记者的硬骨头。这不是性格问题，已是政治素质问题。性格的倔强和政治上的坚定有本质的区别，前者是一种行事的习惯和本能；后者是在深刻理解的基础上，自觉维护自己的信仰，履行自己的职责。

记者采写实践中要做到政治上的勇敢坚定大致有两个方面。

（一）主持正义，惩恶扬善

政治上的勇敢不是蛮干，而是抱定一个理想、一个目标，不顾一切地去实现它。他目不旁视，积极专一，别的东西不能引诱转移他；他勇往直前，义无反顾，任何困难不能干挠阻拦他。记者的目标就是用手中的笔，借信息的传达来惩恶扬善，改造社会。所以他以天下为己任，在这方面表现出来的勇敢顽强是一种肩着历史闸门的大勇，百折不挠，九死不悔，并且这种勇敢又表现得极为自觉。

下面举一个例子：

1992年1月9日，海南省琼山县发生了一起摧残妇女的恶性案件。罪犯林先安等人用硫酸伤人，将邢月欧的双眼、鼻子、耳朵烧掉，邢嘴巴被烧歪，牙床全部袒露在外，但罪犯一直逍遥法外，并且四处写恐吓信。邢月欧的处境非常艰难：她的父母卖掉家里的树、牛、羊、猪等家产，花了两万多元，虽然她脸上的烂肉已被切除，又植上了新肉，眼睛已被挖除，但钱花光了不能继续治疗，眼洞仍在流血水，如中断治疗头部也有烂掉的可能，可是她当时已欠医院 1 000 多元，只好出院。女记者寒冰知道这个消息后很气愤，便去采访当事人。她说："当身是人形、面目皆非的邢月欧扑上前来，紧紧抓住我的双手，悲恸欲绝地喊道：活着不如死，你可要给我申冤啊！她欲哭无泪，我的眼泪却簌簌地流下来，暗下决心：此案我管定了。"

"采访归来，连夜我奋笔疾书写下了 2 800 字的通讯《邢月欧惨遭摧残始末》，7 月 1 日该文章配邢月欧被毁容前后的照片，便在《海口晚报》二版头条刊出。文章一见报，群众纷纷来信，随后报纸辟专栏，连续刊登，并就此展开讨论。在此之际我又发表了《罪犯一月初作案，为何五月末方落网》《惨案本不该发生》等多篇揭露性的连续报道，从各方面寻找造成这一惨案的社会原因，并提出凶犯为什么久久逍遥法外？在社会舆论的压力下，通过公安部门的努力，在逃的四名罪犯终于一一落网。"

但是法院认定此案只是故意伤害罪，没有强奸罪。记者再次走访妇联和被害人。"从医院回来，我的思想展开了激烈的斗争：管还是不管？在此之前我已接到恐吓电话，而且深知罪犯林先安家族在当地的影响，也知有人扬言'记者寒冰敢来我就把她碎尸万段！就她胆大管闲事'。我思忖着我有一个温馨、安谧的家庭，有一个尚未成年的孩子，如果再管……我的亲人、朋友、同事都劝我不要再管了。可是邢月欧那人鬼之间的模样、那愤怒的神情，总在我眼前晃动。一夜的焦虑，我的嘴唇起满了血泡，嗓子也肿痛得说不出话来。我在挣扎。翻开用血和泪写成的系列报道及有关材料，根据我的深入采访中所掌握的事实，我觉得再不能让罪犯逍遥法外，更觉得有责任、有义务将此案的一些真实情况反映出来。恰好此时一位画家托人送来一幅字：

无冕之王愤不平，

悲歌一曲世人惊。

良知热血催椽笔，

我谓寒冰最有情。

我看后流泪了，于是我拿起笔，当天又写了600字的‘内参’。在人们的期待中，为了伸张正义，给人们一个满意的交代，在保证不了4小时睡眠的情况下，我除了找省领导谈情况，还多次与被害人的律师到案发地向当事人了解情况，把所掌握的事实反映给有关部门，配合破案，接待来访的记者和全国各地的询问电话。每次搁笔天已破晓。”

9月11日上午9时，法庭第二次开庭：判决被告人林先安犯故意伤害罪，判处死刑，剥夺政治权利终身；犯非法拘禁罪，判处有期徒刑三年，决定执行死刑。

虽然轮奸事实仍未被确认，被害人仍继续上告，但罪犯得到了应有的惩罚。邢月欧的生活也有了着落，党和政府每月补助邢月欧和她两个孩子生活费80元，报社用群众捐的两万元，在邢月欧的娘家文昌县给她买了一套宽敞明亮的住房。记者寒冰说：“报道完这个案子后，我尽了一个记者的职责，同时也长大许多，成熟了许多！”

（资料见《中国记者》1993年第1期张传宣《良知热血催椽笔》）

我也曾有过类似的经历。1978年中国共产党十一届三中全会开创了中国历史上一个崭新的时期，当时我正好在基层当记者。在中国历史这个转折时期，我亲身经历了压迫与反抗、邪恶与正义的冲突。“四人帮”统治时期我国的经济被推到崩溃的边缘，人才和知识被摧残到湮没殆尽。三中全会的召开如春雷一声，政治气候的骤然转变使一批还未被窒息而苦苦挣扎的人才如早春的草芽突然有了再生的希望，有的在加紧抗争，有的则还沉浸在失望之中。

在一次下乡采访中我见到一位青年农民，他主动承包公社的猪场，当年就扭亏为盈，这在当时是极少见的。经进一步了解，原来他因为出身不好，曾考上大学又被退回，在村里受尽欺辱。但他发愤读书，钻研养猪技术，终于达到了当时全国养猪出肉率最高水平，而且在管理方面极有一套。他为了取得这一成果，搞试验没有恒温箱，就身背试管，几十天都不下身；没有经费，就拆着卖房。我去采访时，半片黑屋、一堵篱墙，其境凄惨，目不忍睹，更令人伤心的是他的成果仍不被社会所承认。我立即写了一篇通讯，见报后收到几千封来信，反映强烈。为了让成果尽快被鉴定，我把他请进城，在自己家吃住，陪他跑农委、科委，找领导，受尽怀疑与奚落，和他一起愤怒，一起掉泪。后来又写了一篇更长的 8 000 多字的文章，谁知稿子发回报社后，转有关单位送审时又不知下落。我又冒着八月的骄阳，满北京城转着到有关单位去找。我使出浑身的解数，两年内为他写了消息、通讯、报告文学、内参，还改编成文艺作品，又到处自己做报告或陪他去做报告。这样，他的成果、他这个人才终于得到了承认。他自己也破格由一个普通农民转为国家干部，被提拔为地区科委副主任，有了专门的经费，国家还为他配备了一个养殖实验场。我感到一种胜利的欢乐。除这位农民外，我在基层当记者那几年，有四位普通劳动者经我如上述那样竭力报道宣传后，当上全国人大代表，并走上了领导岗位。以后回忆起这段经历，我总感到一点欣慰，在这个政治上大转折的时期，我用记者的笔和大家一起撬动了历史的车轮。

惩恶扬善，铲除不平，这是记者为完成社会进步这个政治目标作的贡献。一个记者不敢与邪恶势力作斗争，不敢给正义以支持，这说明他远离了政治，逃避了现实。新闻是现实生活最直接最快捷的反映，其信息导向又代表着历史进步的方向。从这个意义上说新闻记者就是战士，就其承担的历史责任的性质而言，他和肩负国家民族命运的政治家，和面对罪恶、罪犯的公安战士没有什么两样。所以他不能表现出丝毫的怯懦、犹豫，更不能临阵脱逃，就像一个身强力壮的人见小偷扒窃而闭目，闻儿童落水而转身，如果这样，他就应该有一种犯罪感、羞辱感，就应自觉退出这个队伍。

（二）实事求是，不做风派

政治经常会形成运动，造成声势，如风之起，如潮之涌。这时难免人人追从，趋之若鹜。作为政治家、当权者，有时喜欢这个局面，这能形成一种力量。但有时候矫枉过正，头脑发热，这种风和潮就不一定正确。主持者身在庐山，箭处弦上，未必自知。作为记者，在社会大潮中，既是战士，又是旁观者，既坚定地冲锋又冷静地思考。他应该根据自己的观察所得，对本质的、新生的东西勇于坚持，而对一些假象甚至倒退之举勇于抵制，至少不能附和，不能推波助澜。这也是一种政治上的坚定。

由于过去很长一段时间，我们在政治上大搞运动，搞阶级斗争，政治体制上权力的高度集中和经济体制上高度的计划统一，使报纸的功能萎缩而成单一的为政治服务，报纸批评监督的功能发挥不够。记者中也滋长了一种盲从思想，独立思考不够，特别是在运动的风头上敢顶风直言的就更不多。

曾做过毛泽东同志秘书的李锐这样回顾和批评新闻界不实事求是的“风派”报道：

> 想起“大跃进”，就想起当年报纸的宣传，那真是一派“海外奇谈”，一片“杜林夸大狂”。“大跃进”失败（当年是不承认的）之后，1961 年，听说少奇同志批评《人民日报》提倡错误的东西，说这几年很多事情，中央领导一半，《人民日报》领导一半。对此，报社又认真作了检查，由于后来形势逆转，没有拿出来。
>
> 如果现在翻翻“大跃进”时期的报纸，相信不仅对报社的同志，对大家尤其是领导干部也会很有教益的：老中青三代，或脸红心跳，或目瞪口呆。
>
> 1958 年《人民日报》元旦社论《乘风破浪》中，急于求成的思想就已露头，对形势估计不切实际，如说苏联两颗卫星上天，几十天中间把世界形势的面貌改变了。中国粮食卫星上天是 6 月

份开始的。河北遂平 5 亩小麦亩产 5 105 斤，接着是湖北。放的“卫星”一个比一个大（共二三十个），有两次报纸通栏标题是亩产多少万斤。省一级的“卫星”，1958 年有安徽、江苏、湖北、河南四个早稻千斤；广东、四川两个粮食千斤省；四川、河南、甘肃、安徽四个省人均粮食已过千斤（湖南直到 1960 年 3 月，还发表了人均千斤粮食、一头猪的计划）。后来就放钢、铁、煤的“卫星”。日产生铁，最先河南鲁山一千吨，禹县四千吨；不久广西鹿寨 20 万吨；后来河南 3 天产 300 万吨，广东一天 87 万吨。9 月到 11 月这类“卫星”共放了 31 个。

急于求成创造的“奇迹”，连篇累牍，层出不穷。几十天实现“绿化”，实现“四无”。凡事都化，“水利化”“车子化”“滚珠轴承化”“绳索牵引化”“机械化半机械化”……凡事“全民大办”：全民办电、办铜、办铝、办小煤窑、办铁路、办业余教育、办大学、办哲学、办文艺、办体育，直到全民写诗，人人当作家，总不下五六十项。此外，还有 19 个省消灭了文盲；很多省、县、公社几天之内办起了 12 所大学；河南省登封县文村乡一个乡办起了 12 所大学；方城县建立了 300 多所文艺学院，等等。水利化的浮夸尤为严重。半年苦战，河南实现水利化；徐水县 3 个月基本消灭了水灾、旱灾。其他如建成第一座实验性原子反应堆，就说标志着我国已开始跨进了原子时代。小麦压倒美国，水稻超过日本，棉花总产单产都已超过一切资本主义国家，等等，不胜枚举。总之一切“大跃进”，比学赶帮超。

以上旧事重提，列举了这么多“海外奇谈”，当然不是说我们现在还有这种风气，但“风流余韵”是不是还有点呢？多年来一阵风搞惯了，报刊也惯于“闻风而动”，特别是办好事的一阵风更容易刮起来。

李锐同志的这段话记录了一份十分珍贵的反面教材。“大跃进”是中国历史上全国上下说假话的一个特殊现象，研究一下记者在这中间所起的作用，可以使我们警惕，时刻不要忘记实事求是这个真理。**大浪淘沙，水落石出，今天的新闻是明天的历史。记者除了为当时传递信息外，还有一个潜在的任务就是为将来存一份真实。所以实事求是、秉笔直书是记者的一条重要的政治素质。同时也只有这样，他在新闻史上才能留下一席之地。一个记者如果像一片落叶，在空中随风飘了一回，又落在了地上，他的工作、他的生活又有什么价值？甚至不如一颗划破夜空的流星，虽短暂总还有一点光芒。记者一稿之力虽然微弱，但至少不要为历史帮倒忙。**

三、清醒敏锐

如果说，说真话、不说假话是对记者的起码要求，那么这真话怎么说，则要看记者的水平，看他的头脑是否清醒。

所谓清醒，就是政治上清醒，从政策的高度看问题，从全局、从规律看问题；就是你能够从有利于社会进步的角度筛选信息，从复杂的社会现象入手，让自己的稿子始终反映社会上最本质的东西。

（一）分清主次，不漏大事

当一个好记者，先要学会抓西瓜，即抓大新闻。一个人当记者大约要经过三步。第一步是抓不到新闻，一出报社两眼茫茫，不知道什么是新闻；第二步是能抓到东西了，又分不清主次，发回编辑部的东西常常挤不上头条，老是在版面上做着低水平重复；第三步是能发现新闻，而且一眼就能发现大新闻，已经学会了分清主次，专拣西瓜。

所谓大事有两种。一是这件事一声炮响，惊天动地，当时就人人关注，个个议论，并且立即就预示出了它的历史价值。

一个在政治上成熟的记者，总是关注和追踪社会上发生的主要新闻，即那些能上头条的挂帅新闻。因为历史在一步一步的进程中，总有几步迈得特别大一些，总有一些事件因其特殊的意义而被作为大大小小的里程碑，当时即引人注意，事后又被载入史册。作为政治家他一定会盯住这些事，事先预见它的意义，事后又反复利用和扩大这件事的影响。比如“西安事变”，当年蒋介石一被扣留，作为政治家的中共领袖立即意识到这可能是民族命运的新转机，而政治眼光敏锐的新闻记者们也都知道这事将会有划时代的意义，争相报道。以后的事实也证明这个政治事件确实影响了中国现代史，事隔半个多世纪人们还在经常提起。可见记者的政治素质就是表现为他在社会问题方面的洞察力与政治家的相通。记者如果能够抓到这样的东西，算他有水平，他在现实生活中和历史上就都作出了贡献。在新闻史上一大批不朽的稿件都是因为它在当时传播了最大的、惊天动地的信息，记录了历史的坐标点，像毛泽东同志写的《我三十万大军胜利南渡长江》等等。

另一种是事件本身未必多大，但一经记者点出之后，和当时的形势、社会背景相联系，便引发极大的连锁反应，而成为一件有社会、历史影响的大事。它的效果不是一声炮响，是引发地雷，是一阵连续的震响。比如 1946 年“沈崇事件”的报道、美国“水门事件”的报道。这两个事件当时大多数人并不知道，也还未构成大事。但是记者头脑十分清醒，他敏锐地感到这是潜在的大事，是值得一点的“炮捻”。当时国民党政府的统治和美国在中国的势力都到了末日，长期生活在殖民地半殖民地的中国人民对外来侵略者的愤怒已经到了极点，这时发生了美国兵强奸中国女学生的事件，国民党政府封锁这一事件，当时任记者的地下党员刘时平得到这一线索，先走了两个学校查见名字，又到警察局查见地址，几经周折终于采访到这条消息，在上海《联合晚报》用大字标题发出。以此为导火线，终于爆发了一场被载入史册的、轰轰烈烈的反侵略反美抗暴运动。水门事件是两个小记者经过长期调查，终于查出了总统的丑闻，从而导致了美国尼克松总统的下台。从一定角度说是记者促成了这两个历史事件。

如说第一类大事的报道是由于记者高度机警的捕捉，在第二类大事的报道中又多了记者敏锐的观察、辛苦的挖掘和勇敢的披露，他更直接地参与了推动历史。

（二）吹沙见金，挖掘本质

记者的政治素质说到底是反映事物本质的能力和反映这种本质的

方法。日常生活中划时代的大事毕竟是极少数，所以一个政治上成熟的记者还表现在他能小中见大，于普通事件中发现本质的东西。他常常表现出一种曾经沧海的深沉和洞若观火的敏锐。不值得写的东西他看也不看一眼，值得写的东西他会磁石吸铁般不松手。他不会像一些平庸的同行那样追逐明星歌手的裙裾，陶醉于奇闻艳事的传播，浮光掠影，毛毛草草，他要的是吹沙见金，挖掘本质。

新闻的“新”可以理解为快和深。那些刚刚发生的事情，人们还不知道，记者以最快的速度传播出去，满足读者的渴求，这是新闻。但是新的快的东西，不一定就深，也不一定都能反映本质。比如一般的体育新闻、社会新闻等等。但是生活中深刻的东西却蕴含着新意，这里也有人们想知道却还不知道的东西。挖掘这些事件、传播这些信息，这也是新闻，而且往往是更重要的新闻。比如 20 世纪 60 年代的重要通讯《县委书记的好榜样焦裕禄》就是写一个普通的党的基层干部。新华社记者发现这件事时，焦裕禄已经去世，而且当地报纸上也已登过此事。一个县委书记去世，并不是什么新闻。但是作者从他的死为什么引起这么多人的悲恸出发，挖掘他过去的政绩、过去的为人，从这个人物身上发现了共产党人最本质的东西——为人民服务，为人民献身。“为人民服务”这是我们已经在口头上说得很多的话题，但是共产党掌权以后怎么为人民服务，像县委书记这一级的官怎么为人民服务，老百姓现在生活得到底怎么样，我们有没有脱离群众，和平时期是不是也有一个为事业献身的问题，什么才叫鞠躬尽瘁死而后已等等，这些深层次的东西在当时已有的报道中都没有给出满意的回答，就是说还有不少读者想知道的东西没有说出来，而通过焦裕禄这个人物，通过他的所作所为是本可以说清这些问题的。于是新华社记者便住下来继续深挖，经过几个月的辛苦，数易其稿，终于产生了那篇激动人心的大通讯，而且竟一直激励了几代人。30 年后，这个题材又被改编成电影，竟创造了电影拷贝发行的最高纪录，出现了村里的干部、群众一遍又一遍、一村又一村追着看“老焦”的动人场面。这是为什么？因为作者挖见了规律性的东西，挖见了本质。**现象可以在短时间**

内消失，或者很快又由别的现象来代替，但是规律、本质却在长时期地起作用，甚至永远起作用。一条信息如果只是事情本身，它的生命就很短暂（大部分时候正是这样，所以我们常说新闻是易碎品），但是如果它蕴含有规律，反映了本质，这个信息就会在长时间内仍然发挥作用，犹如一块衰减期很长的天然放射性矿石。记者就是要能深挖，才能挖出这种难得的稀有矿藏。

于无声处听惊雷，一滴水中见太阳，这是记者借普通信息表现事物本质的硬功夫。笔者曾有一次难忘的采访。打倒“四人帮”后全国开始重视教育，开始是报上发文件，但文件过后，又有点沉寂，怎么把“重视”引向深入？一天我到一个县里采访，教育局局长抱来一大堆材料，谈了半个下午还是没有什么有新闻价值的信息。就在他起身将要离开之时，我看见他胸前有一个徽章，当时很少有人戴这东西。我一问，他便重又坐下兴奋地讲起来。原来这是一个“教龄纪念章”，这个偏僻小县，不知道怎么想出了这个新点子。他们专门到天津定做了这种十分漂亮的徽章，分 25 年和 30 年两种，图案是一口金钟，表示几十年如一日，上课下课，默默地传道授业。我一时大喜，请他慢慢细谈。这小徽章是县委决定制作，并由书记、县长亲自为老教师颁发的，县委还相应规定了这两种教龄以上的教师的物质待遇。怎么重视教育？要提高教师的地位，增强教师的荣誉感，鼓励教师安心工作。这一件小事反映了一项大政策，也反映了基层重教工作的深入。我将此事写成消息，很快在《光明日报》头版登出，新华社发了通稿，全国各地纷纷效法，一时影响很大。1991 年全国突遇大水，各种抗灾报道一时挤满版面，这时怎样往更深一层挖？有一篇消息《夫妻对话 100 秒》，说连长抗灾路过家门，匆忙间只在路边与抱着孩子的妻子说话不到两分钟。这是一件极细微的小事，甚至构不成什么信息。但是云开一线见阳光，正是从这件小小的事情里，看到了在这场百年不遇的抗洪斗争中，人民特别是军队的精神风貌。正是这种公而忘私、万众一心的精神力量产生了惊人的回天之力。以上这两件小事连带着各自宏大的背景，所表现出的深刻内涵，远远超出事件本身。

记者在写这类稿时，其政治上的深思熟虑，对所论、所言事物规律的掌握和问题的钻研，都已所经再三，只是在等待或寻找一条能表达这思想内容的信息，即以新闻形式来完成他的政治表达。其清醒和敏锐的程度如张网待鸟，疏而不漏，如弯弓搭箭，引而不发。这里所要求于记者的主要是一种理性的高度，能于无声处听惊雷。**一个人，刚当记者时总是小心拘谨地去捕捉一件件具体事情，当到一定时候，成熟了老练了，遇到事情时眼里看到的并不是具体的事，而是这事件反映的规律。如果这事件不合规律，则视而不见；如果这事件反映了本质，则立即抓住不放，依着规律下笔。一个成熟的记者，采访时经常是凭直觉、凭灵感——也就是凭了深厚的政治修养。**

四、政治修养对一个记者的作用

上面我们讨论了记者应该具备哪些政治素质，那么这些对记者有什么作用，或者说应该怎样运用这些修养？

报纸等新闻媒介不是政治机关，记者也不是政治家，但是我们应该看到其政治属性的一面。他们的活动常常介入政治或者与政治关联甚紧。1948 年 11 月，辽沈战役刚结束，毛泽东就急电东北野战军入关，参加平津战役。战争是政治的继续，也可以说是一次极端的政治活动，这次新闻也参与其中。毛泽东的电文这样说：

> 部队行动必须十分隐蔽。东北局要让新华社及东北广播电台在今后两星期内，多发沈阳、新民、营口、锦州等地我军主力部队庆功祝捷、练兵、开会的消息，以迷惑敌人。林、罗、刘你们几位，可携带轻便指挥机关先行，并于走后一星期左右在沈阳报上登一条表示林尚在沈阳的新闻，这则新闻并经新华社播发。

结果自然是国民党军上当，以失败告终。美国的水门事件也是新闻界发难，导致总统下台。这些都是新闻与政治关系紧密，新闻发挥政治功能的集中表现。

当然新闻还有其他方面的功能，它在大多数时候也不表现出很直接的政治功能，而是传递信息、普及知识、提供娱乐等等。但是新闻既有政治属性，它一方面就有随时参加政治活动的可能性，另一方面，即使进行其他活动也常常要在政治的指导下进行。我们承认，在众多的社会活动中，政治是领导，是灵魂。只有政治上成熟的记者才可能运用手中的笔干出一番大事。一个记者，如果不具备一定的政治修养，他只能远离社会变革，躲避大的社会活动，他就无法站到历史进步和变革的潮头。**“在一个记者的诸多修养中，如果抽掉了忠诚老实、勇敢坚定、敏锐清醒等这些政治素质，那么他还剩下什么？只有一点文字功夫、社交能力，他就像一个爱传闲话的农妇一样，只能东钻西窜，拣那些花花绿绿的事情，抄抄编编，只能做一个平庸的记者，永远做着非本质信息的低层次重复。”**

退一步，我们不说非要干什么大事，政治素质也可以指导平常的工作，让记者少犯错误，提高质量。政治素质中的忠诚老实、勇敢坚定、敏锐清醒都会告诉我们，在采写稿件的过程中，什么可以写，什么不可以写，什么应该积极去写，什么就是送上门来也不能写，这才叫成熟。老记者徐铸成的逸事中有一件“冷藏了 30 年的新闻”。他回忆说：

> 1949 年第一次政治协商会议，大家没有见到傅作义将军出席，都很纳闷。一天晚上我应邀到侯外庐府上吃饭，席间谈到傅将军，有人说：“好了，大概明天就可以回来了。”出于新闻敏感，我便刨根问底。原来傅和平起义后蒋介石仍不死心，便从绥远转来一电，劝他反水。傅拿着电报去见毛主席，说：“我不听这一套，但想去绥远走一趟，也许可以促成绥远问题的早日解决。”毛泽东笑答：“你去罢，相信你能成功。一切由你自己决定，不回来也可以。”这在当时分明是一条独家新闻。但是我已开始接受党的教育，懂得从政治上看问题，如果抢发这种消息将坏了大事，傅将军也会遭杀身之祸，所以压下了这条独家新闻。果然第三天傅

就在会议上露面了。

而我们知道徐先生是抢新闻的高手，当年蒋、冯、阎大战的消息，就是他在闲谈间套出来，通过电报用暗号发回去而见报的。

大凡刚当记者时，总是唯恐天下不乱，好于乱中抓一点新闻，这还是功力不够的表现。当你有了“政治”这个望远镜、显微镜后，就能于平静中入地三尺，挖出大新闻。而当你遇到很刺激的材料诱惑时，又能顾全大局，取舍自如。不因平静无事而急躁，不因可出风头而动心，盯着大事、要事，挖掘规律、本质，以天下、社会为己任，以好稿、精品为目标，手中的笔犀利而又谨慎，稿件既能在当时引起反响，事后又能在历史上留存。像这样的记者，其政治修养才算是成熟了。

(1997年)

记者的思维修养

在记者的诸多修养因素中，聪明是一个独特的因素，就是说并不是随便什么人都可以当记者的。

实际生活中常有这样的情况，两个人毕业于同样的新闻院校，又分配到同一个报社工作，若干年后，新闻工作的业绩却有极大的差别。他们的教育条件和工作环境基本相同，这就只能到主观上去找原因。这个主观因素可分为二：一是本人的努力程度、牺牲精神、意志、品格等，即教育学上讲的非智力因素；二是本人的聪明程度、判断能力、反应能力等，即智力因素。这里我们只讨论后者，即怎样做一个聪明的记者。

记者以其聪明程度可分为三种类型。一是愚笨型，只会照录眼前之事，写规定之文。给什么题目就做什么文章，指什么地方就采访什么地方，老师教的是什么格式，就写什么样的新闻。不挖掘，不思考，不突破，不创造，有的一生就只会写豆腐块的“本报讯”，总在重复传播那些没完没了的“泡沫信息”。二是聪明型，善发人之未发，写独家新闻。能够自己找题目做文章，找线索和扩大线索采访，写作时不安于旧规，有突破，有创新，写出的文章较新较深。三是超聪明型，不但能发现别人没有发现的事，还能悟到别人没有悟出的理，写出别人写不出的文。能找到新题目、大题目和别人想不到的题目，能于看似没有新闻的地方写出好新闻和大新闻。稿件不落俗套，不与别人重复，不与自己重复，力求篇篇有新意。作品有深度和力度，并能透过表面的信息表现出一种理性思维。这三类记者我们还可以分别称之为被动型、主动型和超主动型。可以看出，要做到第二类，甚至第三类，做一个聪明型的或者超聪明型的记者，一要有先天聪明的条件，二还要有后天艰苦的思维训练。

一、一般思维方法在记者工作中的作用

（一）三种基本的思维方式

思维是什么，就是人们利用头脑里现有的概念进行比较、推演、拼接，从而得出新的概念和思想。这是一个创造、发明、发现和孵化的过程。当一个人刚落地时，他头脑里本是一片空白，慢慢映进一个事物就形成一个概念，这些概念就是他的思维单元。单元多了相互之间就要发生联系，于是又出来一种新的复合单元，这个复合单元又再与别的单元组合，这样就构成思维的过程。就像设宴请客，先买来鱼肉，做成一个菜（新的复合单元）；再把十几个菜拼成一桌菜，又是一个更新的复合单元。一个人随着年龄的增大和知识的增多，他头脑里储存的思维单元会越来越多，他所思考的问题也就越来越深刻。

人类最基本的思维方法有三种：形象思维、抽象思维和灵感思维。这三种方式我们可以理解为对三种不同单元的组合。当调动头脑里的形象单元进行组合时，就是形象思维；当调动头脑里的抽象单元进行组合时，就是抽象思维；当把这两种单元随机调动、任意组合时，就是灵感思维。

形象思维是人类最早掌握的基本的思维方式。这是用具体的形象作为思维的工具，这种思维方式的好处是直观具体，生动感人。文学艺术主要是用这种思维。抽象思维是人们在形象思维的基础上又提高一步的思维方式，又叫逻辑思维。它把表象的特征舍去，而用内含的道理作思维的工具，不靠感觉，靠理性。比如数学上由一个公式、定理推出另一个公式、定理或者结论，政治、哲学、科学上，常常由这个道理推出另一个道理等等。比起形象思维来，抽象思维枯燥一些，但是会更深刻、更准确。

灵感思维是一种更复杂一些的思维。它不是用一个或几个形象单元去导出另一个形象单元，也不是用一个或几个抽象单元去推出另一个抽象单元，而是突然从一个单元跳到另一个貌似不相关实则相关联

的单元，这种跳跃可以是从形象到形象，从抽象到抽象，也可以是从形象到抽象，从抽象到形象，而且往往正当思维山重水复疑无路时，这一跳忽然会柳暗花明又一村，有一种出奇制胜的效果。这种思维无论科学、艺术、政治、哲学、管理等等各行各业无一不用到，是一种更高级阶段的思维方式。一个人在掌握了相当多的思维单元之后，如水满自溢，不知从哪个地方就会突然流出来，这就是灵感。知识浅薄的人是少有灵感的，他可调动的思维单元太少。聪明人就是有灵感的人。

（二）记者工作的三个环节与三种思维方式的运用

统观记者的整个工作过程，是以抽象思维为骨架、以形象思维为血肉，抽象为体、形象为用，而以灵感思维为机动，穿插其间，拾遗补阙。记者工作的环节大致有三个，即构思、采访和写作。构思可以是先有一个思路、一个方向，甚至已有了一个题目然后再进入采访，也可以是事先没有什么框框，在采访中再随机构思。最后是写作。当然进入写作阶段后仍然有构思，不过那主要是文章本身的技巧。所以简单地说，记者的工作就是想、采、写三个部分，也就是想清楚、看准确和写明白。

记者工作的第一步是选题构思，以抽象思维为主。

这时主要是靠头脑想，还没有使用眼睛看，也没有动手写。动手前他要先想一下，为什么要写这个题目，大致该怎样操作，文章的观点能不能站住脚，角度新不新，效果好不好，读者爱看不爱看，等等。像指挥员构思战役，先得有一个总体方案。又像建筑师盖大楼，先要描一张图纸，或者先要搭起一个钢筋骨架。这个过程主要是抽象思维，逻辑推理，理论论证。对写稿来讲，这一阶段的选题构思可以称作“立骨”，先搭一个架子，这时还没有进入写作，没有进入施工阶段，即还没有开始材料（形象）的搭配。

抽象思维高于形象思维。记者在构思阶段进行的是战略思考，这需要理性的头脑，要有全局观念，有高度，有预测，暂时还不需要很具体的考虑。记者的选题构思（不是稿件构思）是在他过去新闻实践的基础上，筹划新的突破，上新的台阶，是从理论到实践的过程（这个理论是从以往的实践中产生的），所以是一种抽象思维。实践不能指导实践，更不能指导全局，只有理论才能指导实践，指导全局。新手为什么写不了大文章，是因为他的实践积累太少，无法上升到理性，就像一个战士不可能指挥一个战役。

记者在确定选题时，要考虑形势、大局，考虑读者的接受热点，考虑自己手头所掌握的材料，还要想到这些材料是否能最有效地连接大局与读者，即选择有效的突破口，这是一种综合性的全局的思考。所以记者**在选题构思阶段的心理准备应该说像一个欲扭转时局的政治家，像一个正在筹划大战的将军，像一个将要向科学前沿发起突破的科学家。选题构思就是审时度势，知己知彼，寻找突破，下定决心，是胸怀全局，借题发挥。**以曾在全国发生过巨大影响的焦裕禄报道为例，新华社记者见到的是焦裕禄这个具体的材料，但思考的却是抽象的道理，他们立即由此想到党风、民意，想到国家大局。当时正是三年困难时期刚刚过去不久，党也刚从浮夸、极左的教训中醒悟过来，国家需要安定，民族需要振兴，时代呼唤百姓同心同德、相亲相爱（在这之前刚刚推出雷锋这样的典型），更呼唤一批与群众同呼吸共命运、先忧后乐、勇于牺牲的基层干部。正好这时作者发现了焦裕禄。但如果发现的不是焦裕禄而是张裕禄、李裕禄，作者同样也要写这篇作品，这作品同样也会引起轰动。这是因为作品的内涵和它所牵动的背景必然要产生这个结果，这是从抽象的道理出发去找具体的东西。相反如果一开始就从具体出发，即从形象思维出发，反而限制了自己的高度。事实上在新华社发现焦裕禄这个典型之前，《河南日报》就已经发表过一次焦裕禄的报道了，但因为缺少理性高度所以没有打响。

一个简单的形象思维可以从形象到形象，但一个复杂、高级的抽象思维就必须“先理后形”了。庖丁对梁惠王说：“臣之所好者道也，进乎技矣。始臣之解牛之时，所见无非牛者，三年之后，未尝见全牛也。方今之时，臣以神遇而不以目视，官知止而神欲行。”庖丁解牛已经达到了一个出神入化的程度，这是因为不拘于形象思维，他注意研究“道”，即规律，刚学解牛时，从具体形象入手，三年后已摆脱具体，不管它是白牛、黑牛，在他眼中统统是一个牛骨架，以后再解牛他就先用这个理性的思维去观察。因为我们观察问题不只是用眼睛看，更主要的是靠思想来理解，理解了的东西比具体看到的东西更深刻。记者要有一颗抽象思维的头脑，一双理性的眼睛。记者有没有抽象思维，直接决定着他工作的起点、他所写稿件的高度和深度。就像除草，形象思维好比用镰刀，尽了最大的力气也只能是贴着地皮割，抽象思维好比用锄头，一锄就挖了根；又像两个人上路，一人坐汽车，一人乘飞机；两个人算题，一人用笔算，一人用计算机。这叫出手不凡。

记者工作的第二步是采访，以形象思维为主。

一进入采访就要脑、眼、手并用了。这时记者眼中首先会出现许多具体的形象，脑子里要不停地扫描、分析，将这些形象分类、定性、定量，还要考虑怎么用这些形象去表现在第一阶段进行抽象思维时所产生的主题。虽然这时记者也会不时地做一些理性的思考，但这基本上是对第一阶段理性思考的修正和微调（如果推翻事先的设计又当别论）。这时已经进入施工阶段，已经开始了形象的拼接，是用事实的砖瓦去填充前一阶段抽象思维所浇铸好的框架。对写稿来讲，这第二阶段的采访可以称作“找形”。我们看画家画一个人时先不急于动笔，而是先研究一番，看抓他的什么特点：眼睛大还是小？鼻子高还是低？脸方还是圆？先把形找准。形都找不准，怎么作画？一般人有一个误解，以为写在纸上时文章才成形，其实新闻稿的形不是成在稿纸上，而是成在采访本上，成在肚子里。苏东坡讲文与可画竹是胸有成竹，一挥而就。其实“形”是在采访过程中逐渐形成的，到采访后期已经“胸有成形”，只等一气呵成了。

采访是什么？就是选择事实，搜集材料。新闻是传递信息，但这信息的传递不是一种理论表述，不是简单地只说结论，甚至还要有意避开主观色彩，而强调用客观的事实，用形象的东西再现当时，所以新闻强调现场感。这一点新闻和文学有点相近。文学是典型的形象思维，它必定要塑造出一个形象，然后把作者的思想都压缩、渗透在这个形象中，讲究含蓄、象征、感染。新闻不能随意塑造形象，但是也必定要千方百计地寻找、选择出理想的形象，通过这些客观的形象(文学是主观的）传递信息，表达思想。因为是传达客观的东西，所以讲求真实、质朴、鲜明。如果说在选题构思阶段是靠抽象思维来确立文章的高度，那么在采访阶段则是靠形象思维来决定文章的生动、活泼。选题构思阶段是确定文章的骨，采访阶段是确定文章的形。庖丁解牛是见牛骨而不见牛形，画家画牛是舍牛骨而只画牛形。形从何来，全靠观察。在采访阶段，记者是以骨抓形，当然也有神和态。

我们有一些记者的文章为什么发干，一个原因是因为在采访阶段就没有抓准“形”，没有抓到能体现个性的素材。他拾到篮子里的已是一些开始发干、发黄的菜叶，下厨房后又怎么可能做出色、香、味俱佳的菜呢？巧妇难为无米炊，妙手难写无形文。毛主席批评宋人写诗味同嚼蜡，就是因为宋诗里多道理而少形象。高明的作家总是能抓到合适的形象。著名的元曲《天净沙·秋思》“枯藤、老树、昏鸦；小桥、流水、人家；古道、西风、瘦马；夕阳西下，断肠人在天涯”，就是连用十一个具体形象，而收到千古绝唱的效果。记者的功夫是七分采，三分写，就是看你能不能采到典型的、生动形象的事实。著名国画家李琦一次接待外宾，也就是几十分钟的谈话，第二天，他拿出一幅肖像，像极了，使外宾大吃一惊。这叫“默画”的功夫。就是对形象能一下吃准、抓住、记牢，即美术行话所说的“抓形”。记者在采访阶段就是要练就一套形象思维的硬功夫，对素材就是要能抓住形、抓准形，要能采集到那些可以最大限度表现你理想的个性的材料。

记者工作的第三步是写作，这个阶段理性思维与形象思维相机而使，综合运用。

这时设计图已画好，料已备齐，就看你的施工手艺了。这一阶段是抽象思维与形象思维并用。抽象思维的运用主要表现为一是准确地遵循、体现第一阶段的设计，二是巧妙地构思文章结构，力图实现作者的本意。是既要体现战略，又要用好战术，这时形象思维在采访阶段搜集素材的基础上，进一步筛选、修剪、拼接加工。所以这个阶段是两种思维方法并用。

先说抽象思维在写稿中的运用。

一篇稿子可以从形象入手，以形象吸引人；也可以从理入手，以理服人。只就纸面的阅读效果来说，好的新闻稿要有理性的魅力。它首先要能高屋建瓴，提出问题，然后环环相扣，层层剥笋。读者阅读时是被“理”牵着走。我过去在基层当记者看到报上年年报道绿化，但是又年年在说生态退化。山上为什么就是不长树？长期思考在胸，一朝典型在手。我写了一篇《欲要山长树，先教山留人》的报道发在《光明日报》上（见“新闻四部曲”之《记者札记：没有新闻的角落》)。这个问题既然人人都困惑，我就决定这篇稿子用理性思维为主的路子来写。因为读者看报的心理是这一个问题只要他关心，他就会步步紧跟，让你牵着走。文章先从读者的角度提出一个总的大问题：别处的山绿不了，而这个县 3 年造林是过去 34 年造林总数的 5 倍，靠什么？靠政策吸引，先要能设法在山上留住人。然后通过与林场主人、县委书记的对话，典型剖析，五问五答，层层导出。一问：过去别人搬下山，现在你家为什么却又搬上山？答：上山能致富。二问：这样又简单又好的办法为什么等了 30 年？答：极左，实事求是最难。三问：这样个人得到的好处是否太多？答：只要能给子孙留下一座绿山就合算。四问：政策有了，怎么动员群众？答：靠典型引路。五问：人们能耐得住这里的冷清吗？答：今非昔比，通电、通路，这里有现代文明，开发以后的山区不冷清。当然，在回答这些问题的行文中要注意全部用形象和事实来说话。比如回答冷清不冷清时，就用主人的这样一段话“有电视，有录音机，我三岁的小孙女录音机一响，也跟着扭迪斯科呢”。这样读者就能一边跟着指路标（理），一边又伴着山花流水（形）渐入佳境。

再说形象思维在写作中的运用。

新闻稿之所以吸引人，除理性的力量外，还另有一种形象的魅力。这好比一个人或才或貌，各有所长。有的人靠他的思想、文章、业绩吸引人；有的人一句话不说，只往那里一站，就很吸引人，这是形象的魅力。**在文章中，理性调动的是人的思考，形象调动的是人的感觉。靠逻辑的力量引人步步探索，如穿隧道，终见光明，这是一种知的享受；靠形象的力量引人如临其境，如闻其声，这是一种美的享受。**当然求知和审美常常是分不开的。所以在写作阶段，怎样注意捕捉形象、加强文章的可读性，实在是不可忽略的另一半手段。对长于形象思维的读者更可投其所爱。这里也举一例。我在采访中曾碰到一项“新式塑料蛋箱”的发明成果，这是一个很枯燥的科技报道题目，事情又很简单，并没有多少新鲜的道理好讲，这时就特别要设法在形象上做文章。消息的导语是这样处理的：

> 一辆卡车载着 82 730 个鸡蛋从吕梁山深处的隰县出发，在土、石、柏油等各种路面上经过 427 公里的长途颠簸运到太原，经蛋库验收，只有 7 个鸡蛋破损。这是最近通过鉴定的新型蛋品运输工具‘五用塑料蛋箱’，在试用中取得的结果。
>
> （见“新闻四部曲”之《记者札记：没有新闻的角落》）

在这里读者主要不是知道了一个理，而是知道了一件事，一件新鲜事。卡车运蛋 8 万多个，在山区奔波 800 多里，才破损 7 个。这条信息可以说是用一系列的形象编织成的，读来轻松自然。

至于灵感思维，由于这种思维方式的特殊性，它始终贯穿于记者工作的各个阶段，记者无论在选题、采访还是写作时都会突然由此及彼想出新点子，拈来新材料，化出新笔法，柳暗花明，新辟洞天。前面讲过灵感思维妙就妙在它的跳跃性，突然从抽象到形象，或从形象到抽象。作者好像手里拿着一块奇石，这样转个角度让你看一下，又那样转个角度让你看一下，文章花样翻新，妙趣横生。钱钟书的《围城》，为什么半个世纪后又被人重新喜欢，其中的比喻由形到理，由理到形，处处闪着灵感。如“父母的同情施错了地方，仿佛身上受伤有创口，而同情者偏向皮肉完好处去敷药包布”，“鸿渐这时候心像和心里的痛在赛跑，要跑得快，不让这痛赶上，胡扯些不相干的话，仿佛抛掷些障碍物，能暂时阻拦这痛的追赶”。你看，“心情”明明是一种抽象的东西，作者灵感的火花却引燃了许多具体的形象。我在基层当记者时，一次乘车在公路上跑，两边是哗哗闪过的参天的白杨，陪同的人说这一棵树值一辆自行车。我立即想到一个标题《路旁就是储蓄所，一步一辆自行车》，回到城里进一步向林业部门采访后又加了一个正题《翼城县公路林储材百万方价值两个亿》（见《记者札记：没有新闻的角落》）。这就是灵感思维，造林成果这些枯燥的数字和结论，用形象的东西来表达，灵机一动，将两者拉在一起，便生嫁接之效。

二、记者思维的几个特点

除了上面讲到的三种最基本的思维方法外，因为与记者的职业习惯有关，记者的思维又形成了几个鲜明的特点。

（一）主动思维——机敏灵活，求灵求变求动

记者的任务是向社会抓信息，但是社会上并没有为你准备好现成的信息，要靠你去找、去挖，就好像猜谜语，告诉你“打一什么”，到底具体是什么却不能告诉你。记者所面对的是一个茫然的目标，“只在此山中，云深不知处”。大体会有，具体常无；一定会有，却不一定归你；有时踏破铁鞋无觅处，有时得来全不费功夫。一句话，它是一种不定态、大跨度、自然采集式的工作，随机性很强。它不像社会上很大一批工作都是预先规定好程序，比如一个教师按课表上课，一个工人在流水线上按图纸装配等等。记者是吃了上顿不知下顿在哪里，所以他的思维的第一特点是要机敏灵活。其实根据职业习惯不同，人的思维也可分为两种，一种是被动型（这里毫无贬低之意，他在体力上可能是吃苦和勤快的），另一种是主动型，记者就属于后一种。

机敏灵活的含义有二。

一是他始终处于一种警醒状态。嗅觉敏锐如猎犬，耳朵灵敏像天线，头脑就是一个全天候的雷达，随时捕捉机会。记者写稿一半是靠机遇，但另一半却靠你会捕捉。昆虫学家法布尔为了观察昆虫，能在

地上趴一天，以至于那些干活的农妇奇怪这个汉子为什么她们早晨出工时趴在那里，收工时还在那里。法布尔的名言是：机遇只给有准备的头脑。可以说好稿只给那些有准备的记者。秦始皇兵马俑被人们称为世界第八大奇观、20 世纪最伟大的考古发现，但是这个奇观的发现却源于中国新闻社一位青年记者的灵敏捕捉。1974 年陕西秦陵附近出土一批“泥娃娃”，在当地并没有引起什么重视，这位记者却意识到可能是国宝现世，立即写成“内参”，分送毛泽东、周恩来等中央领导人，终于引起这个世界大发现。当然这种准备一定是要合乎新闻规律，否则不是劳而无功，就是空留两手捺忧愁。如前面讲到，一位记者在农历羊年将要来到的除夕之夜，到医院里去等，等新年钟声一响看谁家生第一个孩子，便写了一篇稿子叫《羊年第一羔》（见《评委笔记：新闻绿叶的脉络》）。从形式上看这位记者可谓有充分的准备，也很辛苦，但是他抓到的信息貌似新闻而实际上并不是新闻。记者如哨兵夜巡，火警值班，最起码的要求是不能漏报要闻，但是也不能错报新闻。

二是他能审时度势，随机应变。再好的记者成功率也不会是百分之百，出门采访，可能满载而归，也可能一无所获。采访不到东西不可怕，可怕的是不能及时发现情况，修正目标，硬要在黄土地里刨出一个金娃娃。聪明的记者是有信息就写，没有信息就走，价值大的就写，价值不大的就丢，眼观六路，耳听八方，端着碗，看着锅。我在《记者札记：没有新闻的角落》一书中曾有一篇文章《采访如采药》，谈记者出门如采药人进山，有药就采，无药就走，采着大的，留着小的，几天后再来收入篓中。这种随机应变、把握战机、培育战机的功夫才是记者意识中深层的东西。事实上种瓜得豆、歪打正着的时候经常有。江苏一位记者到江边码头去送人，发现江面为各种大小船只所拥塞，于是就地采访，发现原来是一场鳗鱼苗大战，野蛮捕捞，破坏水产资源。他立即写成稿件，发表后引起社会各界的重视，中央还专门就此发了文件，为国家做了一件大好事。我当记者时，有一次到新疆采访，十几天见不到该见的人。一看不妙，我立即改变计划扎到基层，到农场、到研究所，甚至火车上、旅馆里，一路急抓，50 天带回了14篇稿。就是那一次悟出了一个道理：当记者就是出门跌一跤也要抓一把土。有一些迟钝一点的记者，被动思维，给他碗里盛上什么就吃什么，桌上还有好菜都不（或者不敢）去看一眼。所以没有灵气的人当不了记者，什么叫灵气？就是灵活机动，不安现状，总想突破，寻求更好，就是肚子里满满地憋着一股灵秀之气，无论何时何地遇有什么由头稍稍一碰，就会跑了出来。文人骚客都有灵气，他们常借一点由头就洋洋洒洒发挥为文。白居易浔阳江头夜送客（就像上面那位记者扬子江头日送客），只听得一声琵琶便引出一首《琵琶行》；王勃赴宴，人家虚让了他一下便引出一篇《滕王阁序》，都成千古绝唱。有本事的人一是肚子里随时鼓满灵气，二是时时都能找到由头来发挥。考验记者本事的大小，就是看你肚子里有没有东西，有没有本事找到发泄的由头。在家里等着材料上门，这不是记者的职业习惯，是工商登记；跑到一个地方去死守一个材料，这也不是记者的职业习惯，是哨兵站岗；不能跳出现有的材料，这也不是记者的职业习惯，是工人做工。总之，**记者的思维随时都在活动，就像大赛中的球类运动员，有球没球，腰腿总在动。**

（二）求新思维——积极创造，求新求深求活

如果说上面谈到的机敏灵活是一种求变心理，求新求深则是一种求好心理，一种总是追求创造的思维。新闻的本质是信息，而信息总是不断地用新的去覆盖旧的，以满足读者的需求。新者存，旧者亡，每时每秒都在竞争。你看，今天的报纸人们抢着看，到明天就往纸篓里扔，记者的思维必须定位在“最新”二字上才可能站住脚。

人的思维有保守型和创造型之分。有的职业就是偏重保守，如保密、机要、教学、分析化验、各固定工种等，主要强调的是按部就班，按程序办事，重复越多越成熟。有的职业则是时时强调突破，强调创造，重复就意味着失败。体育比赛、文艺创作还有记者工作都属于后一类。

求新求深的含义也有两个方面：一是指稿件的内容，二是指稿件

的形式。

在稿件内容上的求新就是一定写出闻所未闻的事。记者一遇到线索或者素材，第一反应是这个东西新不新，别人写过没有，如果我写，读者有没有新鲜感，能不能轰动。为了追求这个“新”，他思维的触角一般是向两个方向探寻：第一个是求快，不管三七二十一，只要抢在别人前面，我的材料就是最新的，比如 1990 年轰动世界的海湾战争爆发，新华社抢发了第一篇稿，这是那一天传遍全球的最新消息。所以记者工作一生就是一个“抢”字。这和前面所要求的主动思维——机敏灵活是一致的，只有动起来才能抢得到，其内在的目的就是为了追求新。快是达到新的一个最有效又是最简单的手段。26 届世界乒乓球赛，中国队取胜就是一个快字，任你有什么手段，旋转、角度等等，我以一个“快”压过去，不容你发挥，就抓住这个主要矛盾。记者采访也是这样，任你多好的材料，多么精细的编写，我一个抢先披露，就会使你顿然失色。**读者中永远有一种新信息饥饿症，只要你有新的给他，他就饥不择食。**

追求新的第二个办法是深挖。快，当然可以拿第一，但是第一只有一个，你不可能每次都拿到第一，而你却必须在竞争中站住脚，这时就要考虑从别的渠道求新。最快的是新的，但同时也有一个致命的不足，它往往也是浅的，如水过地皮湿，新鲜劲很快就过去。这时就要向深处挖，挖出那些鲜为人知的信息和道理。特别是一些很有力度的通讯和评论，它的着眼点并不是靠快让人看到新现象，而是靠深让人发现新东西。由“快”而得的信息是春风中柳梢上的一抹新绿，由“深”得到的信息是千米钻井口新喷出的滚滚原油，可能慢一些，但分量会更重一些。

快也好深也好，这都是手段，目的只有一个，就是不断地求新，记者头脑中强烈的思维活动就是我这稿子在思想上、内容上一定要以新取胜，压人一头。他思维的触角总是往前探或者往下伸，而绝不肯在半路或浅处停留，绝不会拣一点尽人皆知的东西去应付读者。

记者的创造思维除在内容上求新外，就是在形式上求活，稿子要

写得生动活泼，让读者可读爱读。记者提笔的第一个念头是我这篇稿子怎样写才能抓住读者，怎样才能让人一见钟情，一拿起就放不下，看完还忘不了。他不能用写哲学、科学论文式的方法，写那种文章的第一念头是严谨，是滴水不漏。信息的新鲜性决定了新闻稿必须是鲜活的，这样人才爱看，而它的客观真实性又限制了它不可能像文学那样生动。因此记者进行写作时头脑里就时时要考虑一种转换，旧变新，死变活。上面说过为求新，记者的触角在内容上总是伸向快和深，那么在形式上，他的思维开关总是拨向鲜和活。

记者一提笔，在形式创造上他就要进入两个角色。一是像一个“说书人”，要能把死的说成活的。你看说书人所说的故事当然都是“旧闻”，但他就凭一张嘴，任你是千年旧事还是海外奇闻，都如在眼前。他进行了一番形象的再创造，实现了死变活。二是像一个“幼儿园的阿姨”，要能把深的说成浅的。客观世界许多复杂的事情，为给天真的孩子进行教育，必须转换成孩子所习惯的思维，许多时候都是从理到形的转换。这样比喻可能极端一些，但道理却是对的，便于强化记者的求活思维。

所以要强调思维转换和角色转换，是因为我们拿到的信息总有两个不足。一方面它尽管是最新的，但到了读者的眼前时毕竟是已经发生过的（有的已经过了相当一段时期，只因无人知道，还有必要报道），有的又经过几次转手，就是说已经有了信息的衰减。所以，要能保鲜，甚至要能复鲜。记者常用的方法是追求现场感，再现当时的情景。这样作品就有种如鱼出水的效果，新闻界的行话是“抓活鱼”，从形到神努力捕捉活灵灵的东西。比如我在写作通讯《一个农民养猪专家的故事》（见《记者札记：没有新闻的角落》）时，讲到一个多年受压的农村青年在政策改变之后起而争取承包猪场的权力，他“说着掏出一个 5 000 元的存折，‘啪’的一声压在桌子上：‘大不过是这么多，甘愿立下军令状！”老实说当时我写到这里时脑子里一下就跳出《史记》里鸿门宴上樊哙闯帐的镜头，他挺身而出与项庄捉对舞剑，项羽赐予一条猪肘，他便以盾覆地，以剑剁肉，大口而吃。这个形象已有一千多年，但是我们仍然觉得他是活的。另外一方面，就是我们所报道的信息总是局限于某一范围，对广大读者来说并不是都熟悉，有的还比较艰深，这时就要设法把抽象思维转换成形象思维，让它立起来，动起来。比如科学家测得喜马拉雅山一直在长高，并且还在移动。中国通讯社的一篇新闻稿就做了一个这样巧妙的标题“喜马拉雅山边走边长”，一下就深入浅出地活了起来。

综上所述，我们知道在记者工作的三个阶段中要准确地运用好抽象思维、形象思维和灵感思维，在整个写作过程中要做到立骨、抓形、传神，这样的新闻稿就不是一般的稿件，在当日的版面上能上头条，在当年的评奖中能得头奖，在以后的岁月里能有生命力。除此之外，记者的思维还要突出两个特点，即主动思维——机敏灵活，求灵求动求变；求新思维——积极创造，求新求深求活。一个有着这样思维特点的人定聪明干练、沉着坚定、勇于创造、活泼可爱。这样的人也就不是一般的人了。

（1997 年）

记者的知识修养

一、记者知识的三个层面

知识是什么？是对事物的认识。记者必须有知识。没有知识的人，当不了记者；知识不丰的人，当不了好记者。记者面对的是整个社会，必须对社会有一个全面的认识，对所报道范围内的事物有较深刻的认识，这样才能识别信息，筛选信息，才可能进入具体工作。**记者的根基在什么地方？在知识，特别是理论知识。这是记者的工作之本，立身之本。和知识储备相比，其他诸如聪明、勤快、文笔敏捷、谈吐有度等等，就都是次要的了。**

记者的知识应具有以下三个层面。

（一）新闻业务知识

新闻业务知识，是记者知识的核心层。任何一个行业都有它自己的专门知识，这是它的个性所在，是区别于其他行业的知识，也是入行必学的知识。随着社会分工的进步，知识越来越专。它反映着人类对事物的认识越来越细密准确，越来越逼近规律。新闻专业知识就是新闻这一行的规律，它包括宏观的大的规律和各个层次的具体的规律，共同组成一个有鲜明个性的系统。这个系统大致分为三个部分。一是新闻理论知识，包括新闻的概念、属性、定义；二是新闻史知识；三是新闻操作知识，即采、写、编、播、评的基本知识。再往下分，还可以更细，如报纸采编、电视采编等。这是一个严密的系统，在这个系统中各部分都有严格的业务标准。每个人可根据自己对各部分业务知识的熟悉程度而选择相应的“工种”，如专司写、编、评，也可以因对整个系统的熟悉而成为驾驭这个机构或行业的领导人，如总编、社长，或行政管理人员。

对一个记者来说，专业知识是一辈子也学不完的，但有一点要注意，就是首先要弄懂新闻的个性，即首先要弄通什么是新闻，要划清新闻这个行当与其他行当的联系与区别。新闻是一种与其他学科、业务交叉较多的行业，互相之间很容易混淆、错位。社会上一直流行着一种“新闻无学”的说法。事实上新闻是一门学问很深、实践性很强、包容性很大的学科。它既要扎实的根底，又要广博的知识。兼容并蓄，成了新闻的一大特点，而恰恰又是因为这一点，新闻又常被人混同于其他行业。

在实践中与新闻最接近、最容易混淆的是政治。比如，新闻的导向性强，舆论力量大，在政治指导方面发挥着特殊的作用。但是如果片面夸大了这个功能，报纸就可能大量刊登文件、讲话、上层活动，从而忽略了必要的信息量，特别是社会信息量，文风也会枯燥、僵化。新闻机构与政府机构都要抓导向，都关注社会大势，但是前者是通过事实、信息的传播来实现，后者是通过政策、文件、讲话的贯彻来实现。我们必须从它们的个性上来把握二者的区别。有一种“文件袋记者”，每天泡会议，抱着文件袋写稿，但一辈子也没有弄懂工作信息与新闻信息的区别，没有弄懂怎样到工作信息中找新闻，而总是截取一段工作来当新闻。

再比如，新闻的传播离不开文学，有时还要借用文学的手法，但是，如果片面夸大了这一点，就会滑向假新闻，或因文学性冲淡了新闻性，而减少了新闻的社会效果。至今不少读者，甚至不少记者、通讯员仍然分不清新闻与文学。新闻与文学的区别在于前者是信息，后者是艺术。从这个本质的不同点出发，便会得出在对象、方法、风格、效果等方面一系列的不同。如果我们不能在深层知识上弄懂这个区别，在采写时就很难把握新闻这种文体。在 1980 年的全国好新闻评比中曾出过这样的大笑话：一个通讯员编了一个故事，说大街上钱被风刮跑后，人人拾到往回送，不但没有少还多了几张。这篇假稿得了重奖，事后有人揭发，才知是假，只好宣布取消奖项。这说明文学手法对新闻的把持之大，至今不少记者还是分不清新闻与文学。

还有一种现象，记者常常把不是新闻的东西误以为是新闻，或者把价值不大的新闻误以为是大新闻。这也是对新闻业务知识掌握不准的表现。有些东西表面上看是新闻，但细一推敲，它并没有新闻的基本要素，没有新闻价值。比如，许多记者和通讯员习惯上觉得新发生的事实就是新闻，但实际上许多新发生的事情并不是新闻。一个事件构成新闻除了“新发生”这一个因素外，还要看公众对它的关心程度，看它在社会上、读者中可能引起的反响。另外，“新闻是信息的传递”，人们在报上看新闻和在现场看事实不一样，这里有记者采、写、编等无尽的学问。如果我们对新闻本质的东西把握不准，写出来的东西或者不是新闻，或者只是些小新闻。这样的记者也不可能成为大记者。

记者治学首先要确定“新闻有学”的坚定信念。新闻有学，学在有无中。像春天里的田野，草色遥看近却无，这是最难把握的，但是你不能说它没有。新闻的学问来自于政治、经济、哲学、历史、社会、科技，然后又相通相融、枝叶连理，而成为新闻。它折射着各科的影子，但又不是哪一科，它就是它自己。这是学新闻的难点。所以我们强调掌握新闻专业知识，先要弄通它的个性。

（二）百科知识

百科知识是指记者除自己的业务知识外，还应掌握的其他知识。它包括政治、经济、历史、社会、文化、科学等一般人所应具备的常识，或比一般人还要多的常识。它是记者工作的基础知识、外围知识。记者掌握百科知识先要做到博，然后在这个基础上再专。记者不敢说无所不懂，但是要做到无所不知。起码人家说到哪一方面的知识时你都能知道一点，能接上茬，能对上大的门牌号。不能两眼茫然，像听外语一样。所以说先要突出一个博字。一般来讲，记者除新闻业务外，大多数不能再成为其他方面的专家，精力、时间都不允许他在另一个行业上做得很专、很深（个别除外），但是他可以做到博，做到杂和多。记者是百货公司，不是专卖店，货只求多而全，不求少而专。记者是美食家，只求能尝百种味，而不求会做百样菜。

为什么新闻记者必须掌握一定的百科知识？这是由知识和信息的

内在关系所规定的。新闻的本质是信息，记者是信息工作者。信息还不是知识，是“毛知识”，还没有熟化。知识是深层的，直接反映事物规律的东西；信息是浅层的，是事物溢于外表的现象。知识如树之根、干；信息如树之花、叶。记者之职不是伐木刨根，而是采摘花叶，一花报春，一叶知秋，是通过采集信息、搜集事物的最新表现，以此来勾画出一个社会的最新动态图。信息和知识的关系是：信息反映知识，知识决定信息。记者对信息的选择决定只是一刹那，但这一刹那的背后是他长期的知识积累和源于这种积累的判断决心。知识是信息的基础，知识修养则是记者采访的基础。许多事物只从信息这个浅层来看区别不大，但从知识的深层来分就清清楚楚了。比如麦苗和韭菜，外行人可能分不清，但熟悉这两种作物生长全过程的农民就绝不可能混淆，因为他的认识来源已经超越一般信息（现象）而来源于对这两个事物的知识。记者只有在具备了起码的百科知识后，才能迅速准确地判断出事物的信息。

既然掌握知识是为了判断信息，那么这知识就越多越好，因为只有多才能比较，有比较才有判断。另外，记者的社会活动面很广，什么事情都可能碰到，在记者头脑里留下的任何一小块知识空白，都可能是他采访道路上的陷阱，是他失败的隐患。所以为了判断和采集信息的需要，记者的知识就要博、多、杂，什么东西在他这里都要能对上号，这是起码的要求。至于专，那是下一步的事。鲁迅先生说，一个人会品菜就行了，不能要求他会做菜。记者是美食家，不是厨师。他只要会吃、会尝百味，能分出好坏、高低，并为人推荐就行。记者是杂货铺，不是专业店。他这个店里可能有布料、油盐、酱醋、绳子、钉子等等，但却没有专门钉水泥墙用的水泥钉，也没有航海的船用缆绳。杂货铺只满足常用的、较多的、较浅的这一层，不解决专门问题。**好记者首先是杂家，能应付各种信息的查寻。他是一个图书馆的目录柜，馆藏的全部知识都能在他这里找到门牌号数。当社会上各大类知识都在他的肚子里陈列分明时，他采访新闻信息就应付自如了。**

记者除了掌握百科知识外，还应在这个基础上熟悉数科，精通一科。这至少有两个方面的需要。

一是为了当时的业务工作。你只有认得各种树，才能识别各种花；尝过各种菜，才能品出各种味。记者自立于新闻界好比是一棵独立生长的大树，这棵树有千千万万条须根，这就是他掌握的百科知识；但是还得有一条主根和几条次主根，也就是他较精通或熟悉的一门或几门专业知识。广泛的百科知识和某一方面的专业知识构成了记者的工作基础。就像我们建一座塔，当然先要选一个好的地基，要硬一些，不能选在沙土上。这好比是百科知识。但光有这样一个地基还不行，还要在这地基上开槽、打桩、扎进钢筋，灌进水泥，铸一个基座。这就好比是某一个行业的专业知识。一般来讲记者大致都有个行业分工，相对固定地采访一个范围。这时你对这个行业就不能只满足于浅层知识了，因为你的读者已经是相对专业的人群，他们对信息的要求也更专一些、更深一些，你也必须水涨船高，传递更专的信息，具备更专的知识。比如，电子报的记者，你得有电子知识；花卉报的记者，你就得有花卉知识。你是个采茶人，就不能只满足于分清茶树与柳树、茶叶与柳叶，你还得能进一步分清是洞庭湖的碧螺春还是西湖的龙井。记者有了这些专业知识后就如虎添翼，甚至可以发挥出比专家还要大的作用。因为他手里除了专业知识外还有传媒这个工具。一个好的时政记者有时比一个总统的威力都大。而某一方面的专业记者所发出来的新闻、评论，常常又会转化成这个行业的一项大政策。当然因为缺乏专业知识也可以闹出大笑话。1996 年 9 月，国内报纸纷纷报道发现《孙武兵法》八十二篇竹简。但到 12 月，许多专家都出来证明这是伪造。比如，字体不符，用字为现代隶书甚至还有简化字；装订方法不符，汉简从来不打孔；书名不符，先秦古籍从来不自题书名等等。这些都是古籍常识。为什么记者把一篇伪作当成重大发现来传播呢？就是因为缺乏这方面的知识。

二是为了个人以后的发展。记者必须趁着青春年华之时，借采访学习之便，掌握一门专业知识。我们说，记者是一个十字路口的行业，由于他接触各行各业较方便，由于他自身工作性质较浅，又由于他受年龄、身体限制，将有一大批记者在工作数年之后就像军队转业一样改行他去。军队都提倡培养“军地两用人才”，以避免战士转业后失业。记者也应极早把自己造就成两用人才，未雨绸缪，为下一步找出路。我自己在《光明日报》当记者时，采访对象是教育、科学界，为了熟悉业务，我就特别留意科学知识和教学方法。这种本来是为了眼前采访工作需要的学习和研究，却带来了一项意外的收获。开始是有感于教学方法死板，学生读书太苦，就试着将从采访中得到、书报上看到的涉及学生课堂知识的材料写成章回小说。不想发过一两回后大受欢迎，这又逼着我系统读科学史，边写边发，最后完成了一部40多万字的《数理化通俗演义》，在文学创作和科普创作方面都填补了一项空白。在新闻史上，因为兴趣爱好留心某一专业，在当记者的同时或卸任之后又成为某一专业人才的记者大有人在。圆珠笔、坦克、邮票打孔，都是记者发明的。由于新闻与政治、文学的贴近，记者当作家、政治家的就更多了。我们应该客观地承认，记者这个行业除了能为社会作出很大的贡献外，确实也为个人的发展提供了特别便利的条件。记者有舆论优势、调研优势、广告优势、自主优势和选择优势等五个方面的优势。一个记者，只要是一个有志、有心的人，就一定会充分利用这些优势，既出色地完成好当前的任务，又积累知识，逐渐不声不响地成为一个专门家。

（三）理论知识

为什么我们要求记者除掌握新闻业务知识、百科知识之外，又特别还要懂一点理论知识呢？理论是什么？是比一般知识更系统化的理性的认识。它是事物本质和规律的反映；是从实践中得来的，已经从感性升到了理性的知识；是经过了实践的检验，证明是正确的并能指导实践的知识。

这里我们应特别注意两点：第一，理论是一个系统。既然是系统，它就不只是单个的、孤立的知识，它注重研究事物间的互相联系和区别。所以凡理论都有超于个别知识之上的高度，它是高屋建瓴的东西。

对于一种事物，当我们处在其中时，反而知之不全，无法知道它与其他事物的区别和联系。只有跳出这种事物站在高处，才能同时看到一种或几种事物的全貌，也就是说，只有放在一个大的系统里才可以比较。从这个角度来说，理论是观察事物的制高点。第二，理论是本质，是规律。一种事物可以有几种不同的现象，甚至有时表现为假象，但是其内在的本质和规律却不会变。我们只有从本质上看事物，才能把握得更准。从这个角度讲，理论是显微镜，是解剖刀。

记者的任务是捕捉并传递事物的信息。能不能迅速准确地捕捉信息，就要靠他的判断能力。这时就要发挥理论对实践的指导作用。这种判断过程是：第一步，先要把事物放在一个系统中，看它属于哪一种、哪一类，和其他的种类有什么不同；第二步，再深究这事物本身的规律。**信息—知识—理论，这是一个人对事物认识渐深的过程。信息是事物向外界发出的信号。知识是人们对各种信号分析之后得出的认识；理论则是对知识的进一步系统化，是对事物规律和本质的认识。虽然记者的采写工作表现在信息这一层，但他的认识却要建立在对信息的理解上，也即是要建立在知识层、理论层。**就像幼儿园的阿姨虽然每天学着孩子的口气说话，唱儿歌、跳幼儿舞，但你让孩子来教孩子却不行（实践不能指导实践），因为大人既知道幼儿的现象，又知道他们的规律，已经上升到了理性（理论才能指导实践）。记者虽然是在从事信息的采集工作，但是他的认识能力、他的知识根底却必须深入到知识、理论这一层。就像海面上漂着一座冰山，海面之下至少还要有三分之二的体积。像演员，台上三分钟，台下十年功。像作家，手中一管墨，胸中墨一桶。这功力的最深处就是理论。从理论出发去判断信息，就像一个研究生算小学习题一样举重若轻了。

新闻记者应掌握的理论常识主要有这样几种：

第一，新闻业务理论。这在前面已经提及，不再细说。

第二，政治思想理论。记者工作是一种社会活动，它涉及整个社会利益，要符合社会潮流。而指导协调全社会的主要是政治思想方针及其理论，它包括社会发展规律的理论，治党、治国的方针、理论，社会道德意识形态理论，认识论等思维理论。这些东西不会直接见诸新闻稿中，但在判断和采写新闻时却是绝不可少的。比如，我们写经济报道方面的稿件，就应该对国家在政治、经济方面的大的政策理论走向有一个了解，有一个宏观的把握。如我国自 1978 年十一届三中全会以后，在治国理论、经济思想上曾有两个大的转折。三中全会提出工作中心的转移，即由政治转向经济；1992 年十四大，又提出从计划经济转向社会主义市场经济。这都是一些大的政治经济方面的宏观理论。我们的报道，在面对大量的信息时也能以此理论来鉴别真假对错。这样，你报道出来的信息才符合规律。记者要关注大的理论的发展，就像走路要看路标一样。这十几年来许多重大理论问题都有突破。比如，无产阶级专政下继续革命的理论已经不用，小平同志已经提出一整套有中国特色社会主义理论；在经济建设方面，社会主义市场经济理论已经取代了计划经济理论；在文艺方针上，“文艺为政治服务”的理论也已废止，而代之以“两为”方针：为人民服务，为社会主义服务。这几年社会发生了深刻的变化，各种信息表现出一片繁荣，这都可以追溯到理论的变化。记者对影响着当代社会发展的基本理论知识应时刻总结、追踪、学习，永远保持一副清醒的头脑。

回想一下新中国成立以后的新闻史，我们在宣传报道上的几次较大失误都可以追溯到理论上的失误。1958 年关于“大跃进”的宣传，狂热地报道“放高产卫星”，报道“提前进入共产主义”，后来又报道“割资本主义的尾巴”，这都违背了生产力和生产关系原理的基本理论。“文化大革命”中打倒“走资派”等一系列极左的宣传，都源于“无产阶级专政下继续革命”的错误理论。这两次宣传高潮都持续很久，覆盖全国。报上每天报道的信息可谓铺天盖地，但是这些信息都没有反映事物的真实，违反了历史发展规律，回过头一看觉得很痛心，甚至很可笑。可见一个理论的错误就会导致错误信息十倍、百倍的膨胀。**“在不少记者头脑里，似乎理论离自己的业务很遥远，信息和理论好像搭不上边，殊不知理论这个东西不到关键时刻不露面，只有在对这一条信息是对是错难下判断时，理论才显示它的潜力。理论修养较浅的**

记者只能应付顺利情况下的采访，只能当顺风记者，一有难题就不知所措了。”

第三，相关行业的理论知识。如果说政治思想理论是大街大道的指路牌，各行业的理论就是小街小巷的指路标。记者的采写工作像在一个大城市里穿行，就是靠着这些大小路标来指路的。记者不可能对所有行业的理论都熟悉，但对自己所采访的行业及相关行业的理论却应该熟悉，就像你对自己所居住的街道及周围地区要熟悉一样。

你如果是科技记者，你就得熟悉科学发展史、基本的科学原理、科学管理的原理及方针政策等。比如科技采访中经常会碰到一些所谓的发明。你要是知道物质不灭定律，你就不可能去宣传那些乔装打扮的永动机。当你遇到一件从未见过的事情，你就会用理论来判断真伪。生物分类学家居维叶曾有这样一个很有名的故事：他当教师时经常备课到深夜，夜半人静窗户里突然伸进一个巨大怪兽，张血盆大口，舞动一双大蹄子，直向他扑来。居维叶稍一定神，哈哈大笑，指着怪兽说：“我不怕你，凡长蹄子的动物都不吃人！”原来是几个学生在恶作剧，经他这样一点破，他们只好摘下面具。居氏所以这样沉着是因为他手里有理论，他从动物分类学上一眼就看穿了真假。假如你是一个文化记者，对一些文学艺术方面的基本理论就要熟悉。比如你知道“生活是文学艺术的唯一源泉”，你就不会去捧那些“宾馆作家”；你要是读过黑格尔的美学，你就不会去捧那些专门写脏、写丑、写自然主义的作家。

总之，无论你采访哪一行的信息，都先要熟悉这一行的知识，并进一步熟悉这一行的理论。这样你的采访才有根有据，才会准确有效，才有竞争力。

二、知识在采写过程中的作用

（一）知识是一张捕捉信息的网

一个好的记者，他的每一个毛孔里都充满着知识。当他往采访现场一站，就像气功师发功一样，布下了一张知识的大网，任何信息都无可逃遁。信息的特点有二：一是游走不定，稍纵即逝，所以你这个网就要张得很大，甚至无处不在。二是量大数多，现象复杂，所以你这个网要有专门的定向性，是准备捕虾、捕鱼，还是专捕大鱼？记者的每一点知识就是这个大网的网结，纲举目张，疏而不漏。在长期的记者工作中，我的体会是“采访如撒网，写作如打枪”。采访是张网捕鸟，越大越好，写作是以枪打鸟，越准确集中越好。在讲写作时，我曾用过这样一个故事。有人捕鸟，张网于林。一游者问：“鸟来系于何处？”答：“系于一个网眼中。”游者说：“既这样何不只结一个网眼？”这当然是笑话，假如我手举一个网眼恐怕永远捕不到鸟。但是当一个记者肚子里只有很少的一点知识时，就相当于捕鸟人提着一张只结了一个眼的网在捕鸟，这自然很难有什么收获。

记者所拥有的知识之网，在采访时网住了信息；在写成文章后，却又以奇妙的魅力网住了读者。“网”这个词，真是无所不网，犯了法叫法网难逃；有了情，叫坠入情网；而好文章却是一张斑斓锦绣的文网。其中丰富的知识、新鲜的信息、深邃的思想，就像一个黑洞一样大张着直把读者往里吸。有时一条小消息也会如长藤牵瓜一样，牵出一些重要的背景知识，使读者如山中遇宝、海中见珠一样惊喜，甚至有的稿子让读者永生不忘。这自然增加了新闻的魅力，同时也是记者的魅力所在。你就是一张能俘获读者的网。

（二）知识是一座沟通作者和读者的桥

客观发生的事实是自然信息，登在报上的稿子是新闻信息。尽管我们强调新闻要客观真实，但从自然信息到新闻信息，实际上已经有了一个熟化的过程，已经有了记者的筛选、提炼。新闻在大多数情况下是客观地拿来，但有时拿来读者会看不懂。比如报上就常有一些比较专的话题。这时就要靠记者深入浅出。深浅之间就是一种转换，就要有一座桥来过渡，这就是知识的辅助。电子显微镜出现了，读者不懂为什么它看东西更清楚。这时你用电镜术语，可能越说越糊涂。你不妨换一种解释。比如我们量布的长短，是用尺子来量，要是想量布纹之间的距离，尺子就太大了，就要用毫米或十分之一毫米为单位去量。肉眼可见光是一种波，电子振动也是一种波，前者的波长一点，相当于用尺子量；后者的波短点，相当于用毫米量，所以细小部分就看出来了。这就是知识的转换。只有当你脑子里有很多知识时，才可能根据不同读者的接受习惯，随时选用一种表达方法。所谓打比喻，就是通过知识转换，换一种说法，让你明白。记者要做到手中一管墨、胸中墨一桶，写出来的虽然是一点，但备用的却是这一点的千倍万倍。记者的肚，杂货铺，总能选出一样东西让顾客满意。

（三）知识是照亮记者思路的光

记者在茫茫社会中采集信息，可以说是在茫茫黑夜搜求目标。这时唯可求助的光明就是知识，特别是理论知识。知识是记者夜行时的手电，是航船进港时的灯塔。记者到采访现场后要接触五花八门的人，要看庞杂的材料，要接受纷繁复杂的现象，眼花缭乱，毫无头绪。这时靠什么，就是靠一双知识的慧眼。老记者，目光一扫，就如探照灯照亮一片，立即分毫毕现，哪些信息有用，哪些更有价值，就一把收入网中，其余的毫不留情地舍去。为什么有的记者一辈子总是在写“豆腐块”“火柴盒”，而有的记者一写就是头条，就是轰动性的大消息，这里面就有一个看得见看不见的区别。比如，1996 年 12 月 21 日《文汇报》有这样一条报道，讲在山东青州发现了 200 多尊窖藏的佛像。佛像之多之精美且不说，只看作者对这件事背景的扫视，就可以知道他是多么看重这条信息，读者也从而知道这条消息的重要。作者有这样一段叙述：

从新疆入境的佛教在东传线路上遗留了古代龟兹、高昌等洞窟造像。经过甘肃河西走廊时，遗留有敦煌莫高窟、安西榆林窟、永靖炳灵寺、天水麦积山等石窟造像。穿过河西走廊后，东传道路一分为二，北路相继遗留有山西大同云岗、山西太原天龙山、河南洛阳龙门、河南巩县石窟寺、山东青州云门山、江苏连云港、河北邯郸响堂山、辽宁义县万佛堂等石窟造像。南路沿古褒斜道下行，在长江沿岸遗留了四川广元石窟、大足石窟、南京栖霞山石窟群以及广西的桂林石窟群、云南的剑川山石钟山等石窟。

总体来看，佛教东传的石窟分布主要集中在河西走廊及黄河中上游一带，它在黄河下游的集中表现，则在山东境内的青州。

从这段背景知识的叙述可以看出，作者借助知识之光，将佛教东传路线和盛绩照映得一览无余。读者也好像接过了一束火把，穿过了历史的隧洞，上下两千年皆在眼前，而青州出土佛像这条消息的意义也就清清楚楚了。

知识是一种光芒，当你知道了某方面的知识，就在这个领域获得了自由。一个文盲被看作“睁眼瞎”，一个没有知识的人至少是近视眼，欧洲人将他们那个没有知识的时代称为“黑暗的中世纪”。新闻，浅层的意义是给人信息，但最终是通过信息的积累，潜移默化地给人以知识。

（1997 年 2 月 18 日）

附：一个记者的责任与成功

一、要当记者，先说责任

讲这个题目前，我先讲一个故事，一个新闻史上再也抹不掉的故事。1980 年一个青年作者向《吉林日报》投稿，这篇稿刊登在 2 月 9 日的报纸上，题为《钱被大风刮跑以后》，获得当年度的全国好新闻奖（中国新闻奖前身）。大意是说作者（我）在长春大街上骑车，不小心撞上一个老人，把他手里的一叠人民币撞落在地，钱被风刮跑，街上的人四处抢钱，老人疾声大呼时，群众又陆续把钱送了回来。原来人们是帮他拾钱。再一数，又多出一张，原来是一位中年妇女把自己的一张钱也混了进去，人群中发出一阵笑声。这是一篇很精致的稿子，时间、地点、人物、原因、结果，现场感都有，当时大家也觉得好，社会反响也好，所以得了当年的全国新闻最高奖——好新闻奖。但是事后这篇稿件被人揭发是一条假新闻，很快又被撤销奖项，这成了中国新闻奖评奖史上唯一的撤奖案例。这引发我们一个思考，如果稿中事实没有错呢？不就没有事了吗？什么都好，就差这一点，真与假交汇处的这一点。真理多迈了一步就是荒谬，就一票否决，全盘皆输。我相信作者也是在做着成名、得奖的梦，他的奖牌已经到手，但随即又破碎了。表面上看是稿件的真假问题，实质却是一个记者的责任问题。对事实负责，对读者、社会也是对自己的名誉负责，这是新闻工作的最大的个性，也是它的前提和支柱。

凡社会上的工作都可以相对分为两类，一类是个体性劳动（不是指个体劳动者），即劳动者工作的目的重在个人的成就，更多考虑的是对自己负责。

另一类是社会性劳动，即劳动者的工作目的一开始就有强烈的社会服务性，追求社会效果和社会成就感，是为他人谋福利，先天下之忧，更多考虑的是对社会负责。

我们发现，两类工作最大的区别是社会责任感的不同。个体性劳动，主要在追求自身的成功；社会性劳动，则在追求对社会的贡献，甚至是牺牲。他在求成功之前首先要奉献，要讲责任，尽责的彻底程度决定了他的成就和名声的大小、威信的高低。就像高风险有高回报一样，敢于担大责的人才会有大成就。清华老校长梅贻琦说，大学不是因为有大楼，而是因为有大师。每个有大作为的人不是他的本事大，首先是他的责任心大，社会给他提供的舞台大。记者和政治家同处于一种社会性劳动的大舞台，尽职尽责、活跃于其上的人要珍惜这个舞台。中国历史上有个宋徽宗，放着皇帝这个社会性劳动的最大舞台不好好干，去搞个体性劳动的书法、绘画，他主持编了 4 本很有学术价值的资料《宣和画谱》《宣和书谱》《宣和博古图》和《宣和风筝谱》。还有个李后主不好好治国却善写词，结果却成了亡国之君。明代有个熹宗皇帝，不好好理政，却迷上做木工，做好的首饰盒，让太监拿到市场上去卖。他们当然也成就不了什么大业，成不了秦皇汉武。记者被称为“无冕之王”，有一个可以大有作为的社会性劳动大舞台，我们不要学宋徽宗，丢了大责任，去搞小作为。

20 世纪 30 年代，老诗人鲁黎曾有一首诗：“老是把自己比作明珠，总有怕被埋没的痛苦。把自己比作泥土吧，让别人把你踩成一条路。”**记者也是这样：“把自己比作一个太阳，总觉得还不够亮。把自己当作月亮吧，要发光，先用双手托起一个太阳。”一个老记者，一生不知写了多少典型，捧起多少个太阳，然后他自己才可能得到一点光亮。**就像一个政治家，他的思想和行动不知为多少人带来幸福，他可以得到人们的尊敬。在我的记者生涯中，也已记不清借媒体挖掘表彰了多少个人物。其中影响最大的是我的成名作《一个农民养猪专家的故事》，稿中新闻人物由农民破格被录为国家干部，任当地科委副主任，改变了他的一生。这篇稿也获当年度中国新闻奖。由这个题材创作的报告文学获赵树理文学奖。干我们这一行就是为隐者立传，为无名者传名。

记者就是马克思说的为使他人完美、他人幸福，因而也自己最幸福、最完美的人。他除了业有所成，在人格上还能成为伟大的人。所以职业道德对记者来说不单是人格高低的标志，还是事业成败的前提。记者职业道德的核心是 6 个字："无私心，担责任。"有私心是当不了记者的，它注定你必须以天下为己任，勇敢地担当起社会责任。这是我们研究记者成功之路的大前提。

二、三种责任，政治为大

记者要承担的社会责任粗略分一下有三项：传播责任、政治责任和文化责任。

（一）传播责任

传播信息是记者要承担的一切责任中最基本的责任，就像士兵要打仗，农民要种地，工人要做工一样，这是职业的规定。这里要特别注意三点：一是不能瞒报新闻，不能不作为，该报的一定要报出去；二是不能报假新闻，不能搞职务犯罪；三是尽量报大新闻，把工作做到最好。

1. 关于不报新闻

不报新闻好像不可能，但确实存在。不报新闻一般有两个原因：一是偷懒、疏忽、失职；二是借权谋私，"有偿不闻"。2002 年查处的某中央新闻单位及地方两家小报共 11 名记者收受当事人的金元宝和现金合计 7.46 万元，因而不报一个矿的矿难，就是一个典型案例。由于种种私利的诱惑，传播失责，不报、假报时有发生，这是新闻界的老问题，也是记者修养的一个永恒课题。

2. 关于虚假新闻

发虚假新闻在作者常常是为了上稿，在媒体是为了引起轰动，扩大发行、争取广告，借商业规律来做新闻。主要的投机手法有二：一是文学性，编故事。典型例子有，1990 年全国多家报纸报道的钓鱼钓得一个藏有金戒指夜壶的新闻；2001 年 3 月 14 日《羊城晚报》登的《错位夫君夜换娇妻 30 年》的新闻。二是投政治之机，捕捉政治空气，围绕中心工作编造新闻。典型的有前面提到的 1980 年 2 月 9 日《吉林日报》刊发的《钱被风刮跑以后》。奇怪的是，这篇稿虽当年被揭露，并取消奖项，以后 20 年来还是多次地被模仿、见报。只是人物、情节稍有改动，钱也由 5 元一张升为百元一张。还有 1990 年 9 月 22 日《四川法制报》关于计划生育的假新闻《杖打屁股签合同》。

3. 关于报大新闻

作为一名记者，不能不报，不能错报，这个最基本的问题解决了，之后就是报什么。很简单，拣最大的事来报。新闻就是宣传鼓动众人之事，名记者就是把自己的读者吸引得多多的，是为最大多数的受众写稿。要克服小我、小众、小报意识，放眼抓大事。不要被小花絮、小情节误导。每天去追哪场体育比赛几比几，哪个明星有什么绯闻、哪个地方有人跳楼，这怎么能成名记者？1991 年又有一篇参评全国新闻奖的稿件，是记者在岁末年关之夜到妇产医院去等，钟声一响哪一个孩子先落地，就写一篇关于他的报道。这不但不能得奖，而且根本就不是新闻。它受众面太小，除了父母亲朋关心，社会上并不关心这件事。

徐宝璜先生是中国新闻学第一人，他当年在北大讲新闻学时说：新闻为多数阅者所注意之最近事实，若为全体阅者所注意，则为绝好新闻。新闻的影响面是以受众的多少为半径的。无信息则无新闻，没有事就没有记者，无大事则无大记者。凡大事都是上升到政治层面的事。社会上每天发生各种事，大部分只影响一时、一地、一部分人。但当这事不管它是什么内容，经济的、军事的、外交的、卫生的、体育的、文艺的，如果足以影响到一省、一国、全球，关系到最多的人的利益时，它就是政治。2003 年“非典”流行，本是卫生，变成了政治；2008 年的奥运，本是体育，也是政治。2005 年台湾国民党代表团访问祖国大陆，第三次国共握手，是政治；2006 年西藏铁路通车，是政治。为什么？这些事影响大，关系到国家民族的命运，是社会反响最大，记者必抢、必抓的新闻，也是记者成名的最大资本、最佳捷径。要成为名记者，排除政治、躲避大事是不可能的，只有站在政治的肩膀上才能成为名记者。

在传播责任这一点上，除前面提到的有意犯错误外，易犯的毛病还有二：一是采不到消息就强调客观，怨当地不出新闻。二是看不见大新闻，热心于小花絮、小镜头、小报意识。这里我送给大家两句话：一是记者出门跌一跤，也要抓回一把土，不能空手而归。二是贝壳虽好看，捡得再多也盖不成大厦。要训练自己抓大事的采访意识，眼花缭乱全不管，千头万绪抓大事，沉着冷静挖大事。

一个记者完成了传播责任，算是基本尽责了，基本成功了，但也只是一个信息传播者，可以打 60 分。真正尽职尽责争取大的成功还要履行下面的政治责任、文化责任。

（二）政治责任

政治责任是指我们在采、编、报、播等阶段都要按政治准则、政治纪律办事。这准则、纪律是新闻以外的事，它不但管新闻也管其他部门，是基于全局、全社会利益的准则，大家都要遵守。只不过新闻在遵守这个共同原则时又加进了自己的个性，体现了新闻规律，是政治与新闻两个规律的结合。这就是毛泽东同志提出，以后江泽民、胡锦涛同志强调的政治家办报。政治责任可细分为 3 种责任。

1. 安全责任

把报道提升到国家安全、社会安全的高度不是耸人听闻，是客观存在，也是为了引起重视。这几年作为一种战略，各国都在谈论与国家利益有关的安全概念：能源安全、粮食安全、信息安全等等。新闻作为信息产业的一部分，确实涉及国家安全和社会安全。新闻是社会的黏合剂、润滑剂，在国家安全、稳定方面负有特殊责任。报与不报、报大报小，这里面都有政治。一个记者在履行国家安全责任方面，做得好是正常的，做不好则必定闯大祸，更谈不上什么成功。在今天电子媒体发达、互联网普及的情况下，制造舆论、控制信息、引导信息更成了一种斗争手段。美国已经正式组建一支信息部队。

2. 导向责任

传媒为什么要讲导向，这是由它的功能决定的。新闻的本质是信息，传媒的最基本功能是传播。信息的一个重要属性是“矢量性”，像射出的箭一样有指向。大众传媒，要考虑把大众导向何处，起码有两条标准：一是政治标准，立足国家、民族利益；二是道德标准，提高全社会的道德水准。这两条构成社会的价值体系，同时也决定着记者的价值取向和职责定位，不符合这两条就是误导。靠什么导向？两点：一是靠言论直接指导，旗帜鲜明。二是靠大量的事实、信息引导。特别是注意用头条引导，无论编者还是读者都是先看头条。头版是脸，头条是眼。写好头条，选好头条，考验传媒人的综合能力，特别是政治导向能力。这里有一个“三点一线”的公式：你首先要知道中央在抓什么，这是大局；然后要了解群众在想什么，这是基础；再然后去找既符合中央精神，又反映群众呼声的那件新闻事实，即中间这个点。做到三点一线了，就是好头条，就引导成功了，你就尽到了导向责任。常犯的毛病是两点一线，比如上面有新精神，在街上拦一个路人请他对着镜头说几句感想，好像有上下两点，但无生动的新闻事件这个点，这就显得生硬。这是不得已而为之的急就章。还有，记者发现一件事，也是当地群众关心的，但和全局关系不大，与上面这个点对不上，没有影响，甚至起负作用，也不行。

3. 监督责任

监督是一种权力。社会上将记者称为“无冕之王”，主要指记者可借助舆论力量来匡扶正义。社会每个成员都要有责任，为履行责任就要有监督，没有监督的行为必然泛滥，没有监督的权力必然膨胀。我们有各种机构、制度、纪律（如人大机关、纪委等）来行使监督权，这是硬监督；还要有传媒的舆论监督，这是软监督，是一只看不见的手。硬、软两手都要用，监督才有效。从这个高度看，就知道记者身上监督责任的政治意义，是代行人民权力，既要坚定，又要慎重。

传媒和记者成功的，一半是监督。这考验你的立场、判断力、智慧，最终提升你的影响度。记者要把它看成一种神圣的使命、一个成功的机遇。一般来讲监督批评稿的影响比正面稿影响大，对记者带来的个人成名效应也大。监督在政治责任中是最难把握，最需要小心使用的。

但是，切记监督权不可滥用，更不可公权私用。例如，有记者借发批评稿到地方进行敲诈，要钱、要物，因而身败名裂。对一个记者来说，履行政治责任，讲政治，这时他所发挥的作用就不是简单的传播了多少信息，而是站在全局的立场上，运用新闻手段、新闻规律来维护国家利益、人民利益，推动历史前进。这时会突然发现我们是记者，但同时又不是记者。我把这称为“位移现象”。

新华社一个老记者说过，记者最像什么？像县委书记。我说还小一点，你是哪级报社的记者，就要以哪级党政一把手的目光、胸怀、工作艺术来要求自己的稿件、版面、节目。当你最大限度地尽到一个记者的政治责任时，你已经在不知不觉中位移而成熟为一个政治家了。从记者而成为政治家，这是一个多么大的成功。

（三）文化责任

记者的传播责任是工作给他的任务，政治责任是社会对他的理性规定，而文化责任则是历史赋予他的使命。记者传播的信息将随时积累为文化，进而沉淀为历史。

传媒人要对文化负责，对历史负责。所以，我们先要弄清新闻在文化中的定位。什么是文化？辞典解释：“文化是物质财富和精神财富的总和，一般又特指精神财富。”先进文化的构成有 4 个条件：(1) 要有超越前人的积累；(2) 要有对错误或落后的批判；(3) 要有新的个性的创造；(4) 要经得起实践检验，能推广普及。即：积累性、批判性、创造性和普及性。

明白了这个基本概念，就会发现传媒和记者在文化构成的每个环节中都在起作用。我们平时看似简单的一个传播行为，实际上在完成积累、批判（鉴别）、创新（表扬）、推广四个动作。它们把分散的、易碎的信息进行积累，去伪存真，筛选出那些最具创造性的个性的东西，一边普及，一边为历史留存。平时千百万读者看到、听到的信息，历史典册中将保留下去的事实、知识，都要经过我们的笔、版面、镜头来过滤，文化责任不可谓不大。

由于文化责任不像传播责任、政治责任那样，因事实的对错、导向的好坏立见效果，在新闻责任方面常被忽视。它是一种潜在的、间接的责任，更要见记者的知识、思想、业务等综合功力。

记者在文化责任方面有三点要注意：

（1）既然负有筛选、积累、传播的使命，就要给读者以准确的知识，以分清对错。因为文字知识、历史知识及各种百科知识缺乏而稿件错误迭出、似是而非的事在媒体上时有发生。

（2）既然负有批判、鉴别的使命，就要给读者以先进的思想，以区分先进与腐朽。

新闻虽是在信息层面运作，但却要由思想层面指导。恩格斯说人是猴子变的，但猴子看猴子不如人看猴子更清楚。实践产生理论，但实践不能指导实践，必须靠理论来指导。我们在写稿、编稿时，常要用到思想理论层面的东西来指导新闻业务。

（3）既然是负有鉴别、扩大、积累的使命，就要区分美丑，给读者以正确的审美观。有些媒体，审美鉴别能力弱，过分强调版面、节目的娱乐化，甚至走向庸俗化。

读者对传媒的阅读接受从低到高有六个层次：刺激、休闲娱乐、信息、知识、思想、审美。不同媒体可以各有侧重，但你必须具备后三个层次，即以较高层次为指导、作判断，就像幼儿、小学教材必须要成年人来编。媒体不能被受众的低层阅读兴趣所牵引。1993 年中新社发了一篇《周恩来与张若名》，这下不得了，许多小报可找到炒作机会了，转载时纷纷改标题为《周恩来的初恋女友》《一个与周恩来擦肩而过的女人》。鲁迅当年曾批评一张小报是“耸动低级趣味者的眼泪”。这里就有一个价值取向。网站上曾轰动一时的木子美现象实质也是个文化责任问题。

上面，当我们讨论新闻传媒和一个记者的三项责任时，不得不涉及传播、政治、文化的规律，特别是它们与新闻的关系。于是我们又发现，研究履行责任的过程就是一个成功新闻人的修炼过程，而当责任尽到最大之际，就是一个优秀的名记者的产生之时。陆游说功夫在诗外，新闻之外的功夫在哪里？政治和文化是新闻的两个最大的外功。对一个记者来说，政治责任是让你不小、不私，高瞻远瞩，光明磊落；文化责任是让你不浅、不俗，学养深厚，敏锐从容。

一个好记者同时应该是一个政治家、文化人。

这又涉及一个评价成功的名记者的标准问题。

三、名记者的四条标准

一个有成就的名记者大约要符合以下四条标准。

第一，有一篇或数篇在社会上产生了广泛影响的代表作；

第二，熟悉某一领域的报道并有权威性，即所谓资深记者；

第三，有一定的新闻理论修养或其他相关的理论修养；

第四，有一本以上的专著。

这四条标准有三层含义。

第一层，包括第一、第二条，你在实践方面要比别人突出，就是说要多写稿，写好稿。而记者工作是一种被动的采集作业（就像原始人的采果、捕猎生活，不是种植农业），好题材经常是可遇不可求的。所以记者的成名并不完全公平，有时初出茅庐的年轻记者一稿成名，而运气不好的老记者 10 年也没碰到一个大题材、好题材。因此，衡量一个记者的业务实践水平要有两本账：一是有无在社会上引起轰动效应的好稿、名稿；二是在某个报道领域有无持续的影响。你可能一锄头挖出个金娃娃，有一篇好稿，但再无下文，名不持久，还不算名记者。你应该是既有一两篇好稿、名稿，同时在某一领域又常有好稿。既是一棵大树，但又不是一棵孤树，还得拥有一片树林。这样一个记者的实践才丰满、扎实。

第二层，即第二条，是理论层面。一个人如果只停留在实践层面，只是重复、熟练、多、快而已，并不能创新。真正能突破、创新，有自己的个性（风格），必须是在实践的基础上掌握了理论思维，能够自觉地总结自己，借鉴别人，规划未来。他是按航线行船、按规律办事，他的成名不是偶然碰巧，而是水到渠成，能成其名，更能守其名。作为实践性很强的记者工作，稿件背后要有深厚的新闻传播、写作等理论做支撑，当然最好还应有一点文学、哲学、社会、科学等学科的知识和理论修养。物理学分实验物理和理论物理，虽然许多实验物理学家得过诺贝尔奖，但他们没有一个不懂理论。参加书法比赛，你可以以草书、行书参赛，但还得附一幅楷书，就是看看你的基本功，避免借“花活”偶然得奖。名记者是对一个记者实践成绩的肯定，但这里也包括支持他的实践业绩的理论。这可以通过他的言论、文章、谈话、作品来考察。

第三层意思，指创新层面，即第四条，标志是有一本专著。时下记者编书成风，许多人将自己多年发表的稿件汇集成书出版。这作为纪念性文集可以，作为著作则没有意义。新闻是信息，大部分只起即时作用，过时作废。将作废的文字集成书，就像把你小学、中学的作业本集成书，除了自我安慰和纪念没有别的意义。许多记者、通讯员自报成绩，说自己多少年发表了多少万字，这不足评，就像你给人说我多少年来吃了多少顿饭，吃饭多并不就是光荣。饭的作用是转化为人的其他创造，如运动员夺了金牌，思想家有了新思路，艺术家有了新作品。像吃饭一样的每日采写播报等新闻实践，应该转化为一个名记者某一方面的创新成果。这可以是一次采访的作品、一种理论的思考、某一方面的研究等等。而作为文字工作者，这种研究常表现为结晶成一本书。书就是他的名片。但这书要符合两个条件：第一，和记者工作有关，是在记者生涯中产生的作品；第二，不是过时新闻报道的汇集，而是一个记者实践积累之后的创新，它超越信息层面而进入知识、思想或审美层面。

一个记者只有尽到了社会责任，从事着丰富的新闻实践，产生了有影响的作品，有较深的理论修养，能将自己的实践和思考结晶为著作，这样他才能称得上是名记者。

以上我们谈到记者的责任与成功，可知两者是密不可分、互为表里的。责任是社会规定，是你对社会的义务，但又不止于此，它还是你成功的前提。责任尽到头就是成功，尽大责，大成功，尽小责，小成功。责任虽然是硬性规定，约定俗成，但不是只服从安排与执行命令就可以实现。尽责的同时又是修炼的过程，是熟悉把握规律的过程。将军尽卫国之责，必熟军事规律；记者尽传播之责，必熟新闻规律。责任尽到头就是专家学者。当我们背负一种责任而没有完成时，时时有自责的痛苦，就算你不知自责，社会的谴责也会给你压力和痛苦；而当我们完成责任时，有一种如释重负的轻松和奉献以后的快乐。责任尽到头就是幸福，正如马克思说的予人幸福自己幸福。

记者从事的是社会性劳动，记者是社会工作者、社会活动家，是天赋大责的行业，所以是会得到大成功、能成为大学者、得到大幸福的人。

(本文是 2006 年在北京大学新闻学院的讲演，原载于《当代传播》2007 年第 1 期、《新华文摘》2007 年第 9 期)

图书在版编目（CIP）数据

署长笔记：新闻原理的思考/梁衡著．—北京：中国人民大学出版社，2018.10
（新闻四部曲）
ISBN 978-7-300-26228-4

Ⅰ.①署…　Ⅱ.①梁…　Ⅲ.①新闻工作-中国-文集　Ⅳ.①G219.2-53

中国版本图书馆 CIP 数据核字（2018）第 208994 号

新闻四部曲
署长笔记
新闻原理的思考
梁　衡　著
Shuzhang Biji

出版发行	中国人民大学出版社		
社　　址	北京中关村大街 31 号	邮政编码	100080
电　　话	010－62511242（总编室）		010－62511770（质管部）
	010－82501766（邮购部）		010－62514148（门市部）
	010－62515195（发行公司）		010－62515275（盗版举报）
网　　址	http://www.crup.com.cn		
	http://www.ttrnet.com(人大教研网)		
经　　销	新华书店		
印　　刷	涿州市星河印刷有限公司		
规　　格	170 mm×240 mm　16 开本	版　　次	2018 年 10 月第 1 版
印　　张	20.25 插页 2	印　　次	2018 年 10 月第 1 次印刷
字　　数	275 000	定　　价	66.00 元